Klaus J. Gröper

Die Geschichte der Kosaken

Klaus J. Gröper

Die Geschichte der Kosaken

Wilder Osten 1500-1700

Gondrom

Sonderausgabe für Gondrom Verlag GmbH & Co. KG, Bindlach

Covergestaltung: CREATIV Werbe- und Verlagsgesellschaft
Ulrich Kolb, Leutenbach
Printed in Austria
ISBN 3-8112-0937-X

Inhalt

Vorwort

Seit Jahrhunderten erregt die Geschichte des Kosakentums die Phantasie der Dichter, Schriftsteller und Historiker. Letzte Geheimnisse um seine Entstehung, um die Ahnen der berühmten und berüchtigten Steppenreiter, von denen anfangs viele ein Kanu dem struppigen Steppenpferd vorzogen, sind bis heute nicht gelüftet worden. So ließen sich viele Theoretiker dann auch weniger von gesicherten Quellen als von ihren verschiedenen sozialen und politischen Standorten aus zu passenden – und manchmal abenteuerlichen – Deutungen hinreißen.

Die Vorfahren der kosakischen Piraten, die im 17. Jahrhundert das Schwarze und das Kaspische Meer unsicher machten, wurden bei den Wikingern gesucht, die zusammen mit slawischen Siedlern das mächtige Kiewer Reich gründeten. Das seltsame Heer der ehelosen Saporoger Kosaken, das die kosakische Steppendemokratie in ihrer reinsten Form verkörperte, sollte von den mittelalterlichen Ritterorden inspiriert worden sein. Und Romantiker verfolgten den Stammbaum der »Adler vom Don und Dnjepr« bis zu einem geheimnisvollen Volk im Kaukasus zurück.

Russische Historiker vor 1917 vertraten lange Zeit die Auffassung, die Kosaken seien ebenso wie das Wort »Kosak« (tatarisch: Wachtposten) rein tatarischen Ursprungs. Da sie gewöhnlich aus adligen oder zumindest bürgerlichen Kreisen stammten, blieb ihr Urteil vom sozialrevolutionären Zug der Kosaken, die seit dem 17. Jahrhundert explosive und staatsgefährdende Bauernaufstände organisierten und anführten, nicht unbeeinflußt. Außerdem wurden die Dnjeprkosaken für das erwachende Nationalbewußtsein der Ukrainer verantwortlich gemacht. Beide Eigenschaften wirkten auf diese Historiker antizaristisch, das heißt: antislawisch. Für Großrussen lag sowieso über allem Kosakischen ein Hauch von Anarchie, von Abenteuer und Kolonisatorisch-Primitivem.

Auch polnische Historiker betrachteten die Ukraine, die jahrhundertelang zu Polen-Litauen gehörte, und die ukrainischen Kosaken unter dem Aspekt einer kolonisatorischen Pionierleistung des polnischen Adels, als Kampf zwischen Pflug und Schwert. Sie setzten die friedliche, landwirtschaftliche Kulturarbeit gegen die kulturfeindliche Selbstherrlichkeit der Kosaken. Die Welt der Steppe erschien ihnen so fremdartig, feindselig und barbarisch, daß jeder Gedanke an einen slawischen Ursprung der Kosaken absurd erschien.

Erst im 19. Jahrhundert wuchs bei ukrainischen Historikern der Wunsch nach einer eigenständigen Geschichtskonzeption. Jetzt wurde die Blütezeit des Kosakentums rechts und links vom Dnjepr das »Goldene Zeitalter« der ukrainischen Geschichte. Die Kosakenhetmane galten nunmehr als die direkten Nachfahren der altrussischen Fürsten, die Kosaken waren die bodenständige, ukrainische Landbevölkerung, die durch den ständigen Kampf mit den tatarischen Steppenräubern zu einem besonders kämpferischen Volk geworden sei. Die direkte Verbindungslinie führte also vom Kiewer Reich Wladimirs des Heiligen zu Bogdan Chmelnickij, dem großen Kosaken-Hetman, der Mitte des 17. Jahrhunderts fast einen souveränen Kosakenstaat in der Ukraine durchgesetzt hätte.

Diese autochthone Theorie der Ukrainer wurde auch von den Donkosaken übernommen. Sie sahen die Kosaken als uralte, slawische Steppenbevölkerung, die sich von jeher von den Bewohnern der nördlichen Waldgebiete unterschieden habe. Besonders die zahlreichen Emigranten, die nach der Oktoberrevolution vor dem Terror der Bolschewiki geflohen waren und bis 1945 auf deutscher Seite gegen die Sowjetunion kämpften, begründeten ihre Ansprüche auf einen selbständigen Kosakenstaat mit dieser völkischen Eigenständigkeit und mit der kurzen politischen Autonomie unter dem Ataman Krasnow während des Bürgerkrieges von 1917 bis 1920.

Seit die russischen Historiker den Klassenkampf als geschichtliches Deutungsprinzip anwenden, wurden vor allem die eruptiven Volkserhebungen der Kosaken neu bewertet: Während sie früher als »Geist der Unordnung, bösartige Auflehnung und Angriff chaotischer Elemente gegen den geheiligten Stand der staatlichen und gesellschaftlichen Ordnung« galten, wurden sie nun zum verzweifelten Ausbruch der unterdrückten und ausgebeuteten Volksschichten, zu verehrungswürdigen Anstrengungen im jahrhundertelangen Kampf um soziale Freiheit und Gerechtigkeit.

Waren also die großen kosakischen Räuber und Freiheitskämpfer Stepan Rasin, Bulawin, Bolotnikow, Chmelnickij, Jermak oder Pugatschow die Vorfahren der Che Guevara, Mao Tse-tung, Ho Tschi-minh oder Fidel Castro? Waren die Kosaken Helden der Steppe, große Entdecker und Abenteurer oder Henker des Zaren, Banditen, Mordgesindel, ganz einfach Steppen-Pöbel?

Die Geschichte der Kosaken ist differenzierter, als eine eilfertige »politische« Deutung vermuten läßt. Kosaken spielten eine größere Rolle in der russischen und polnischen Geschichte, als die Geschichtsbücher ihnen gewöhnlich einräumen. Und die Kosakenhelden, die in der slawischen Folklore und in großen Werken der Weltliteratur unsterblich geworden sind, halten jeden Vergleich mit den Helden des »Wilden Westens« aus, die in der Tat manchmal nicht mehr waren als zwielichtige Figuren.

Das vorliegende Buch beschäftigt sich mit der Rolle des Kosakentums im »Wilden Osten«. Blutige Kämpfe mit den Tataren im »Wilden Feld« zwischen Dnjepr und Don, mutige Entdeckungsfahrten hinter den Ural und die Unterwerfung der sibirischen »Indianer«, freche Piratenfahrten an die türkische und persische Küste kennzeichnen diese Trapper- und Pionierphase in der Geschichte der freien Steppenbeuter. Das Buch endet im 17. Jahrhundert, als die Kosakenheere nach einem leidenschaftlichen Freiheitskampf von den Großmächten, die das »Wilde Feld« unter sich aufteilten, eingemeindet wurden, als der Zar aus den wilden Hundertschaften seine irreguläre Kavallerie rekrutierte. Die Geschichte des Kosakentums vom 18. bis zum 20. Jahrhundert steht auf einem anderen Blatt.

I
Das Wilde Feld

1
Rauchwolken über Kiew

Sie kamen aus der Steppe.

Erst schob sich nur eine Staubwolke über den Horizont und verschleierte die Sonne. Dann brach die erste Tausendschaft wie eine Flutwelle aus dem Dunst hervor und stampfte eine breite Spur in das dürre Gras. Vereinzelt blitzen Helme und Kettenhemden auf. In den Köchern wippen Pfeile und die dreikurvigen Mongolenbögen. Die Reiter, klein und gedrungen, hocken zusammengekrümmt im Sattel, weil die Bügel ungewöhnlich kurz geschnallt sind. Die Köpfe, bedeckt mit Pelzmützen oder Helmen, scheinen direkt auf den breiten Schultern zu sitzen. Breite Stirn. Kurze Nase. Kleiner Mund. In runden, schwarz-braunen Gesichtern blitzen elfenbeinfarbene, makellose Zähne. Die leicht geschlitzten, schwarzen Augen sind auf den Horizont gerichtet, wo ein langgezogener Waldgürtel einen Fluß ankündigt. Die dikken, langen Haare der Krimtataren gleichen den zottigen Mähnen ihrer unansehnlichen »Klepper«, die fast bis auf den Boden herabhängen. Von Zeit zu Zeit wechseln die Reiter mitten im Galopp die Pferde. »Das Tier begibt sich, sobald es seinen Herrn nicht mehr fühlt, auf die rechte Seite desselben und läuft immer in gleicher Linie neben ihm her, um ihm zur Hand zu sein, wenn er es von neuem besteigen will«, schrieb Beauplan. Da die meisten Krieger mit einem Schaffell bekleidet sind, dessen Wolle nach außen gewendet ist, gleichen sie »weißen Bären, die sich auf dem Pferd festgeklammert haben«.

Seit fünf Tagen ist das Heer des Khans Mengli Girei unterwegs. Inzwischen führt die tausend Schritte breite Spur von der Landenge Perekop, die die Halbinsel Krim wie ein Riegel abschließt, nach Osten und von dort in weitem Bogen zu einem Uferstreifen am Dnjepr, der für die Flußdurchquerung besonders geeignet ist.

60000 Krieger und 200000 Pferde auf dem Weg nach Westen! Bald werden Tatarenpfeile die Festungswälle von Kiew und Tscherkassy leer fegen – zum Ruhme Mohammeds! Und der Prophet wird auch Zeuge sein, wenn sich die Netze, die an den Gurten der Pferde hängen, mit Gefangenen füllen; denn in den Krimhäfen Kaffa und Sudak warten schon Sklavenhändler auf die Beute. Kräftige Knaben wird man zu türkischen Janitscharen drillen, Kosaken an die Ruder venezianischer Galeeren ketten und hübsche Bojarentöchter an die Harems von Konstantinopel, Kairo oder Bagdad verkaufen. Die Opfer des »Wilden Feldes« sind bereits gezeichnet!

Das »Wilde Feld« war seit dem 13. Jahrhundert Niemandsland zwischen Orient und Okzident, begrenzt von den allmählich vorrückenden Siedlungen der litauischen und Moskauer Großfürstentümer, die sich aber bis zur Mitte des 16. Jahrhunderts fast nirgendwo aus der geschlossenen Waldzone hinausschoben. Diese Mischwaldzone verlief etwa auf der Linie Kiew–Kasan. Südlich und südöstlich davon schloß sich die Waldsteppe an, in der vereinzelte Festungen den ständigen Angriffen nomadischer Tataren ausgesetzt waren, die ihre Weidegebiete verteidigten. Litauische Grenzfestung am Dnjepr war Tscherkassy. Vom Dnjepr bog die Grenze nach Nordosten ab bis zum Sejm und folgte dann dem Lauf der Oka. Hier lagen unter anderem die Festungen Rjasan und Kasimow.

Die Gebiete rechts und links der Wolga gehörten zur Machtsphäre der »Goldenen Horde«, und von der Krim aus beherrschten die Tataren Mengli Gireis Ende des 15. Jahrhunderts weite Teile des »Wilden Feldes«, das zwar unbesiedelt war, aber von Gesandtschaften, Kaufleuten und Jägern durchquert werden mußte. Das Gebiet wird von mächtigen Strömen durchschnitten, vom Dnjepr mit seinen linken Nebenflüssen Samara, Vorskla und Psel, vom Donez und dem »stillen« Don. Als Rußlands »Wilder Osten« sollte es im 16. Jahrhundert zum Tummelplatz schlagkräftiger Kosakenheere werden, die sich aus tatarischen Steppenreitern und slawischen Trappern formierten.

Man schrieb das Jahr 1482, als mit dem Einfall Mengli Gireis noch einmal der Schatten Dschingis-Khans auf die »Ukraina«, das Grenzgebiet zwischen dem slawischen Siedlungsraum und dem tatarischen Herrschaftsgebiet, fiel. Zu den wenigen Überlebenden gehörte damals ein Mönch, dessen Fazit des Tatareneinfalls in der Chronik nur aus einem einzigen Satz besteht: »Rauch stieg auf, wo einst das stolze Kiew stand.«

Wenn der bärtige Asket in den dicken, handgeschriebenen Chronikbänden zweieinhalb Jahrhunderte zurückgeblättert hätte, wäre ihm fast der gleiche Satz noch einmal begegnet. Denn schon damals hatte sich, weit im Osten, jene dunkle Epoche angebahnt, in der sich russische Fürsten, Bauern und Bojaren unter den Pfeilen kriegerischer Steppenreiter ducken mußten. Das Verhängnis hatte mit Dschingis-Khan begonnen, der eigentlich Temudschin hieß . . .

2
Temudschin

Als Temudschin aufbrach, die mittelalterliche Welt aus den Angeln zu heben, war er das Oberhaupt seiner Familie – Herr über ein Zelt und zwölf Pferde. Aber bald trug der Steppenwind seine Stimme über die endlosen Weiden und Wüsten Asiens bis in die entferntesten Jurten der mongolischen Nomadenvölker. An den Lagerfeuern rühmte man den Mut und die Klugheit des jungen Kriegers. Von ihm schien die magische Kraft des »Temudschin« (mongolisch: Schmied) auszugehen, der den Gott des Feuers beschwören und in den Flammen stumpfes Eisen zum gehärteten Schwert formen kann. Schon oft war ein Temudschin zum Fürsten aufgestiegen, auch zum Schamanen, dem Zauberer und Geisterbeschwörer, der die Götter des Himmels und die Naturkräfte zu besänftigen hatte, der – mit klirrenden Eisenmasken und Glöckchen geschmückt – das Tamburin schlug und in höchster Ekstase in die Luft peitschte, um die Kraft des Windes zu wecken.

Aber Temudschin wollte kein Knecht der Götter, sondern ein »Herr über Throne und Kronen« werden. War nicht sein Urahn ein vom Himmel gezeugter, grauer Wolf gewesen, der mit seiner Gemahlin, einer weißen Hirschkuh, über den heiligen Tenggis(Baikal)-See ins Land der Mongolen gezogen war?

Hatte sich die Kraft des grauen Wolfes nicht von Sohn zu Sohn vererbt, darunter auf Duwa, den einäugigen Riesen, und auf Dobun, den Klugen, dessen Witwe Alan Khoa drei Söhne von einem gold-glänzenden Recken empfing? Geheimnisvoll war ihr Ritter durch das Rauchloch der Jurte herabgestiegen und hatte sich auf einem Strahl des Mondes wieder verflüchtigt! – Und war nicht Temudschins Vater Yesugei Herrscher über 40000 Jurten gewesen, ehe sich nach seinem Tode die mongolischen Stämme in alle Himmelsrichtungen verstreuten?

Die Geschichtsschreiber des Mittelalters berauschten sich am Aufstieg Temudschins. Sagen, Anekdoten und historische Tatsachen vermischten sich zu einem exotischen Kolossalgemälde. Wahr ist wohl, daß ein langes und zähes Ringen um jeden Gefolgsmann, um jeden Nomadenstamm notwendig war, ehe aus dem kleinen Fürsten Temudschin der »mächtige Töter« Dschingis-Khan werden konnte. Denn als die Häuptlinge der mongolischen Stämme Dschingis im Jahre 1206 zum Kha-Khan, zum Großkhan, ernannten, war er schon 39, nach persischen Quellen sogar 51 Jahre alt. Und es dauerte weitere dreizehn Jahre, ehe der große Feldherr China erobert hatte und mit einem Heer von 200000 Reitern nach Westen aufbrach.

Nicht zum erstenmal sammelten sich in den Hochebenen Asiens nördlich der berühmten Seidenstraße, die seit Beginn unserer Zeitrechnung orientalische und europäische Reiche mit dem sagenhaften Kathai (China) verband, die kriegerischen Nomadenvölker und bedrohten – auf der Suche nach neuen Weiden – das Abendland. Schon im Altertum waren die Skythen und Sarmaten bis in die russischen Steppen vorgedrungen. Dann folgten die Horden der Hunnen, die Awaren, Türken und Magyaren. Fast überall hinterließen diese Reitervölker ethnologisch ihre Spuren: in der ungarischen Pußta, in Nordchina und auch bei nordamerikanischen Indianerstämmen, die einst aus Asien eingewandert sind.

Auch Dschingis-Khan ließ sich von den natürlichen Hindernissen nicht aufhalten, die sich seinen Tausendschaften in den Weg stellten. Ihn schreckten keine Gebirge mit sechs- bis achttausend Meter hohen Gipfeln und eisigen Pässen, die als unüberwindlich galten: Himalaja, Tien-schan, K'un-lun, Pamir, Hindukusch, Elburs oder Altai. Dazwischen dehnten sich endlose Steppen und Wüsten, ausgedörrt, verkrustet von sommerlichen Hitzewellen und Dauerfrösten im Winter.

Tausende von Kilometern durch menschenfeindliche Urweltlandschaften! Für mittelalterliche Verhältnisse vollbrachten die zähen Reiter Dschinghis-Khans ein Wunder an Organisation, Disziplin und Durchhaltevermögen. Und dann standen sie an der Grenze des mohammedanischen Khwaresm-Reiches, das im Mittelalter Persien und weite Teile Zentralasiens umfaßte. Hier gab es Oasen und fruchtbare Flußtäler mit komplizierten Bewässerungsanlagen, glanzvolle Handelsstädte mit Universitäten und kostbaren Moscheen. Auf den Märkten drängten sich Kaufleute aus China und Persien, aus Europa und Indien. Buchara und Samarkand, Merw, Herat oder Chiwa waren Knotenpunkte der internationalen Karawanenstraßen.

In den Flußtälern des Amu-darja und Syr-darja, bei den Griechen als Oxus und Jaxartes, bei den Arabern als Dscheihun und Saihun bekannt, erstreckte sich das Land Chorassan. Daneben Mawarannahr oder Transoxanien. Südlich vom Aralsee lag Khwaresm oder Choresmien selbst mit seiner Hauptstadt Chiwa, und jenseits des Syr-darja schloß sich Schesch an, das legendäre Land um Taschkent. Über das ganze Gebiet herrschte der große Schah Ala ud-Din Muhammed, der es sich gerade erlaubt hatte, das Oberhaupt der islamischen Welt, den Kalifen von Bagdad, abzusetzen und einen Gegenkalifen aufzustellen.

1219 prallten die Heere der beiden Herrscher zum erstenmal aufeinander, und bereits 1220 eroberte Dschinghis-Khan Buchara. Moscheen gingen in Flammen auf. Mohammedaner-Schädel häuften sich auf den Marktplätzen zu Pyramiden. Die Überlebenden wurden gegen die nächsten Festungen getrieben, füllten Wassergräben und türmten sich vor den Mauern zu Leichenbergen. Sturmtruppen der Mongolen nahmen Samarkand und Chiwa, schleuderten ihre tödlichen Feuerschlünde, die sie aus China mitgebracht hatten, gegen Merw und Herat. In Strömen von Blut versanken die schönsten Perlen der islamischen Kultur. Schah Muhammed starb geschlagen und verlassen auf einer kleinen Insel im Kaspischen Meer.

Jetzt horchte auch das Europa der Kreuzzüge auf, hoffnungsvoll zunächst, denn der Kreuzprediger Jacques de Vitry kündigte den mongolischen Eroberer als Beschützer der

Christen, als einen neuen »König David« an, der aufgebrochen sei, die Ungläubigen zu schlagen. Schon habe er den mohammedanischen Schah von Khwaresm verjagt, Persien erobert und vom Kalifen von Bagdad ein Lösegeld verlangt, um Jerusalem mit einer silbernen und einer goldenen Mauer zu umgeben.

Aber der freundliche Beifall für den Einbruch der Mongolen in die islamische Welt schlug schnell in Entsetzen um, als sich das Blutbad auch in den russischen Steppen fortsetzte und die mongolischen Angriffskeile nach Mitteleuropa zeigten. Die Gelehrten in den Kirchen und Universitäten erinnerten sich plötzlich an die Offenbarungen des Johannes, in denen ein furchterregender Fürst Gog vorausgesagt worden war. Auch der Koran kündigte Gog wie einen Weltuntergang an, und der Prophet Hesekiel hatte geschrieben: »Wie ein Unwetter wirst du hereinbrechen, wie ein Gewölk, welches das Land bedeckt, wirst du sein, du, alle deine Heerscharen und zahlreichen Völker mit dir.«

Aus Dschingis-Khan wurde die »Gottesgeißel«, die das Land der Christen für seine Sünden strafte. Im Frühsommer 1223 zogen zwei Heerführer des großen Khans, Dschebe Noyan und Sübetai, mit 30000 Reitern über die vereisten Pässe des Kaukasus, um die Steppen nördlich des Schwarzen Meeres zu erkunden. Am Flusse Kalka schlugen sie 80000 gutbewaffnete Polowzer und Russen. Auch einige Fürsten des Kiewer Reiches fielen. Aber noch hatte die Vorhut der Mongolen nicht den Auftrag, Europa zu erobern. Die Schlacht an der Kalka blieb ein Aufgalopp, vergleichbar den wilden Treibjagden, mit denen Dschingis-Khan die Ausdauer und Kampfkraft seiner Krieger und Pferde prüfte.

Die »Kiewer Rus« hätte durch die Niederlage allerdings gewarnt sein müssen. Aber wie die Chronik berichtet, »war nur Jammer und Weinen und Trauer in allen Städten und Dörfern«. Niemand wußte von den Mongolen, »wer sie sind und woher sie kamen und welche Sprache sie sprechen und welchen Stammes und Glaubens sie sind . . . Nur Gott weiß, woher er sie herangeführt hat unserer Sünden wegen.«

3
Das Erbe Dschingis-Khans

Die endgültige Entscheidung über das Schicksal Rußlands fiel 1235 in Karakorum, der glanzvollen Hauptstadt des Mongolen-Reiches, das inzwischen vom 50. bis zum 150. Grad östlicher Breite reichte. Auf einem Khuriltai (Versammlung der Fürsten) beschlossen die Nachfolger Dschingis-Khans, der 1227 gestorben war, nun auch den Rest der Welt zu erobern. Batu, ein Enkel des großen Eroberers, brach an der Spitze seiner straff organisierten und äußerst disziplinierten Zehntausendschaften zu einem beispiellosen Siegeszug nach Westen auf und erreichte schon im Winter 1237/38 die Fürstentümer Rjasan, Wladimir und Susdal.

»Chan Batu, der Verfluchte, überzog das Rjasaner Gebiet mit Krieg. Sie zogen vor die Stadt, umzingelten sie und kämpften fünf Tage ohne Unterbrechung«, berichten die russischen Geschichtsschreiber. Und sie klagen weiter: »Die Streitmacht Batus wurde ständig abgelöst, während die Rjasaner unentwegt kämpfen mußten. Viele Rjasaner wurden getötet, andere verwundet, und wieder andere verloren durch die großen Anstrengungen die Kräfte. Am sechsten Tage aber rückten die Heiden in aller Frühe heran, die einen warfen Feuer, andere kamen mit Mauerbrechern, wieder andere trugen unzählige Sturmleitern, und sie eroberten Rjasan am 21. Dezember.

Sie drangen in die Kathedrale der Allerheiligsten Gottesmutter ein und hieben mit ihren Schwertern die Großfürstin Agrippina, die Mutter des Großfürsten, ihre Schwiegertöchter und die anderen Fürstinnen nieder. Den Bischof aber und die Priester verbrannten sie in der heiligen Kirche. In der Stadt erschlugen sie mit ihren Schwertern viele Menschen, sowohl Frauen als auch Kinder. Andere ertränkten sie im

Fluß. Die ganze Stadt brannten sie nieder und raubten all die kostbaren Schätze, die Reichtümer der Rjasaner und ihrer Verwandten aus Kiew und Tschernigow. Die Gotteshäuser aber zerstörten sie, und in den geheiligten Altarräumen vergossen sie viel Blut. Nicht ein einziger war in der Stadt am Leben geblieben . . .«

Nowgorod entging dem gleichen Schicksal nur, weil Tauwetter die Anmarschwege in undurchdringlichen Morast verwandelte. Batu kehrte mit seiner Armee um, bereitete den Hauptstoß nach Westen gründlich vor und erschien dann mit 150000 Reitern und chinesischen Belagerungsmaschinen vor Kiew. Am 6. Dezember 1240 ging die Hauptstadt der Kiewer Rus in Flammen auf.

Dann drangen die Mongolen in Polen ein, eroberten Krakau, verwüsteten Breslau und besiegten 1241 in der Schlacht bei Liegnitz ein deutsch-polnisches Heer, das unter dem Oberbefehl Herzog Heinrichs II. von Breslau stand. Auch König Bela IV. von Ungarn konnte die Nomaden nicht aufhalten. Er verlor sein Reich in der Schlacht von Mohi und flüchtete auf eine dalmatinische Insel, wo er in Ruhe darüber nachdenken konnte, wie verwundbar die schwerfälligen europäischen Heere des 13. Jahrhunderts waren, wenn sie sich mit einem so beweglichen und disziplinierten Feind wie Khan Batus Steppenreitern messen mußten.

Einem Zufall war es zu verdanken, daß Mitteleuropa verschont wurde: Im Dezember 1241 starb Großkhan Ögädai, der Nachfolger Dschingis-Khans, und Batu machte sich auf den Rückweg, um die Neuwahlen zu beeinflussen.

Die Mongolen hatten jetzt den Gipfel ihrer Macht erreicht. Das Reich begann in Korea, umfaßte das gesamte chinesische Territorium, Zentralasien und Indochina. Sibirien gehörte ebenso dazu wie das Kiewer Reich mit Ausnahme weniger Städte im Norden. Der Balkan war erobert; Persien und das Kalifat von Bagdad waren besetzt.

Ein Reich voller Gegensätze. Völker sehr verschiedener Sprachen, Religionen und Kulturstufen waren gewaltsam vereinigt worden. Den »primitiven« nomadischen Kirgisen, Kasachen, Usbeken oder Uiguren standen die zivilisierten

Völker des chinesischen und iranischen Kulturkreises gegenüber. Während in Zentralasien der Islam überwog, setzte sich in Ostasien der aus Indien kommende Buddhismus durch. Ausnahmen blieben der buddhistisch gefärbte Lamaismus in Tibet und das mohammedanische Derwischtum. Beide enthielten Elemente des heidnischen Schamanismus und hatten jahrhundertelang starken Einfluß auf die unteren Volksschichten.

Diese antagonistischen Kräfte konnten von den Nachfolgern Dschingis-Khans nicht lange zusammengehalten werden. Schon Kubilai verlegte die Hauptstadt des Reiches von Karakorum nach Peking. Chinesische Ratgeber gewannen Einfluß, die mongolische Oberschicht wurde sinisiert, und bald waren die neuen Sitten und Denkweisen mit dem nomadischen Leben, auf dem die militärische Überlegenheit der Mongolen teilweise beruht hatte, nicht mehr zu vereinbaren. Ähnlich zersetzend wirkte die iranische Kultur in Mittelasien.

Irgendwann um 1300 gab es kein großmongolisches Reich mehr – es war in mehrere, immer noch mächtige Teilreiche zerfallen. Eines davon hatte Batu gegründet: das »Reich der Goldenen Horde«, zu dem auch die russischen Fürstentümer gehörten. In seiner Hauptstadt Sarai, knapp hundert Kilometer stromaufwärts von Astrachan an der Wolga, wurde ein beispielloser Prunk entfaltet. Johann von Plano Carpini und Wilhelm von Rubruk berichten, daß Batu Gäste und Gesandte in einem Zelt aus feinstem Leinen empfing. Niemand durfte das Zelt ohne seine Erlaubnis betreten. Am Eingang stand ein Tisch mit goldenen und silbernen Trinkgefäßen, daneben große Schalen mit Kumyß, dem tatarischen Lieblingsgetränk aus gegorener Stutenmilch. Wenn der Khan einem Gast Kumyß anbot, zeugte das von ganz besonderer Gunst. Erst später, als die Mongolen die Abneigung der meisten europäischen Gesandten gegen Kumyß respektierten, boten sie auch Wein an.

Wer zum Khan befohlen wurde, mußte während des Gespräches auf dem Boden knien. Ein Sekretär schrieb jedes Wort mit. Batu saß mit seiner Lieblingsfrau im Zentrum auf einem goldenen Thron, links daneben seine anderen Frauen. Rechts mußten Brüder, Söhne und die vornehmsten Fürsten sitzen. Im Hintergrund warteten Musiker und Tänzerinnen auf ein Zeichen des Herrschers. Wenn Batu ausritt, schützten Sklaven sein Haupt mit einem Sonnenschirm, dem »Tschaatr«, einem alten Symbol königlicher Macht im Mittleren Osten.

Während seiner Regierungszeit versuchte Batu noch, die nomadischen Sitten zu erhalten. Seine Untertanen waren Anhänger des heidnischen Schamanismus. Sie glaubten zwar an einen einzigen Gott, fügten seinen Namen aber auch gerne ihren deftigen Flüchen bei – zur Bekräftigung. Naturkräfte ehrten die Mongolen und ihre türkischen Truppen, indem sie beim Trinken einige Tropfen in jede Himmelsrichtung verschütteten: nach Süden zur Beschwörung des Feuers, zu Ehren der Luft nach Osten, zu Ehren des Wassers nach Westen und zum Gedenken an die Toten nach Norden. Trank ein Mongole auf dem Pferd, so benetzte er den Hals des Tieres.

Auch die mongolischen Zeremonien bei der Totenbestattung blieben an der Wolga noch lange erhalten: Gewöhnlich versammelten sich die Verwandten des Verstorbenen vor dessen Zelt, trauerten drei Tage lang und tranken dabei scharf. Dann wurde für vornehme Tote ein Grabhügel errichtet oder ein Zelt aufgestellt. Einfache Krieger beerdigte man bei Kriegszügen in Massen-Hügelgräbern.

Bei Ausgrabungen wurden in vielen Mongolengräbern Pferdegerippe gefunden. Man nimmt an, daß die Tiere an Gerüsten aufgestellt wurden. Daneben standen Gefäße, die vermutlich Kumyß und Fleisch enthielten. Als Beigaben für die Toten fanden sich Schmuckstücke, Münzen und besonders schöne Marmorstücke.

Die Toten lagen gewöhnlich auf dem Rücken. Ihre Füße zeigten nach Osten. Der Blick war auf Karakorum gerichtet, die ehemalige Hauptstadt des mongolischen Reiches. Grabstätten der Herrscher wurden oft geheimgehalten. Einige Khane der Goldenen Horde sollen sogar in der Wolga versenkt worden sein.

Politisch beschränkte sich Batu nach 1241 darauf, seine Herrschaft über die russischen Fürstentümer zu festigen. Er führte ein wirksames System indirekter Kontrolle ein: In den russischen Städten saßen mongolische Aufsichtsbeamte, die Darugas, und achteten darauf, daß der Tribut regelmäßig entrichtet wurde. Weigerte sich ein Fürst zu zahlen, wurde sein Gebiet von einer Strafexpedition heimgesucht. In religiöse Angelegenheiten mischten sich die Mongolen dagegen kaum ein.

Nach dem Tode Batus im Jahre 1256 verschmolzen die türkischen Truppen, die hauptsächlich aus der Steppenbevölkerung östlich der Wolga rekrutiert wurden, allmählich mit der mongolischen Oberschicht. Es entstanden die Tataren. Schon unter Batus Nachfolger, seinem Bruder Berke, verbreitete sich unter ihnen der Islam – was sich als eminent politischer Vorgang erweisen sollte: Für alle Zeiten wurde eine Vermischung der Tataren mit der orthodoxen russischen Bevölkerung verhindert. Grauenhafte Massaker bestimmten das Verhältnis zwischen beiden Völkern bis ins 20. Jahrhundert hinein.

Von Berke berichten historische Quellen, daß er sich mit mohammedanischen Gelehrten umgab. Seine 30000 Leibwächter trugen Gebetsteppiche bei sich und durften keinen Alkohol trinken. Berke, der 1267 starb, begann auch, eine neue Hauptstadt zu bauen. Aber Neu-Sarai, einige Meilen stromaufwärts, blühte erst während der Regierungszeit Usbeks (1313–1340) auf.

Ibn Battuta, einer der berühmtesten Reisenden des Mittelalters, besuchte Neu-Sarai zwischen 1332 und 1334 zweimal. Er war vom Reichtum des Khans und seiner Goldenen Horde beeindruckt. Damals war das Reich trotz der aufblühenden Städte und der pompösen Hofhaltung noch ein ideales Nomadenland. Die Viehherden der tatarischen Stämme fanden östlich der Wolga unendlich weite, fruchtbare Weidegebiete. Riesige Pferdeherden durchzogen die Steppe. Bis nach Indien wurden die Tiere exportiert. Handel und Handwerk blühten in den Städten. Ibn Battuta sah überfüllte Basare in Neu-Sarai und Urgentsch, ein kosmopolitisches Völkergemisch auf den Märkten von Matschar an der Kuma, von Asak an der Mündung des Don oder in Kaffa und Sudak auf der Krim. In der genuesischen Kolonie Kaffa zählte er einige hundert Schiffe, auf die Waren aus China, Zentralasien oder Rußland verladen wurden: Seide und Pelze, getrocknete Fische, Pferde, Holz und Getreide. Auch Sklaven schiffte man nach Byzanz (Konstantinopel), Ägypten oder Italien ein. Andere Schiffe entluden Luxusgüter aus Afrika, wilde Tiere für die Gärten der tatarischen Fürsten, edle Metalle, Schmuck, Parfüm und wertvolle Stoffe.

Diese Glanzperiode endete, als Khan Dschani Beg im Jahre 1357 starb. Mit dem Kampf seiner Nachkommen um die Macht begann eine Zeit der Anarchie. Die Goldene Horde löste sich auf. Nachdem sich schon in den achtziger Jahren des 13. Jahrhunderts die Noghaische Horde am Kaspischen Meer selbständig gemacht hatte, spaltete sich eine »Weiße Horde« in Kasachstan ab. Im Irtisch-Tobol-Becken entstand das Khanat von Sibir.

Die mächtigste Tatarenhorde aber etablierte sich auf der Halbinsel Krim. Hier hatte sich 1449 Haggi Girei von seinem Vetter, dem Khan Ahmed von Sarai, losgesagt und seine Unabhängigkeit in schweren Kämpfen behauptet. Sein Nachfolger Mengli Girei unterstellte sich klugerweise dem mächtigen türkischen Sultan, der 1453 Konstantinopel erobert und damit das zweite Rom vernichtet hatte. Dann schloß Mengli Girei ein Bündnis mit Iwan III., dem Moskauer Großfürsten, und vernichtete im Jahre 1502 endgültig die Goldene Horde. Übrig blieben östlich der Wolga zwei schwache Horden um Kasan und Astrachan, die 1552 und 1556 von Iwan dem Schrecklichen geschlagen wurden.

Die Krimtataren dagegen verheerten noch jahrhundertelang die russischen und polnisch-litauischen Grenzgebiete. Unter ihrem bedeutendsten Herrscher, Mengli Girei (1484–1515), blühte die tatarische Kultur noch einmal auf. Der romantische Hof in Bagtschesarai mit seinen Marmorpalästen, Blumengärten und Wasserspielen erinnerte an den Reichtum und die Macht der großen mongolischen Khane.

Das bedeutet nun aber nicht, daß die gesamte Krimhorde einen wirtschaftlichen Aufstieg erlebte. Im Gegenteil: Da die meisten Tataren als Nomaden umherzogen, bildeten ihre Viehherden die einzige Existenzgrundlage. Aus den Korrespondenzen, die Iwan III. und sein Sohn Wassilij III. mit den Khanen der Krimhorde führten, wird ersichtlich, daß die klimatischen Bedingungen in Südrußland sehr ungünstig für eine intensive Viehzucht sind. Ende des 15. und Anfang des 16. Jahrhunderts meldeten Diplomaten und Kundschafter immer häufiger, daß auf der Krim Hungersnöte ausgebrochen seien. Verheerende Viehseuchen waren die Ursache. Dazu kamen oft extreme Witterungsverhältnisse: Im Winter bedeckten Schneemassen die letzten Gräser, so daß ganze Herden verhungerten. Im Sommer verwandelten Steppenbrände das Gras zu Asche.

Auch als die Krimtataren Ende des 15. Jahrhunderts zaghaft begannen, Äcker anzulegen, änderte das wenig an den wirtschaftlichen Schwierigkeiten. Der Löß- und Salzboden der Steppe, das Klima und die extensive Bodenbearbeitung sorgten für viele Mißernten. So kam es, daß die Horden Mengli Gireis und seiner Nachfolger auszogen, um sich – wie viele Nomadenvölker vor ihnen auch – das Lebensnotwendige bei reicheren und meist auch kulturell höher stehenden Nachbarn zu holen. Und diese Nachbarn saßen um 1500 überwiegend auf dem Gebiet des ehemaligen Kiewer Reiches.

4
Im Schatten der Krimtataren

Der Sturmlauf der Mongolen im 13. Jahrhundert hatte mit der Kiewer Rus ein glanzvolles Reich vernichtet, von dem es in einer alten Dichtung heißt:

> O du licht leuchtendes, reich geschmücktes russisches Land!
> Zierden ohne Zahl machen dich zum Wunder,
> zum Wunder machen dich deine vielen Seen.
> Zum Wunder machen dich Flüsse und Quellen, die als heilig gelten,
> steile Berge und hohe Hügel,
> lichte Haine und wunderbare Gefilde,
> wilde Tiere mancherlei Art, zahllose Vögel,
> große Städte, wunderbare Dörfer,
> Kirchenbauten und Klosterweinberge,
> dräuende Fürsten, edle Bojaren,
> Würdenträger, nicht wenige –
> an allem bist du reich, o russisches Land,
> du Heimat für den wahren christlichen Glauben.
> Von hier bis nach Ungarn, Polen und Böhmen,
> von Böhmen bis zum Land der Jatwjagen,
> vom Land der Jatwjagen bis zu den Litauern und Deutschen,
> vom Land der Deutschen bis nach Karelien,
> von Karelien bis nach Ustjug, dem Land der heidnischen Tojmier,
> bis an das Meer mit dem eisigen Atem,
> vom Eismeer bis zu den Bulgaren,
> von den Bulgaren bis zu den Burtassen,
> von den Burtassen bis zu den Mordwinen –

all die heidnischen Länder wurden durch Gott unterworfen
dem Christenvolk, dem Großfürsten Wsewolod
und seinem Vater Jurij, Fürsten von Kiew,
und seinem Großvater Wladimir Monomach,
mit dessen Namen die Polowzer ihren Kindern
Schrecken einjagten bereits in der Wiege,
in dessen Zeit sich die Litauer nicht aus den Sümpfen wagten
und die Ungarn die Steinmauern ihrer Städte
fester machten mit Toren aus Eisen,
auf daß der große Wladimir nicht gegen sie anrenne.
Froh waren die Deutschen,
so weit weg zu wohnen hinter dem blauen Meer;
Bartassen, Tscheremmissen, Wodjaken und Mordwinen –
sie alle zahlten dem Großfürsten Wladimir Honig als Tribut,
und sogar Herr Manuel, Kaiser von Konstantinopel,
sandte reiche Geschenke, da er gar sehr besorgt war,
Wladimir könnte ihm die Kaiserstadt nehmen.
Aber in diesen Tagen traf Unheil alle Christen
von Jaroslaw dem Großen an bis zu Wladimir,
hin bis zu Jaroslaw, der mit uns lebt,
und bis zu seinem Bruder Jurij, dem Fürsten der Stadt Wladimir ...

Nach jenem »Unheil«, der Niederlage gegen Batu, begann eine Zeit ständiger Demütigungen durch den militärisch überlegenen Feind, der jederzeit aus den Steppen jenseits der Wolga hervorbrechen und die russischen Fürstentümer verwüsten konnte. Nur sehr langsam erholten sich die Städte von den Zerstörungen der Jahre 1237 bis 1241. Kiew, das geistige und politische Zentrum des ersten russischen Staates, der im 9. Jahrhundert von normannischen Rurikiden gegründet und von Fürsten wie Wladimir dem Heiligen und Swjatoslaw dem Weisen zu einem der mächtigsten christlichen Staaten in Europa entwickelt worden war, verschwand fast völlig von der politischen Szene. In Chroniken wird die Stadt jahrzehntelang kaum noch erwähnt, und der Mönch Plano Carpini, der fünf Jahre nach der Zerstörung durch Kiew zog, zählte nicht mehr als 200 bewohnte Häuser. Auch anderswo kehrten Überlebende, die sich in den dichten Wäldern versteckt hatten, nur zögernd in die niedergebrannten Städte zurück. Manches Handwerk, das anhand schriftlicher Quellen oder Ausgrabungen schon für das 12. Jahrhundert nachweisbar ist, taucht erst im 14. Jahrhundert wieder auf.

Während sich die Tataren der Goldenen Horde sehr intensiv um die russischen Fürstentümer in ihrer unmittelbaren Nachbarschaft bemühten, hinterließen sie im westlichen Teil des Kiewer Reiches ein Machtvakuum, von dem sich die litauischen Großfürsten angezogen fühlten. Da der litauische Expansionsdrang im Westen durch den deutschen Ritterorden, der in Livland und Preußen herrschte, sowie durch das militärisch starke polnische Königreich eingedämmt worden war, eroberten die Großfürsten Mindowe, Witen, Gedimin und Witold von der Mitte des 13. bis zum 15. Jahrhundert rund 60 Prozent des ehemaligen Kiewer Reiches. Sie schoben die Siedlungsgrenze immer weiter nach Südosten vor und errichteten an der Nordwestküste des Schwarzen Meeres Militärstützpunkte. Allerdings zeichnete sich eine Wende bereits ab, als die litauischen Großfürsten nach dem Vertrag von Krewo 1385 immer häufiger auch Könige von Polen waren. Sie traten zum lateinischen Christentum über und vollzogen damit eine religiöse Trennung von ihren russischen Untertanen, die orthodox blieben. Diese Interessenverlagerung auf die Westpolitik mag auch eine Ursache dafür sein, daß die Litauer den Einfällen der Krimtataren seit den achtziger Jahren des 15. Jahrhunderts nicht energisch genug entgegentraten.

Peter Rostankowski hat diese Einfälle der Krimtataren als Reaktion auf die Südost-Expansion ihrer nördlichen

Nachbarn gedeutet. Er verglich die »Politik der verbrannten Erde«, die von den Krim-Khanen betrieben wurde, mit der Taktik einiger berittener Indianerstämme in Nordamerika. So ist bekannt, daß beispielsweise die Comanchen Hunderte von Kilometern nach Mexiko oder Texas ausschwärmten. Sie verbrannten einzelne Gehöfte, Forts und ganze Siedlungen, raubten Vieh und verschleppten Gefangene. Diese Gefangenen wurden dann verkauft oder gegen ein Lösegeld frei gelassen. Zusammen mit anderen Stämmen konnten sie mit dieser Taktik das Vordringen weißer Siedler erheblich verlangsamen.

Abgesehen von der Taktik gibt es auch sonst auffallende Ähnlichkeiten zwischen den Tataren und vielen nordamerikanischen Indianern. Sieur de Beauplan, ein französischer Ingenieur und Kapitän der Artillerie, der im 17. Jahrhundert mehrere Jahrzehnte lang im »Wilden Feld« gegen die Tataren kämpfte, beschreibt ausführlich das Äußere und die Lebensweise dieser asiatischen Steppen-Indianer.

Wie ihre amerikanischen Pendants werden Krimtataren von klein auf zu abgehärteten Kriegern erzogen. Kinder schlafen nur bis zu ihrem siebenten Lebensjahr in einer Hütte. Dann übernachten sie im Freien und müssen sich ihre Nahrung mit Pfeil und Bogen selbst schießen. Kleinkinder werden täglich in Salzwasser gebadet, damit die Haut abgehärtet wird und der Krieger später auch im Winter einen Fluß durchschwimmen kann. Mit zwölf Jahren sind Tataren reif für den ersten Feldzug. Ebenso an den harten Steppenkampf angepaßt sind die tatarischen Pferde. Sie sehen nicht schön aus, sind aber kräftig, schnell und ausdauernd, können vierzig bis fünfzig Kilometer ohne Unterbrechung laufen und sind dadurch für die schnellen und überraschenden Raubzüge der Krimtataren hervorragend geeignet.

Gewöhnlich trafen sich die Horden des Khans am Perekop, einer Landenge, an der das Schwarze Meer nur rund eineinhalb Kilometer vom Asowschen Meer getrennt ist. Hier hatten die Krimtataren die gleichnamige Stadt Perekop gebaut und den Zugang zur Krim durch einen Graben gesperrt.

Über die Stärke der Tatarenheere, die vom Perekop aus in Litauen, Polen oder Rußland einfielen, liegen sehr unterschiedliche Zahlen vor. In den Chroniken tauchen – besonders nach Überfällen – Schreckenszahlen auf. Es ist die Rede von »Hunderttausenden«, die das Land und die Ansiedlungen überfluteten. Ähnliche Zahlen nennen die Krimkhane selbst gegenüber ausländischen Diplomaten – aus Prahlerei. Beauplan berichtet, daß zum Heer des Khans rund 80000 Krieger gehörten, während nur 40000 bis 50000 Tataren aufbrachen, wenn sie von einem Mursen, also einem Fürsten, geführt wurden. Er schreibt:

»100 Pferde befinden sich allemal in einer Linie, und da jeder Tatar des Umwechselns wegen zwei Pferde an der Hand führt, so besteht ihre Linie aus 300 Pferden und ist ungefähr 800 bis 1000 Schritte breit. In der Tiefe staffeln sich 800 bis 1000 Pferde, die sich je nach der Enge des Weges über drei bis zehn Meilen verteilen. Wer es nie gesehen hat, dem kommt es unbegreiflich vor, denn 80000 Tataren machen mehr als 200000 Pferde aus. Die Bäume in den Wäldern stehen nicht so dicht wie die Pferde im Felde, die von weitem einer Wolke am Horizont gleichen, die sich beim Aufsteigen hin und her bewegt, was auch dem Unerschrokkensten, wenn er so viele Legionen beisammen gesehen hat, Furcht einjagt. Von Stunde zu Stunde machen sie ungefähr eine halbe Viertelstunde Halt, um ihre Pferde stallen zu lassen, die so gut abgerichtet sind, daß sie nicht ermangeln, es zu tun, sobald man sie anhält und die Tataren, gleichen Endzwecks wegen, absitzen.«

Solche Zahlen dürften allerdings nur für richtige Kriegszüge gelten wie die von 1521 oder 1571, als Moskau niedergebrannt wurde. Normale Raubzüge, wie sie fast in jedem Jahr seit den achtziger Jahren des 15. Jahrhunderts stattfanden, wurden lediglich von 8000 bis 10000, in besonderen Fällen, wenn ein politischer Auftrag dahinterstand, von 20000 bis 30000 Kriegern unternommen.

Die Bewaffnung der Tataren bestand vorwiegend aus einem krummen Säbel, aus dem Bogen und 18 bis 20 Pfeilen, die in einem Köcher steckten. Dazu kamen meistens Messer und lederne Stricke, mit denen Gefangene gefesselt werden konnten. Selbst im 17. und sogar noch im 18. Jahrhundert beschränkten sich die Krimtataren auf Pfeil und Bogen als Hauptwaffe, denn Feuerwaffen waren teuer und zunächst überaus unzuverlässig. Während die Artillerie im 15. und 16. Jahrhundert bei Belagerungen bereits mit Erfolg eingesetzt wurde, waren »Büchsen« um 1500 noch schwerfällige »Handkanonen«, die von zwei Soldaten bedient werden mußten. Ein 90 Zentimeter langer Lauf mit einem Kaliber von zwei Zentimetern auf einem 60 Zentimeter langen Schaft wog 30 Pfund und mehr. Beim Abfeuern dieser primitiven Vorderlader wurde der Lauf auf eine Stützgabel gelegt. Während der Schütze zielte, mußte ein Helfer das Zündkraut einlegen und mit der Lunte anzünden. Etwas später machte man den Lauf leichter und den Kolben der Handbüchse schwerer. Die Waffe konnte jetzt von einem Mann bedient werden, der den Kolben fest an die Brust drückte, den Lauf auf eine Gabel stützte, mit der linken Hand zielte und mit der rechten das Pulver zündete.

Für Reiter kamen um 1530 sogenannte Faustrohre auf und etwas später die »Fäustlinge«, Vorläufer der Pistole. Aber im Kampf konnten diese Waffen immer nur einmal abgefeuert werden. Danach mußte der Schütze zum Säbel greifen. Außerdem war bei allen Vorderladern die Treffsicherheit sehr begrenzt. Das kam einmal durch den starken Rückstoß der damaligen Handrohre und zweitens durch das schlechte Verhältnis zwischen dem Geschoßdurchmesser zur »Seelenweite«, das heißt: zum Durchmesser des Laufes. Die Kugeln paßten nicht genau genug in den Lauf, so daß sie selten geradlinig herauskamen.

Aus Anweisungen für Pistolen- und Karabinerschützen, die aus dem Jahre 1670 stammen und 21 bzw. 25 Punkte umfassen, kann man entnehmen, daß ein »Karabiniere« ganz dicht an den Feind heranreiten mußte. Aus vier bis sechs Metern Entfernung sollte er dann auf die Beine des gegnerischen Pferdes zielen, wenn er dessen Kopf treffen wollte.

Selbst nach der Erfindung der Luntenschlösser und Einführung der »Arkebusen«, durch die im 16. Jahrhundert die Kriegführung wirklich revolutioniert wurde, änderte sich für den Reiterkampf nur wenig. Auch die Arkebuse konnte während eines Gefechts kaum nachgeladen werden, und außerdem brachte es der Schütze auch bei größter Geschicklichkeit anfangs nicht fertig, mehr als ein bis zwei Schüsse in drei Minuten abzugeben. Er traf auch nur aus kurzer Entfernung genau. Schon bei Entfernungen von hundert Metern feuerte er aufs Geratewohl.

Der Bogen der Mongolen und Tataren dagegen wird als der beste eingeschätzt, der je von einem Volk gebaut worden ist. Wie Nikolaus Ernst beschrieb, bestand er aus mehreren Schichten: »Um einen Kern aus Holz wurden Leisten aus Horn gelegt und dann alles mit einer Schicht von Muskelfasern umhüllt, die sich beim Trocknen in eine Masse von ungewöhnlicher Härte und Elastizität verwandelte. Die Herstellung eines solchen Bogens erforderte große Mühe und viel Zeit. Die Waffe war aber von einer enormen Treffsicherheit und Kraft. Der Pfeil flog zweimal weiter als aus einem gewöhnlichen Bogen. Es werden Schüsse von einem Kilometer überliefert.«

Die Pfeile durchbohrten oft die im Mittelalter und bis zum 17. Jahrhundert üblichen Panzer. Da die Tataren sehr hohe Sättel und kurze Steigbügel benutzten, konnten sie sich im vollen Galopp umdrehen und schießen. Sie zielten dabei über die linke Schulter, waren also bei Schlachten immer bemüht, den Gegner links zu halten. Gleich zu Beginn überschütteten sie ihn mit einem Pfeilhagel und entschieden allein dadurch manchen Kampf. Da sie im Gebrauch von Schwert und Lanze weniger geschickt oder überlegen waren, versuchten sie, feindliche Schwadronen gar nicht erst an sich heranzulassen. Sie täuschten eine Flucht vor, lösten sich vom Gegner und formierten sich dann in sicherer Pfeilentfernung plötzlich neu. Nur wenn sie gegen ein Hindernis getrieben wurden und vor einem Fluß oder Sumpf haltmachen mußten, gelang es manchmal, die Tataren aufzureiben.

Von selbst griffen die Nomaden ein feindliches Heer nie

an, es sei denn, sie waren in erdrückender Übermacht. Denn die Einfälle der Krimtataren waren in ihrer Mehrzahl darauf abgestellt, möglichst ohne Verluste viel Beute zu machen. Beauplan verdanken wir die genaue Beschreibung dieser Raubzüge.

Sobald sich eine Horde bei Perekop gesammelt hatte, brach sie in kleinen Tagesetappen zum Dnjepr auf. Hier gab es eine ganze Reihe geeigneter und bekannter Übergangsstellen. Die wichtigsten waren:

1. Bei der Festung Otschakow, die Mengli Girei 1492 am Nordufer der Liman-Mündung errichtet und 1504 – eben zum Schutz der häufig übersetzenden und mit großer Beute zurückkehrenden Tataren – weiter befestigt hatte.
2. Eine weitere Festung hatte der Krim-Khan bei der Insel Tawan bauen lassen: Islam-Kerman. Da die Insel nie überschwemmt wurde und trotzdem relativ flach war, wurde sie schon lange vor den Tataren von Kaufleuten und Karawanen als Übergang benutzt.

   Bei diesen Übergängen am Unterlauf des Dnjepr war der Fluß breit und sumpfig. Er hatte sich in einem Gewirr von Nebenarmen aufgelöst und zahlreiche Inseln gebildet, die später zum bevorzugten Unterschlupf von kosakischen Räubern, Jägern und Piraten wurden.

   Da diese Hauptübergänge von litauischen Spähern scharf beobachtet wurden, schlugen die Tataren manchmal vom Perekop aus einen weiten Bogen nach Osten und stießen erst viel weiter landeinwärts auf den Dnjepr. Sie wählten entweder den Übergang bei der Insel Chortiza, die später zum Sitz des Saporoger Kosakenheeres wurde, oder schwammen noch nördlicher bei Kermenszik, dem späteren Krementschug, über den Fluß. Hier befanden sie sich bereits in unmittelbarer Nähe der Festung Tscherkassy.

   Wenn sich die Krimtataren für die Übergänge bei Tawan oder Otschakow entschieden hatten, trafen sie hinter dem Dnjepr, den sie mit Hilfe ihrer Pferde durchschwammen, auf freies Steppengelände, das ihnen ein schnelles Vorwärtskommen ermöglichte. Die Horde wurde auch nicht durch einen Troß behindert, denn alles, was sie für einen

Feldzug benötigte, konnten ihre Pferde tragen. Als Verpflegung schossen sich die Tataren Wild in der Steppe, verzehrten aber am liebsten Pferdefleisch.

Beauplan bezeichnet die Tataren als »nicht die leckerhaftesten«. Wenn ein Tier krank war oder entkräftet zusammenbrach, schlachteten sie es und vermischten das Blut mit Mehl zu Würsten. Das Fleisch schnitten sie in lange Streifen, legten es auf den Rücken ihrer Pferde und schnallten den Sattel darüber. Nach einem zwei- oder dreistündigen Ritt drehten sie das Fleisch um und feuchteten es mit dem Schaum an, der sich auf dem Pferderücken gebildet hatte. Nach weiteren drei Stunden war das »Ragout« fertig und galt als Leckerbissen. Mit dem Pferdefett wurde eine Grütze aus Hirse, Gerste oder Buchweizen angerührt. Dazu gab es Klöße aus Mehl und Asche.

Unabhängig von jedem Nachschub konnten die Horden weit in das feindliche Hinterland eindringen. Sie benutzten dabei die Wasserscheiden zwischen großen Flüssen, die von den tiefen Schluchtensystemen frei sind, wie sie sich im Lößboden zwischen dem Schwarzen Meer und den Pripjetsümpfen entwickelt hatten. Jahrhundertelang war der Boden hier von Schneeschmelzen und Regengüssen ausgehöhlt worden, so daß noch heute die meisten Eisenbahnlinien und Hauptverkehrsstraßen den Wasserscheiden folgen.

Da fast alle großen Flüsse zwischen dem Dnjepr und den Karpaten nord-südlich verlaufen, konnten die Tataren zunächst der Wasserscheide zwischen Dnjepr und Ingulez folgen. Auf der Linie Krementschug–Jassy trafen sie dann auf die Waldgrenze, die normalerweise für Reiterheere ein schwieriges Hindernis bildete. Tatsächlich wurde zum Beispiel Tscherkassy durch den berühmten »Schwarzen Wald« geschützt und selten angegriffen. Die Tataren benutzten statt dessen den »Schwarzen Weg«, eine uralte Handelsstraße, die schon immer die Ostseestaaten mit der Krim und Zentralasien verbunden hatte. Sie umging den »Schwarzen Wald« und folgte dann der Wasserscheide zwischen dem Dnjepr und den Nebenflüssen des Bug. Die relativ waldfreien Gebiete setzten sich zwischen Bug und Teterem fort.

Nördlich dieser Straße schützten die sumpfigen Pripjet-Wälder Städte wie Schitomir oder Nowgorod-Wolynski, die in den Chroniken selten als Tatarenopfer erwähnt werden.

Das eigentliche Einfallsgebiet der Krimtataren lag zwischen diesen Wäldern und den Ausläufern der Karpaten. Zu leiden hatten besonders Städte wie Wladimir und Kremenez. Wenn die Horden die Wasserscheide zwischen Dnjestr und Bug entlangritten, kamen sie nach Podolien und verwüsteten die Gebiete um Braclaw und Kamenez. Manchmal drangen sie sogar bis nach Krakau und Lublin vor und überschritten die Weichsel. Bequemer war der Weg allerdings, wenn die Wasserscheide zwischen Weichsel und Pripjet benutzt wurde. Dann waren sogar Minsk und Wilna vor einem Angriff nicht sicher.

Kamen die Tataren in dem Gebiet an, das sie sich für einen Überfall ausgesucht hatten, schlugen sie zunächst ein festes Lager auf, das vom kleineren Teil des Heeres bewacht wurde. Von hier aus schwärmten einzelne »Zagony«, Plünderungstrupps, nach allen Richtungen aus und überfielen die Dörfer. Aus Volksliedern und Chroniken wird deutlich, mit welcher Grausamkeit diese Überfälle durchgeführt wurden. Meistens steckten die Tataren das ganze Dorf an und fingen die Bewohner, wenn sie sich vor den Flammen retten wollten. Alte, Kranke und ganz kleine Kinder wurden sofort getötet, die anderen als Sklaven zusammen mit dem Vieh weggeschleppt. Wurde das Dorf nicht angezündet, schnitten die Plünderer Betten auf und zerstreuten zum Zeichen, daß nichts mehr zu holen sei, die Federn. Kaum waren die »Zagony« in das Hauptlager zurückgekehrt, brach das gesamte Heer auf, um möglichst schnell das feindliche Gebiet wieder zu verlassen und die Beute in Sicherheit zu bringen.

Bis weit in das 16. Jahrhundert hinein gelang es der schwerfälligen gepanzerten Adelsreiterei der Polen und Litauer selten, die räuberischen Horden einzuholen und zum Kampf zu zwingen. Ehe sie sich gesammelt hatten und zur Verfolgung aufbrachen, waren die Tataren schon längst über den Dnjepr entkommen. Erst als König Sigismund, unter dem auch Beauplan diente, eine ständige Söldnertruppe aufstellte, die Podolien und Wolhynien schützen sollte, wurden Berichte über erfolgreiche Verfolgungsjagden häufiger. Jetzt wandte man bevorzugt die Taktik des Fürsten Glinski an, der schon 1506 einmal mit 6000 Soldaten 20000 bis 30000 Tataren aufgerieben hatte. Glinski war zunächst über das Hauptlager hergefallen und hatte dann einen Plünderungstrupp nach dem anderen, der mit Beute zurückkam, vernichtet.

Häufig holte man die mit Vieh und Gefangenen nur langsam vorwärtskommenden Horden jedoch erst auf dem Rückweg ein. Bei einem Sieg verteilten dann die polnischen Söldner die Beute unter sich und ließen nur die Gefangenen frei.

Zur Zeit Beauplans, in der ersten Hälfte des 17. Jahrhunderts, hatten die Tataren daher ihre Taktik bereits geändert. Jetzt fielen sie nur noch achtzig bis hundert Kilometer in litauisches Gebiet ein und teilten sich in drei Haufen. Während das Hauptkorps sofort den Rückweg antrat, schwärmten die Flügel zehn bis fünfzehn Kilometer aus und plünderten. Wenn sie mit Beute beladen zurückkehrten, setzten sie als Hauptkorps den Rückweg fort, während sofort zwei neue Flügel zum Plündern ausschwärmten.

Sobald sie sich vor Verfolgern sicher glaubten, oft auch erst am Perekop, machte das Heer eine Woche halt und verteilte die Beute.

»Selbst das unmenschlichste Herz würde hier erweichen, wenn es die Trennung eines Mannes von seiner Frau, einer Mutter von ihrer Tochter, ohne Hoffnung, sich je wieder zu umarmen, sehen müßte. Sie verfallen in die jämmerlichste Sklaverei der Mohammedaner, die ihnen tausend Drangsale antun. Ihre viehische Vernunft bringt sie zur Begehung unendlich vieler Schandtaten, verleitet sie dazu, Mädchen und Mütter in Gegenwart ihrer Väter und Männer zu schänden, ja selbst die Kinder im Beisein der Eltern zu beschneiden . . .«

Die Schilderung Beauplans deckt sich mit zahlreichen Volksliedern und Augenzeugenberichten. Zweifellos waren Sklaven die wichtigste und wertvollste Beute der Tataren.

Allerdings behielten sie nur kräftige Männer und Knaben, geschickte Handwerker, hübsche Frauen und Mädchen oder Adlige, für die man Lösegeld verlangen konnte. Schwache und Kranke dagegen, die verschleppt worden waren, überließ man häufig jungen Tataren, die sich an ihnen im Töten übten.

Die Anzahl der im 16. und 17. Jahrhundert aus Südrußland verschleppten Sklaven ist nicht genau zu bestimmen. Einmal berichtet die Chronik, daß 7000 Tataren 100000 Gefangene aus Galizien verschleppt haben sollen. Herberstein gar, ein kaiserlicher Gesandter am Hofe des Moskauer Großfürsten, schreibt in seinen *Wunderbaren Historien*, daß die Tataren bei ihrem großen Einfall im Jahre 1521 800000 Sklaven erbeutet haben sollen. Aber offensichtlich hält er diese Zahl selbst für unglaubwürdig. Zur Zeit Mengli Gireis sollen, wie der Khan selbst berichtet hat, einmal 1000 Tataren 5000 Sklaven und ein Jahr später 15000 Krieger 50000 Gefangene mitgebracht haben. Und mehr als hundert Jahre später bestätigt Beauplan, daß der Verlust von 50000 Menschen bei einem Tatarenüberfall normal sei.

Ganz gleich, ob diese Zahlen übertrieben sind: Da fast in jedem Jahr ein Einfall der Krimtataren stattfand, bedeutete das einen schwerwiegenden Verlust. Wüsteneien breiteten sich aus – Äcker lagen brach, Siedlungen verödeten.

Das Schicksal der Sklaven wird von zeitgenössischen Geschichtsschreibern und Gelegenheits-Schriftstellern in den schwärzesten Farben gemalt. Michalon Litwin oder Lituanus klagt in seinem – nicht sehr zuverlässigen – Bericht *Über die Taten der Tataren*:

»Die Starken, Arbeitsfähigen unter ihnen werden kastriert und gestempelt und müssen den ganzen Tag in der Glut in Ketten auf den Feldern arbeiten, die Nächte in schrecklichen Gefängnissen zubringen.« Angeblich wurden die Sklaven nur von Abfällen wie verdorbenem Fleisch und fauligem Wasser ernährt, von den Aufsehern gepeitscht und zu Tode gequält. Wer am Ruder einer türkischen oder italienischen Galeere zusammenbrach, wurde ins Meer geworfen und ertränkt.

Aber andere Textstellen widersprechen diesen Greuelgeschichten: Da heißt es dann plötzlich, daß die Sklaven von den Mohammedanern gut behandelt und nach einiger Zeit – meistens nach sieben Jahren – sogar freigelassen würden.

Fest steht auf jeden Fall, daß die Galeerensklaven das schlimmste Schicksal getroffen hatte. Sie mußten oft dreißig oder vierzig Jahre im gleichen Schiff rudern, mit Peitschen angetrieben und kümmerlich ernährt.

Andere freilich traten zum Islam über, ließen sich auf der Krim nieder und mußten ihren Herren nur Steuern von allen Einkünften zahlen. Sie konnten sich also frei bewegen.

Im 16. Jahrhundert hatte der Sklavenhandel eine große Bedeutung. Gefangene wurden wie Münzen gehandelt, und allein auf der Krim sollen – nach den Berichten des Lituanus – rund 30000 Sklaven Haus- und Feldarbeiten verrichtet haben. Ein männlicher Sklave kostete zwischen 10 und 25 Rubel, je nach körperlicher Verfassung und handwerklichen Fertigkeiten. Deshalb wurden die Gefangenen nach der strapaziösen Verschleppung erst einige Wochen aufgepäppelt, ehe man sie auf dem Markt von Kaffa anbot. Für Adlige konnten weit höhere Summen als Lösegeld erpreßt werden, und besonders teuer waren hübsche Sklavinnen, die an die orientalischen Harems verkauft wurden. Lituanus behauptet, ihr Gewicht sei manchmal mit Gold aufgewogen worden.

Während die Krimtataren durch ihre Überfälle für ständigen Nachschub sorgten, lag der eigentliche Sklavenhandel auf der Krim in den Händen jüdischer, griechischer und auch italienischer Kaufleute, deren Geschäfte kaum beeinträchtigt worden waren, als die Krimtataren im Jahre 1473 Kaffa erobert hatten. Sie verdienten gut am Zwischenhandel: Nach der Rückkehr tatarischer Horden aus den slawischen Siedlungsgebieten kauften sie die Gefangenen billig ein und transportierten sie mit ihren Galeeren zum zentralen Sklavenmarkt nach Konstantinopel, wo sie einen weit höheren Preis erzielten. Von hier aus wurde im 16. und 17. Jahrhundert der gesamte Orient mit slawischen Sklaven überschwemmt. Die hübschen russischen Bojarentöchter und

Bauernmädchen waren in türkischen, syrischen oder ägyptischen Harems sehr begehrt, und manche von ihnen spielten in der Geschichte eine bedeutende Rolle. Am bekanntesten wurde wohl Marusja oder Roxolana, die Tochter eines russischen Priesters, die nach Konstantinopel in den Harem Suleimans des Prächtigen verkauft wurde, zur Lieblingsfrau des berühmten Sultans aufstieg und bis ins hohe Alter hinein großen Einfluß auf die Staatsgeschäfte hatte. Ihr Sohn bestieg später als Selim II. den muselmanischen Thron.

Wie Lituanus berichtet, floß auch in den Adern vieler türkischer Wesire und tatarischer Fürsten slawisches Blut, denn in fast allen Harems spielten Slawinnen eine dominierende Rolle. Diese russischen Sklavinnen kamen seit den zwanziger Jahren des 16. Jahrhunderts immer häufiger auch aus den Grenzgebieten des Moskauer Großfürstentums oder aus Moskau selbst, denn 1521 hatte Khan Muhammed Girei die Kreml-Stadt an der Moskwa niedergebrannt und mehrere hunderttausend Gefangene verschleppt. Auch in den Jahren danach suchten die Krimhorden fast jedes Jahr die Moskauer »Ukraina« heim, die sich über die Oka vorgeschoben hatte. Tula, Rjasan und Kasimow waren die Grenzfestungen des Moskauer Staates, der sich vom 14. bis zum 16. Jahrhundert zu einem beachtlichen Machtfaktor entwikkelte.

5
Der Aufstieg Moskaus

Während das Kiewer Land nach Batus Einfall im 13. Jahrhundert verödete, verlagerte sich der politische Schwerpunkt nach Nordosten. Iwan I. (1325–1340), Fürst von Moskau, der beim Umgang mit den Mongolen in Sarai viel Fingerspitzengefühl bewiesen hatte, war vom Khan der Goldenen Horde zum Tributeintreiber für alle russischen Fürstentümer ernannt worden, die zur Machtsphäre der Goldenen Horde gehörten. Sein Spitzname »Kalita« (Geldsack) deutet an, daß er es verstand, einen Teil des Geldes in die eigene Kasse abzuzweigen. Iwan kaufte kleinere Fürstentümer auf, fügte andere durch eine äußerst geschickte Heiratspolitik hinzu und begann, russisches Land »zu sammeln«.

Bald paßte sich auch das geistliche Oberhaupt der russisch-orthodoxen Kirche, der Metropolit, dieser Entwicklung an und residierte ab 1325/26 in Moskau. 1328 waren dann die beiden höchsten Autoritäten der russisch-orthodoxen Welt in Moskau vereint, denn Iwan Kalita sicherte seiner Dynastie und Moskau den Titel eines Großfürsten, der ihn über die Fürsten anderer russischer Städte erhob. Er tat das mit einigen Federstrichen in seinem Testament, in dem es heißt:

»Ich hinterlasse das Fürstentum Moskau allen meinen Söhnen, mit Ausnahme des Kreml, der meinem ältesten Sohn Simeon, dem Großfürsten von Moskau, zukommen wird.«

Seiner Frau hinterließ Iwan I. seine »leicht von Motten angefressenen Pelze, die sich in der kleinen Garderobe im Erdgeschoß des Terem befinden«.

Manche Historiker werten dieses Testament, ebenso wie ähnliche Testamente späterer Großfürsten, als Beweis für die kleinliche Geisteshaltung und Engstirnigkeit russischer Staatsmänner im 13. und 14. Jahrhundert. Iwan Kalita verfolgte keine staatsbildenden Ideen, als er sein Großfürstentum ausweitete und »russisches Land sammelte«. Er nutzte nur bauernschlau alle Möglichkeiten zu seiner persönlichen Bereicherung.

Das entsprach durchaus dem Geist der Zeit, einer Zeit der Korruption und Intrigen, der Giftmorde und des allgemeinen Niedergangs. Ursache dieser Entwicklung war wohl die Abhängigkeit von den Tataren, die seit Batus Zeiten nach dem Prinzip »divide et impera« geherrscht und die russischen Fürsten gegeneinander ausgespielt hatten. Die Baskaken, Gesandte oder Beobachter der Goldenen Horde, schürten allein durch ihre Anwesenheit im Kreml eine Atmosphäre der Heuchelei, der Eifersüchteleien und ständigen Machtkämpfe. Zum politischen Alltag aller russischen Fürsten und Großfürsten gehörten die Reisen nach Sarai oder Neu-Sarai, wo jeder mit Verleumdungen und kostbaren Geschenken versuchte, den Zorn des Groß-Khans und damit dessen Tausendschaften auf den Nachbarn zu hetzen. Manche Strafexpedition brach über die Fürstentümer herein, wenn der Tribut nicht rechtzeitig entrichtet wurde, und auch der Großfürst von Moskau mußte es trotz seines Machtzuwachses zulassen, daß seine Untertanen alle zwölf Jahre in Schafpferche getrieben und gezählt wurden, um die Höhe des Tatarentributes neu festzusetzen.

Mitte des 14. Jahrhunderts, als in Moskau Großfürst Iwan II. regierte, etablierte der Khan der Goldenen Horde als Hemmnis für den Aufstieg Moskaus drei neue Großfürstentümer: Twer, Rjasan und Susdal/Nischnij-Nowgorod. Erst Dmitri Iwanowitsch, der 1362/63 Großfürst von Moskau wurde, gelang es mit Hilfe des Metropoliten Aleksij, durch eine groß angelegte Expansionspolitik, die nunmehr deutlich eine strategische Konzeption verriet, zunächst Susdal/Nischnij-Nowgorod und wenig später auch Twer einzugliedern. Großfürst Dmitri trat gegenüber den Tataren und vor allem im Gegensatz zu den litauischen Großfürsten als Kämpfer für die Vereinigung aller orthodoxen Ostslawen auf. Hinter dieser Konzeption stand zweifellos der Metropolit. Er leitete damit jene verhängnisvolle Periode der russischen Geschichte ein, in der die orthodoxe Kirche offene Machtpolitik betrieb und zur Handlangerin der zaristischen Gewalt- und Alleinherrschaft wurde.

Die Zeit der Sammlung russischen Landes unter Dmitri Iwanowitsch fiel mit dem Kampf verschiedener Prätendenten um die Thronfolge in Sarai zusammen. Während der Moskauer Großfürst 1367 den Kreml zum erstenmal mit einer steinernen Mauer umgeben ließ und nach einer sieben Jahre dauernden Auseinandersetzung – vor allem mit dem litauischen Großfürsten Jagiello – 1375 endlich das Großfürstentum Twer eingegliedert hatte, befand sich bei der Goldenen Horde General Mamai auf dem Weg zur Macht. Er hatte einige rechtmäßige Thronfolger verjagt und schickte sich an, selbst Groß-Khan zu werden. Die vertriebenen tatarischen Fürsten wichen an die Grenzen des Reiches aus und versuchten, sich mit ihren Horden durch Raubzüge in russisches Gebiet schadlos zu halten. Da Dmitri Iwanowitsch sein Land verteidigte, kam es ständig zu Scharmützeln, und 1378 gelang es den russischen Truppen, tatarische Tausendschaften am Flüßchen Woja zu schlagen. Dieser relativ unbedeutende Sieg veranlaßte Mamai, sich mit dem litauischen Großfürsten Jagiello zu verbünden und eine Strafexpedition durchzuführen. Er wollte ein Exempel statuieren und den Expansionsdrang des Moskauer Großfürsten dämpfen. Noch ehe sich die Tataren mit den Litauern vereinigen konnten, hatte jedoch Dmitri Truppen aus sämtlichen Fürstentümern seines Gebietes zusammengezogen. Er trat Mamai am 8. September 1380 auf dem Schnepfenfelde am Don entgegen. Den Verlauf der Schlacht schildert die berühmte *Sadonstschina*, die »Lobpreisung des Großfürsten Dmitri Iwanowitsch und seines Vetters, des Fürsten Wladimir Andrejewitsch, wie sie ihren Feind, den Khan Mamai, besiegten«. Die Dichtung beginnt mit den Sätzen:

»Weit über hundert Jahre waren von dem Treffen an der Kalka bis zur Mamai-Schlacht vergangen. Der Großfürst Dmitri Iwanowitsch und sein Vetter, Fürst Wladimir Andre-

MOSCOVIA SIGISM
NIS IN H

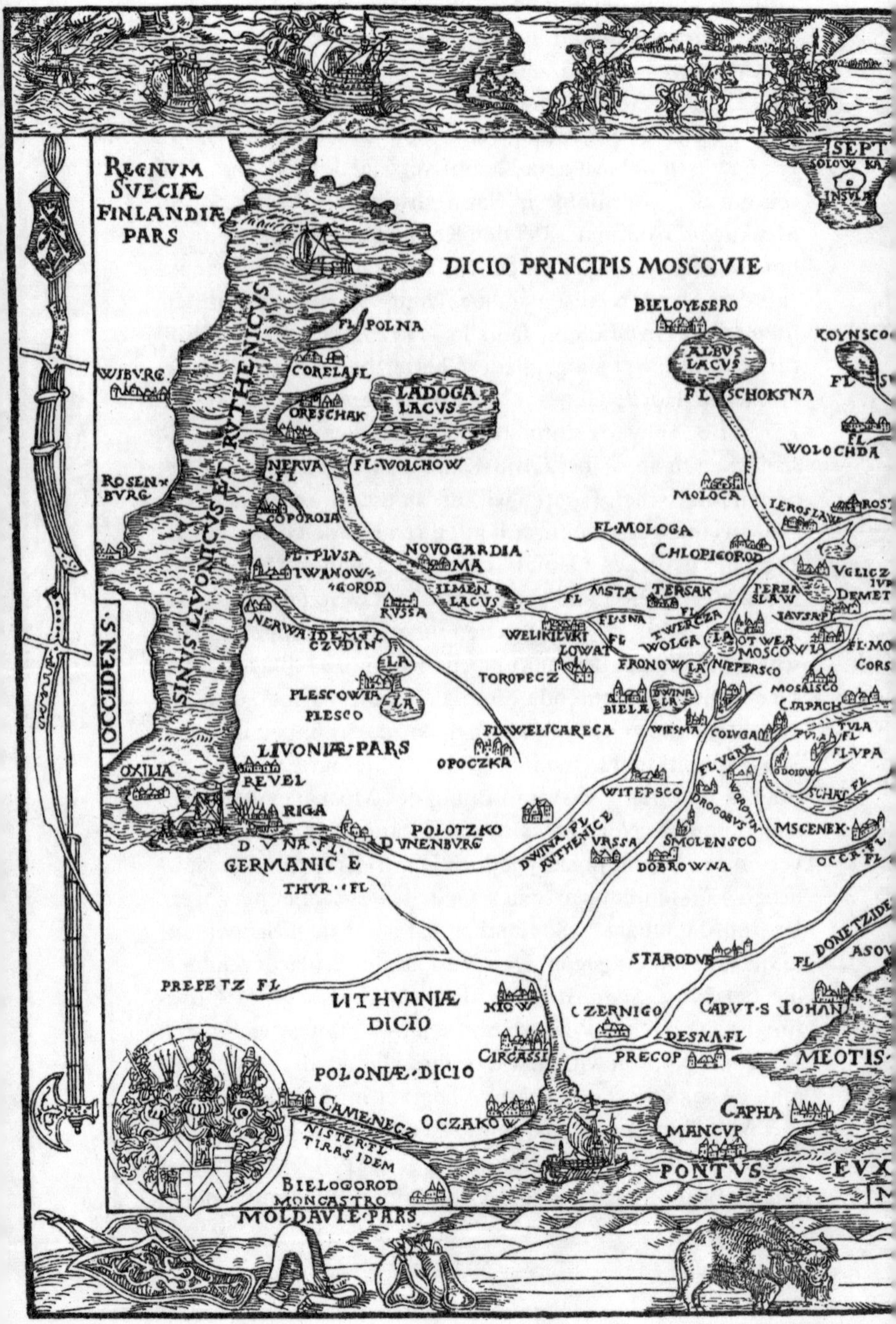

BISONS.

NDI LIBERI BARO-
ERSTAIN

№ 15.

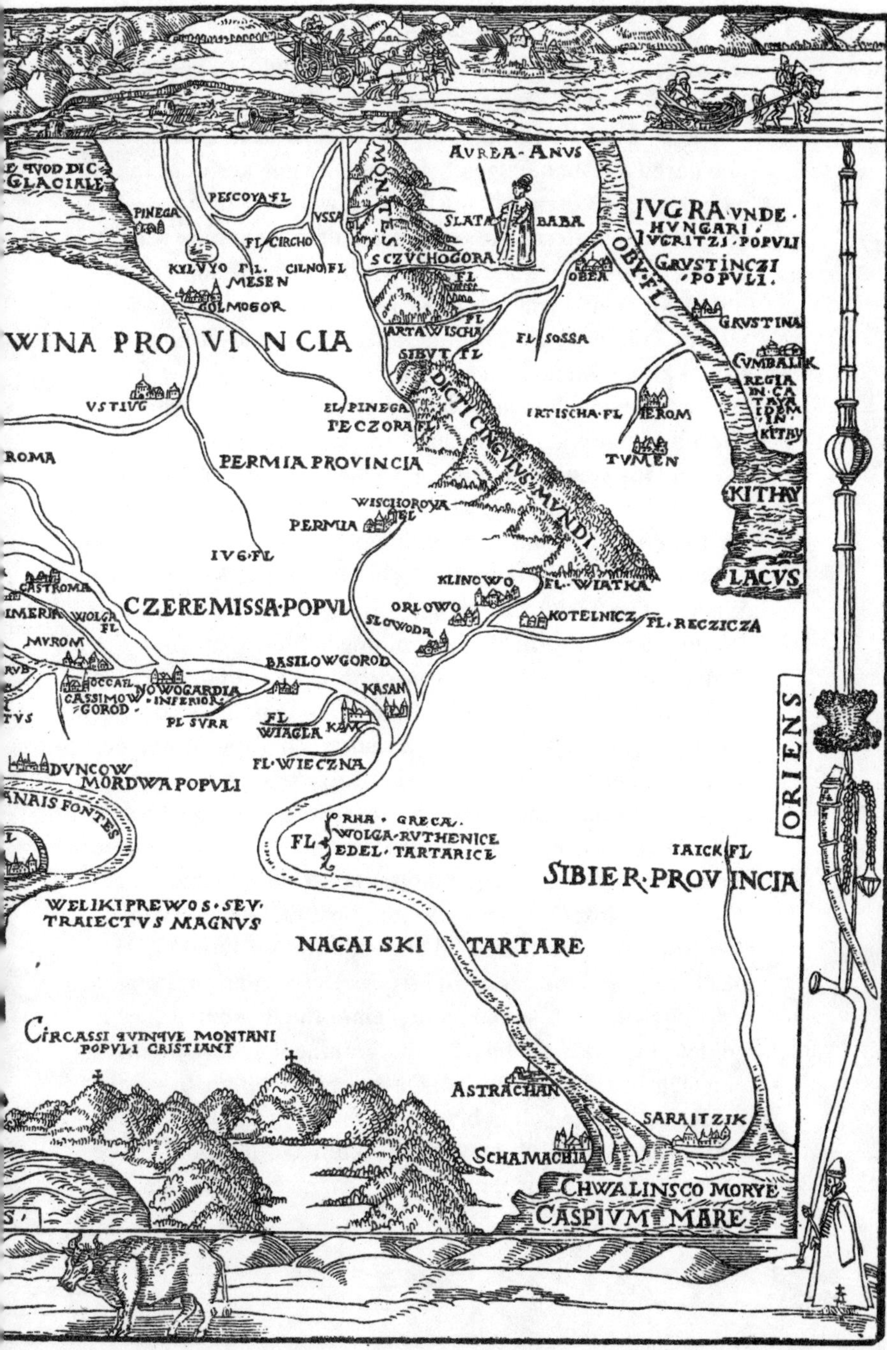

VRVS.

jewitsch, beteten zu Gott und zur unbefleckten Gottesmutter, verliehen ihrem Sinne Festigkeit, stählten ihre Herzen mit Mut und waren von kriegerischem Geist erfüllt; sie stellten tapfere Scharen im russischen Lande auf und gedachten ihres Ahnen, des Kiewer Großfürsten Wladimir.«

Die heroische Dichtung, deren Original nicht erhalten ist und deren älteste handgeschriebene Fassung aus dem Jahre 1470 stammt, beschreibt ausführlich, wie die Russen aus allen Fürstentümern zusammenströmten, um in wahrer Kreuzzugsstimmung das Tatarenjoch abzuschütteln:

»In Moskau wiehern die Rosse, die Trompeten schmettern in Kolomna, die Trommeln wirbeln in Serpuchow, der Ruhm klingt durch das ganze russische Land, und die Feldzeichen stehen schon am Ufer des großen Don . . . Alle russischen Fürsten kamen zusammen und sprachen:

›Am Don stehen die unreinen Tataren, und Khan Mamai steht an der Metscha. Sie werden den Fluß überschreiten und ihr Leben lassen, uns zum Ruhme.‹

Schon ertönt zwischen Don und Dnjepr das Knarren der Wagen: Die Chinower ziehen ins russische Land. Graue Wölfe kommen von den Mündungen des Don und des Dnjepr herbei, sie stellen sich an der Metscha auf und heulen und wollen in das russische Land einfallen. Es sind aber keine grauen Wölfe, sondern die unreinen Tataren sind gekommen, um das russische Land mit Krieg zu überziehen.«

Doch die russischen Helden, die sich fast hundertfünfzig Jahre lang in ein entwürdigendes Schicksal ergeben mußten, die unzählige Male von den tatarischen Tausendschaften gedemütigt wurden, lassen sich nun nicht mehr schrecken:

»Schon rissen sich die Falken von Beloosero und die Habichte aus der steinernen Stadt Moskau von ihren Stangen los, flogen in den blauen Himmel empor und ließen ihre vergoldeten Glöckchen am schnell dahinfließenden Don ertönen. Da trat der Großfürst Dmitri Iwanowitsch in seinen goldenen Steigbügel, nahm sein Schwert in die Rechte und betete zu Gott und zur unbefleckten Gottesmutter. Die Sonne erstrahlte vor ihm hell im Osten und wies ihm den Weg.«

70 Fürsten und Bojaren sollen das Heer der rund 300 000 russischen Recken angeführt haben. Allerdings sind die Zahlenangaben mit Vorsicht zu genießen. Allzuschnell verlieh die Begeisterung über den Sieg der Phantasie des Chronisten Flügel. Das Heldenepos fährt fort:

»Schon waren jene Falken und Habichte eilends über den Don geflogen und hatten sich auf die zahlreichen Scharen der Schwäne gestürzt. Aber es waren keine Falken und Habichte, sondern die russischen Fürsten waren zum Angriff gegen das tatarische Heer geritten. Und die stählernen Lanzen schlugen gegen die tatarischen Rüstungen, die Damaszener Klingen prallten klirrend gegen die Chinower Helme auf dem Kulikowofelde.

Schwarz war die Erde unter den Hufen, die Felder waren mit den Gebeinen der Tataren besät, und mit ihrem Blut war die Erde getränkt. Starke Heerscharen trafen an diesem Ort aufeinander und zerstampften Hügel und Wiesen, aufgerührt wurde das Wasser der Flüsse, Ströme und Seen.«

Aber nicht nur die Tataren tränkten den Boden des Schlachtfeldes mit ihrem Blut:

»Ein Brüllen wie von Uren hob am großen Don auf dem Kulikowofelde an. Doch es waren keine überwältigten Ure, sondern die tödlich getroffenen russischen Bojaren und Heerführer des Großfürsten Dmitri Iwanowitsch, die von den unreinen Tataren niedergemetzelten Fürsten.

Zu dieser Zeit schallten im Rjasaner Gebiet am Don nicht die Rufe der Pflüger und Hirten über die Felder, sondern viele Raben krächzten über den Menschenleichen. Schreckliches und Jammervolles gab es damals zu sehen: Das Gras war mit Blut bedeckt, und die Bäume neigten sich vor Trauer bis zur Erde. Die Vögel hatten traurige Lieder angestimmt, und die Frauen der Fürsten, Bojaren und Heerführer waren in Wehklagen um die Erschlagenen ausgebrochen. Früh am Morgen saßen sie auf den Moskauer Festungsmauern und klagten:

›Moskwa, Moskwa, du schnell dahinfließender Fluß, warum hast du unsere Männer von uns fortgetragen ins Polowzerland?‹

Und weiter sprachen sie:

›Kannst du, Herr Großfürst, nicht den Dnjepr mit Rudern sperren, den Don mit dem Helm ausschöpfen und die Metscha mit Tatarenleichen stauen?‹

An jenem Tage, einem Sonnabend, dem Geburtstag der heiligen Gottesmutter, wurden die heidnischen Heere auf dem Kulikowofelde von den Christen vernichtend geschlagen. Fürst Wladimir Andrejewitsch gab seinem Pferd kräftig die Sporen und ließ seinen Helm glänzen. Dann zwangen der Großfürst Dmitri Iwanowitsch und sein Vetter die heidnischen Heerscharen zur Flucht; sie hieben heftig auf sie ein und schlugen ohne Gnade zu; so brachten sie jene in große Bedrängnis. Ihre Fürsten fielen von den Pferden, die Felder waren mit Leichen der Tataren besät, und die Flüsse flossen über von ihrem Blut. Da löste sich das Heer der Heiden auf, und sie flohen auf unwegsamen Pfaden zur Meeresbucht; sie knirschten mit den Zähnen, zerkratzten sich die Gesichter und sprachen:

›Brüder, wir können nicht in unserem Lande bleiben, unsere Kinder nicht mehr schauen und unsere Frauen nicht liebkosen, sondern wir müssen das grüne Gras küssen; gegen die Rus werden wir nicht mehr zu Felde ziehen und keinen Tribut mehr von den russischen Fürsten fordern!‹

Schon begann das Tatarenland zu seufzen, da es von Kummer und Leid heimgesucht wurde; den Khanen und Würdenträgern verging ihr prahlerisches Verlangen, gegen das russische Land zu ziehen, ihre Fröhlichkeit war dahin. Denn schon raubten die russischen Söhne die tatarischen Kostbarkeiten, Rüstungen, Pferde, Ochsen, Kamele, Wein und Zucker; auch wertvolle Gewebe und golddurchwirkte Tuche brachten sie ihren Frauen mit klingendem tatarischem Gold . . .

Die Heiden aber warfen die Waffen auf die Erde und beugten ihre Köpfe unter die russischen Schwerter. Der unreine Mamai schlich davon wie ein grauer Wolf.«

Der gottlose Mamai soll nach der *Sadonstschina* über 500 Fürsten, Ritter und Bojaren sowie 253000 Mann des russischen Heeres erschlagen haben. Von den Tataren sollen noch mehr gefallen sein. Die Zahlen sind übertrieben, aber zweifellos machten die Russen riesige Beute, als ihnen der Troß der Tataren in die Hände fiel.

Der Sieg von Kulikowo verschaffte dem russischen Volk, wenn auch nach großen Opfern, moralischen Auftrieb. Zum erstenmal nach jahrhundertelanger Knechtschaft wurde ein großes tatarisches Heer geschlagen. Die furchterregenden Steppenreiter waren nicht unbesiegbar!

Der Moskauer Großfürst Dmitri kehrte als Held nach Moskau zurück. Später gab man ihm den Beinamen »Donskoi«, zur Erinnerung an seinen großen Sieg am Don. Politisch freilich hatte die Niederlage Mamais kaum Auswirkungen, denn mit ihm war lediglich ein Teilfürst geschlagen worden. Sobald Mamai vertrieben war und der rechtmäßige Khan Tochtamisch die Goldene Horde wieder vereinigt hatte, konnte das Großfürstentum Moskau nicht mehr daran denken, sich den Tataren ernsthaft zu widersetzen. Schon 1382 eroberte Tochtamisch Moskau und zwang Dmitri Iwanowitsch, der nach Norden geflohen war, einen erhöhten Tribut zu zahlen.

Erst als die Macht der Goldenen Horde durch innere Streitigkeiten immer mehr zerfiel, konnte Iwan III. in den siebziger Jahren des 15. Jahrhunderts den Aufstieg Moskaus fortsetzen. Er eroberte das reiche Nowgorod, das sich mit dem katholischen König von Litauen und Polen, Kasimir IV., verbündet hatte. Zehntausende Nowgoroder wurden als »Verräter am orthodoxen Glauben« gefangengenommen. Viele Bojaren ließ der Moskauer Großfürst auf dem Roten Platz des Kreml köpfen, andere wie Vieh abschlachten und als Fischfutter in die Seen der Umgebung werfen. Grundbesitzer wurden enteignet und umgesiedelt. Tausende von Frauen und Mädchen kamen auf die Sklavenmärkte von Kaffa und verschwanden in tatarischen oder türkischen Harems.

1480 folgte dann das »Operettentreffen« an der Oka, der damaligen Grenze zwischen Moskau und Polen-Litauen. Achmed, der letzte Khan der Goldenen Horde in Sarai, hatte noch einmal seine tatarischen Reiter gesammelt, um

Moskau zu vernichten. Auch Kasimir IV., selbst von Moskau bedrängt, hatte seine Hilfe zugesagt. An der Oka standen sich die Heere Iwans III. und Achmeds wochenlang gegenüber, ohne daß es zum Kampf kam. Der Moskauer Großfürst fühlte sich für eine entscheidende Machtprobe nicht stark genug, und Achmed wartete vergeblich auf die Truppen Kasimirs. Als der Fluß zufror, zogen sich beide Heere kampflos zurück. Die Chronik behauptet, tatarische wie russische Reiter seien panikartig geflohen, als eine Schar Wildgänse aus dem Schilf aufstieg.

Achmeds Tataren galoppierten damit endgültig aus der Geschichte, denn wenig später wurden sie vom Krim-Khan Mengli Girei vernichtet. Kasimir IV. und sein Nachfolger mußten ihr außenpolitisches Versagen schnell büßen: Die Krimtataren erwiesen sich als nützliche Verbündete des Moskauer Großfürsten und schwächten ab 1480 Litauen durch ihre fast jährlichen Einfälle. Sie zerstörten alle Siedlungen, die während der letzten Jahrzehnte bis auf die Linie Braclaw–Zwenigorod–Tscherkassy vorgerückt waren. Aus den Steppengebieten, die sich rechts und links des Dnjepr erstreckten, wurde wieder die »Ukraina«, Grenzland ohne seßhafte Bevölkerung, nur von Jägern und Fischern, den russischen Trappern, durchstreift. Besonders die sogenannte »Linksufrige«, das Land östlich des Dnjepr, wurde zum Kosakengebiet par excellence, der späteren »Hetmanschtschina«.

Iwan III. ging zur gleichen Zeit daran, ein litauisches Fürstentum nach dem anderen für Moskau zu erobern. Der Nachfolger Kasimirs IV., König Alexander, mußte in zwei Friedensverträgen riesige Territorien an den Moskauer Großfürsten abtreten, der damit fast das ganze großrussisch besiedelte Territorium des Kiewer Rus beherrschte. Iwan III., der sich immer häufiger »Herrscher über ganz Rußland« nannte, tat damit einen großen Schritt in Richtung auf die Autokratie, die Selbstherrschaft des Zaren, die ein halbes Jahrhundert später von Iwan dem Schrecklichen und danach von Peter dem Großen vollendet wurde. Gleichzeitig wurde eine Entwicklung eingeleitet, die aus dem früher dominierenden, unter Iwan III. zumindest noch gleichberechtigten Partner, der orthodoxen Kirche, den Handlanger der zaristischen Gewaltherrschaft machte.

Die Antwort der Krimtataren auf diesen erstarkten Moskauer Staat und seinen Expansionsdrang nach Süden und Westen war eine Überprüfung ihrer Bündnispolitik. Seit Mengli Gireis Heer die Goldene Horde vernichtet hatte, hatten die Krim-Khane jedes Interesse an einem Bündnis mit Moskau verloren. Sie lenkten ihre räuberischen Horden wieder nach Nordosten und tauchten öfter, als Wassilij III., dem Nachfolger Iwans III., lieb war, an der Oka auf.

So blieb das »Wilde Feld« im Süden und Südosten des Königreichs Polen-Litauen und des Großfürstentums Moskau weiter dünn besiedeltes Land, ständig bedroht von den schweifenden Horden der tatarischen Steppenreiter. In die reichen »Uchody« (Jagdgründe) wagten sich nur Abenteurer. Ähnlich wie im amerikanischen »Wilden Westen«, wo Trapper und Pfadfinder zu Vorposten der Zivilisation und zu Baumeistern einer eigentümlichen, von der Wildnis geprägten Demokratie wurden, konnte im »Wilden Feld« Rußlands nur ein besonders widerstandsfähiger und kämpferischer Menschenschlag überleben. Die große Zeit der Kosaken hatte begonnen!

6
Die Trapper des Wilden Feldes

Ein Lagerfeuer färbt das Gesicht des tatarischen Wachtpostens kupferrot. Es flackert über die Lichtung und spiegelt sich in den Wellen des Dnjepr, die träge an das sandige Ufer rollen. Der Mann hat den Helm abgelegt, trägt aber noch seinen Brustpanzer. Der Bogen und ein Köcher mit Pfeilen sind griffbereit. Einige Meter entfernt schlafen etwa dreißig Tataren, in Pferdehäute gewickelt. Aus einem Zelt am Rande der Lichtung dringt Stimmengemurmel: Der Gesandte des Großfürsten von Moskau und sein Gast, ein Geschützgießer aus Flandern, versuchen sich zu verständigen. Es hatte viel Mühe gekostet, den Mann aus der Werkstatt des berühmten Hans Poppenruyter abzuwerben.

Die Kunde von Wunderwaffen, die sogar in steinerne Mauern Breschen schießen, war auch in den Moskauer Kreml gedrungen. Hatten die Türken im Jahre 1453 nicht mit ihrer Hilfe das Heilige Byzanz überrannt und damit die Periode des »Zweiten Rom« beendet? Hatten nicht die Tataren Mengli Gireis wenige Jahre später mit türkischen Geschützen die Genuesen aus Kaffa verjagt? Auch der Moskauer Großfürst brauchte dringend Kanonen – vor allem zur Abwehr tatarischer Horden und zur Eroberung litauischer Fürstentümer.

Iwan III. hatte deshalb einen Vertrauten nach Europa geschickt, um fremde Handwerker anzuwerben. Und der Moskowiter konnte mit eigenen Augen sehen, wie Poppenruyters Geschütze dreißigmal pro Tag 20 Pfund Eisen und 20 Pfund Pulver abschossen.

Das war erst vor wenigen Wochen gewesen, zwischen Antwerpen und Brüssel. Jetzt liegt der größte und auch der gefährlichste Teil des Weges schon hinter der Reisegruppe.

Heute hat sie den Dnjepr überquert und ist von einer tatarischen Eskorte empfangen worden, die sie sicher zur Krim, an den Hof des verbündeten Khans Mengli Girei, und dann nach Moskau begleiten soll.

Während das Lagerfeuer niederbrennt, nähern sich Boote dem Ufer. Lautlos senken sich umwickelte Ruder ins Wasser. Ein Kiel nach dem anderen gleitet weich auf den feuchten Sand. Es sind abenteuerliche Gestalten, die gleich darauf im dichten Buschwerk verschwinden: Kosaken aus Kiew und Tscherkassy, darunter ehemalige böhmische und deutsche Landsknechte. Hohe Fellmützen, tief in die Stirn gezogen; an den Ledergürteln, die schwere Pelzmäntel zusammenhalten, lange Säbel. Einige Kosaken tragen 20 bis 30 Pfund schwere Handrohre. Unter den Mokassins aus Hirschleder knackt kein Ast.

Lautlos schieben sich die Kosaken bis auf wenige Schritte an das Lagerfeuer heran. Drei von ihnen, die ihre Handrohre, Pulver und Eisenkugeln aus Mitteleuropa mitgebracht haben, stützen die schweren Läufe auf Stützgabeln, bevor sie die Schäfte der Feuerbüchsen fest an sich pressen. Der erste Schütze zielt auf den Boden dicht hinter dem Wachtposten, um dessen Kopf zu treffen. Ein anderer Kosak führt vorsichtig die Lunte an das Pulver. Noch bevor der Schuß kracht, hebt der Tatar, aufgeschreckt durch ein Geräusch, den Kopf. Es dauert nur eine Sekunde, bis er mit gespanntem Bogen vor dem Feuer lauert. Aber schon sieht er das Mündungsfeuer aufblitzen. Ehe der Pfeil von der Sehne schnellen kann, reißt die Kugel ein faustgroßes Loch in den Brustpanzer. Die anderen Kosaken schießen mitten in die schlaftrunkene Eskorte hinein und stürmen dann mit gezogenem Säbel die Lichtung. Das Gemetzel dauert nur wenige Minuten ...

Zwischenfälle wie dieser häuften sich am Ende des 15. und zu Beginn des 16. Jahrhunderts im Wilden Feld. 1492 berichten die Chroniken, daß 220 Kosaken unter der Führung eines Temesch das Gebiet um die Grenzfestung Aleksin in der Moskauer Ukraina plünderten. Obgleich sie blitzschnell aus der Steppe auftauchten und ebenso schnell mit ihrer Beute wieder verschwinden wollten, wurden sie von den berittenen Grenztruppen des Moskauer Großfürsten eingeholt und aufgerieben.

Ein Jahr später überfielen Kosaken der »Großen Horde« einige Dörfer im Gebiet von Rjasan.

Ebenfalls 1493 wurde – so kann man dem diplomatischen Schriftwechsel zwischen Moskau und dem Krim-Khan Mengli Girei entnehmen – ein Iwan Subota in der Nähe von Tscherkassy beraubt, als er sich mit einem moldauischen Gesandten auf dem Wege nach Moskau befand. Diesmal waren die Räuber Kosaken aus den litauischen Grenzgebieten, vermutlich Slawen.

Daß es die Parteien mit ihren Bündnissen nicht allzu genau nahmen, beweist ein Zwischenfall aus dem Jahre 1496: Japantscha Saltan, ein Sohn des Krim-Khans, lauerte mit seinen Kosaken einem Moskauer und einem moldauischen Gesandten auf und raubte ihnen wertvolle Geschenke für Iwan III. Die Überfallenen mußten umkehren und unternahmen diplomatische Schritte gegen das Banditentum der verbündeten Krimtataren. Zwar befahl Mengli Girei daraufhin, die geraubten Waren zurückzugeben, aber – wie aus dem Schriftwechsel zu entnehmen ist – nur ein kleiner Teil der Beute tauchte wieder auf.

In den Jahren 1500 und 1501 wurden die Moskauer Fürsten Kubenskij und Romodanowskij von den sogenannten Asow-Kosaken ausgeraubt, als sie sich mit zahlreichen Kaufleuten und einer beträchtlichen Begleitmannschaft auf dem Landweg zwischen Moskau und der Krim befanden. Romodanowskij wurde gefangengenommen und gegen ein Lösegeld von 70 Rubel wenig später wieder freigelassen. Ein Reitpferd kostete damals zwischen zwei und fünf Rubel.

1503 machten wieder Kosaken aus Kiew und Tscherkassy von sich reden, als sie Kaufleuten aus dem türkischen Kaffa eine Ladung wertvoller Marderfelle raubten. Das tatarische Begleitkommando wurde aufgerieben.

Man könnte noch viele Zwischenfälle aufzählen, und in zahlreichen Chroniken oder in diplomatischen Schriftwechseln werden die Räuber als Kosaken bezeichnet. Aber Kosaken kämpften auch in den regulären Truppen der Tataren oder Russen, und Kuriere oder Begleitmannschaften von Gesandten wurden ebenfalls als Kosaken bezeichnet. Was bedeutet also dieser Ausdruck, der in den folgenden Jahrhunderten eine so bedeutsame Rolle in der russischen und polnischen Geschichte spielen sollte?

Das Wort »Kosak« stammt aus dem Turktatarischen. Es taucht schon im 13. Jahrhundert auf und hieß damals soviel wie »Wachtposten«. Nach einer langen Pause wird der Ausdruck dann wieder im 15. Jahrhundert gebraucht. Kosaken sind jetzt Grenzwachen, Begleiter von Diplomaten oder Kaufleuten, Kuriere, Krieger oder Steppenräuber. In der Chronik des Ermolin aus dem Jahre 1445 werden zum Beispiel Kosaken beschrieben, die aus Tscherkassy, aus dem Litauischen, stammen. Aus den Namen ihrer Anführer läßt sich schließen, daß sie Tataren waren.

Auch aus den Ereignissen, die sich sechsundzwanzig Jahre später abspielten, ist deutlich zu erkennen, daß im 15. Jahrhundert gewöhnlich Tataren gemeint waren, wenn von »Kosaken« die Rede ist. Als Iwan III. 1471 Moskau verließ, um den Feldzug gegen Nowgorod persönlich zu leiten, befahl er seinem zurückbleibenden Sohn, »den Zarewitsch Murtoza bei sich zu behalten, den Sohn des Khans Mustafa, mit seinen Fürsten und seinen Kosaken, um ihn verwenden zu können, wenn es notwendig sein sollte«. Iwan III. selbst nahm, wie die Chronik weiter schildert, ebenfalls einen tatarischen Untertan auf seinen Feldzug mit, nämlich »Ajdar, den Sohn des Khans Kasim aus seinem Lande Meschtscherien, mit seinen Prinzen, Fürsten, Kosaken und allen anderen Leuten«.

Tatarische Kosaken standen also im Dienste Moskaus. Wie konnte es zu dieser »Vertauschung der Fronten« kommen – in einer Zeit, als sich russische Siedler und tatarische Nomaden mit unversöhnlichem Haß gegenüberstanden, in einer politischen Landschaft, die von ständigem Grenzkrieg, grauenhaften Blutbädern und gegenseitiger Versklavung geprägt war? – Die Antwort ist einfach: Seit der Ruhm der Goldenen Horde verblaßte, verloren auch viele ihrer Khane Ansehen und Einfluß. Besonders seit Mitte des 15. Jahrhunderts ließ die Disziplin der Teilfürsten innerhalb der Horde immer mehr nach. Jeder nahe Verwandte des Khans besaß als persönliches Eigentum mehrere Tausendschaften, manchmal sogar Zehntausendschaften, an deren Spitze wieder entferntere Verwandte des Khans, die Fürsten, standen. Diese Unter-Khane, bei den Tataren »Sultan« und von den Russen »Zarewitsch« genannt, begannen immer häufiger Feldzüge auf eigene Faust oder versuchten sogar, den Groß-Khan vom Thron zu stürzen. Wenn ein Umsturzversuch mißlang, blieb als einziger Ausweg die Flucht – oft mit allen Anhängern.

Auch die mongolisch-tatarische Erbfolge provozierte innere Kämpfe: Seit den Zeiten Dschingis-Khans war zwar verbindlich vorgeschrieben, daß ein Mitglied der herrschenden Familie – ein Dschingis-Khanide – Thronfolger werden mußte. Aber die Vererbung des Titels vom Vater auf den ältesten Sohn war lediglich üblich. Tatsächlich waren alle männlichen Nachkommen eines verstorbenen Khans Rivalen. Und sie blieben es, auch wenn zunächst der älteste Sohn die Nachfolge antrat.

Energische Thronfolger lösten dieses Problem, indem sie ihre Mitbewerber sofort umbringen oder verfolgen ließen. Kluge Sultane entzogen sich von vornherein dieser Verfolgung durch die Emigration.

Die ersten tatarischen Prinzen (Zarewitsche) traten schon Ende des 14. Jahrhunderts in die Dienste des Moskauer Großfürsten. Ihnen folgten Anfang des 15. Jahrhunderts die Söhne des Tochtamisch, der von dem berühmten Tamerlan (Timur) geschlagen worden war.

Viele dieser tatarischen Mohammedaner traten in Moskau zum orthodoxen Christentum über, ein bedeutsamer Vorgang, wenn man bedenkt, daß sich die Anhänger der beiden Religionen gewöhnlich als »Ungläubige« beschimpften und bekämpften. Als dritte religiöse Kraft im »Wilden Feld« zogen die polnischen Katholiken sowohl gegen die Mohammedaner als auch gegen die Russisch-Orthodoxen fanatisch wie Kreuzritter in die Schlacht. Zwischen den Fronten litten die Prediger der Reformation, Ketzer und heidnische Volksstämme vorwiegend finnisch-ugrischer Abstammung.

Wenn es trotzdem im 15. und 16. Jahrhundert zu zahlreichen Übertritten tatarischer Mohammedaner zum Christentum kam, so wohl nur deshalb, weil mit der Taufe handfeste materielle Vorteile verbunden waren. Als Christen gliederten sich die Tataren leichter in die russische Gesellschaft ein, ebenso wie viele russische Sklaven, die auf der Krim blieben, sich nach der Bekehrung zum Islam leichter akklimatisierten. Hinzu kommt, daß zahlreiche tatarische Fürsten und Prinzen schnell in die herrschende Feudalschicht aufstiegen. Bekannte Familien wie die Glinskis, die großen Einfluß im Kreml hatten, oder Herrscher wie Boris Godunow hatten tatarisches Blut in den Adern.

Wie die Moskauer Chronisten berichten, spielten sich die Taufen der sogenannten »Ungläubigen« in einem sehr festlichen Rahmen ab. Anwesend waren sowohl der Großfürst selbst mit seinen vornehm gekleideten Bojaren als auch der Metropolit, der Oberhirte der orthodoxen Kirche in Rußland. Große Volksmassen genossen das Schauspiel, wenn die tatarischen Überläufer in der Moskwa untergetaucht und damit getauft wurden.

Im 16. Jahrhundert traten auch viele Westeuropäer, die sich als Handwerker oder Kaufleute in Moskau angesiedelt hatten, zum orthodoxen Glauben über. Daß dieser »Glaubensverrat« nicht ohne Zwischenfälle verlief, bezeugt der englische Arzt Samuel Collins, der als Leibarzt am Hofe des Moskauer Großfürsten arbeitete. Er schreibt:

»Wer den russischen Glauben annimmt, er sei Lutheraner oder Papist, muß zuerst auf seine frühere Taufe verzichten, Vater und Mutter verfluchen und dreimal über seine Schulter spucken. Es war Brauch, Fremde zu werben, um sie russisch zu taufen. Aber nun sind sie klüger geworden, als daß sie noch auf diese Weise Seelen kauften. Einige alte Einwohner hier haben beobachtet, daß von zweihundert Engländern, Schotten und Holländern, die sich von ihrem Glauben losgesagt haben, wenige oder keiner eines natürlichen Todes gestorben ist.«

Collins beschreibt auch die religiösen Gewohnheiten der Orthodoxen, die stark von der griechischen Kirche beeinflußt sind. In den liturgischen Schriften wird das alt-kirchenslawische Alphabet benutzt, das schon im 9. Jahrhundert von den Slawenaposteln Kyrill und Method (daher kyrillisches Alphabet) geschaffen worden war, aber mit dem Kirchenrecht und der Kirchenlehre war aus Byzanz, dem Zweiten Rom, auch die unerbittliche Feindschaft gegen alles Lateinische aus dem Westen nach Rußland gekommen.

»Weil die Polen ihren Bart rasieren«, berichtet Collins über die Russen, »halten sie es für sündhaft, ihn zu schneiden. Weil der Tatare Schweinefleisch verabscheut, essen sie es lieber als irgendein anderes Fleisch . . . Sie glauben, es sei eine große Sünde für einen Russen, bei einer holländischen oder englischen Frau zu liegen, aber eine verzeihliche, kleine Sünde für eine russische Frau, sich einem Ausländer hinzugeben. Denn sie sagen, ihre Nachkommenschaft werde im wahren alten Glauben erzogen, aber ein Russe bekomme von einer Ausländerin ein heidnisches Kind.«

Ironisch konstatiert der englische Arzt, daß die kirchenslawische Sprache in den Gottesdiensten mit »so viel Verständnis gebraucht wird wie die lateinische bei den Papisten«. Dann fährt er fort:

»Bei ihren Gebeten knien sie nicht nieder, sondern liegen ausgestreckt da, und an den Vorabenden gewisser großer Feste bleiben sie die ganze Nacht in ihren Kirchen, werfen sich zu bestimmten Zeiten nieder, bekreuzigen sich und schlagen mit dem Kopf auf den Boden. Zu gewissen Zwischenzeiten sprechen sie vom Geschäft, und gewöhnlich erledigt der Herrscher in der Zeit ihrer Gottesdienste die Staatsgeschäfte. Er ist dort umgeben von seinem ganzen Adel, und wenn er jemanden vermißt, so erkundigt er sich eingehend nach ihm. Zu Pfingsten werfen sie sich nieder auf Zweige der Sykomore (das ist unser Ahorn, den sie fälschlich nach unserem Worte Sykomore benennen), die in ihren Kirchen ausgestreut sind, in der festen Überzeugung, daß der Heilige Geist auf diese Zweige herniedersteige wie Manna auf Eichenblätter. Sie haben keine Instrumentalmusik, denn der letzte Patriarch hat sie abgeschafft, weil die Papisten sie gebrauchen ...

Die Popen gehen gewöhnlich in Purpur gekleidet, einige in Grün und andere nach Gutdünken, vom Volke nur unterschieden durch zwei Stoffstreifen zu beiden Seiten der Brust und durch ein purpurnes Käppchen, das ihre Tonsur bedekken soll. Sie schneiden niemals ihr Haar oder den Bart, ein Brauch, den keine andere Geistlichkeit in der Welt beachtet. Ein Pope muß verheiratet sein, aber nur mit einer einzigen Frau ... Wenn sie stirbt, darf er sein Amt nicht länger verwalten. Das veranlaßt sie, zu ihren Frauen nachsichtiger zu sein, als üblich ist.«

Die Berichte des Arztes Collins stammen aus dem 17. Jahrhundert. Sigmund Freiherr zu Herbertstein weilte noch hundert Jahre früher am Hofe des Moskauer Großfürsten und überlieferte uns in seinen *Moscoviter Historien* weitere amüsante Details über russische Priester und ihre Religion. Er zitiert zum Beispiel Fragen eines Kyrill an den Bischof von Nowgorod und dessen Antworten. »Wann die irdische oder hültzene geschirr unrein sind – was solle man thun?« fragt Kyrill. Und der Bischof antwortet prompt: »Sy sollen mit dem reinen gebätt geseuberet werden.«

Sehr genau war das Verhältnis der Priester zu ihren oder anderen Frauen geregelt. Auf die Frage: »Darff auch ein priester, welcher zu nacht bey seiner frauwen geschlaffen, zu morgen inn die kirchen gehen?« wird vorgeschrieben: »Er solle zuerst den leib under dem nabel waschen, danach in die Kirchen gehen, und das Evangelium läsen.«

Auch das Problem, ob »man auch disem, welcher kein ehfrauwen hatt, das Sacrament geben« solle, entscheidet der Bischof großzügig: »Ja, so vern diser inn der gantzen fasten bey keines anderen ehe gemahl oder thier gelegen.«

Es gab aber auch Fälle, in denen Priester vom Kirchendienst suspendiert wurden oder Laien nicht zum Priester geweiht werden konnten: »Wann der priester in der fasten einer frauwen hold ist und sein zung inn iren mund hencket, oder auß großer geylheit dermaßen entzündet, daß er sein burdtsomen verschüttet, der soll ein ganthes jar deß kirchendienst still stehn. Wann er aber vor dem daß er zu eine priester geweyhet, etwas der geleichen vollbracht, mag der nitt mehr priester werden . . . Solle man auch disen zu priester weyhen, von welchem eine durch den erste beyschlaff nicht empfangen? Antwort: Man entpfacht gar selten durch den ersten beyschlaff. Wann er aber zehen mal bey iren gelegen, solle man in nicht mehr weyhen. Welcher ein junckfrauwen geschwechet, oder vermercket daß sein frauw vorhin, ehe er bey iren gelegen, beschißen worden, der solle auch nit priester geweyhet werden.«

Gefährlich lebten nach Herberstein Gäste des Moskauer Großfürsten, die vor ihm bekannten, Ketzer zu sein. So hatte ein Mönch aus Konstantinopel leichtsinnig behauptet, »daß er eigentlich ein kätzer seye, dieweil er weder der Römischen oder der Griechischen kirchen recht anhange. Nicht lang härnach als er dises gesagt, hatt man ihn nicht mehr gesehen; iren vil vermeinend er seye ertrencket worden, ob in wol der fürst vorhin sehr geliebet.«

Marcus, ein griechischer Kaufmann aus Kaffa, soll »dises auch gesagt haben, welcher deßhalben gefangen und von dem leben zu dem tod verurteilet worden, ob wol der türkkisch Keyser mitt grossem ernst für ihn gebetten«.

Viele der emigrierten und zum orthodoxen Glauben übergetretenen Tatarenfürsten und »Zarewitsche«, die nicht selten einige hundert Krieger mitbrachten, wurden von den Moskauer Großfürsten in den Grenzgebieten angesiedelt, um Angriffe der »Großen Horde« und später der Krimtataren abzuwehren. Auch tatarische Einzelgänger oder kleine Banden, die sich von ihrer Horde gelöst hatten, ließen sich für den Grenzdienst verpflichten. Als Kenner der tatarischen Weidegebiete und erfahrene Steppenkämpfer wurden diese »Kosaken« am Moskauer »Limes« angesetzt und hatten vor allem die Aufgabe, als Späher die Bewegungen feindlicher Horden auszukundschaften und die Garnisonen der Grenzfestungen rechtzeitig vor Überfällen zu warnen.

In der ersten Hälfte des 16. Jahrhunderts verlief die Verteidigungslinie des Moskauer Großfürstentums an der Oka, die ein natürliches Hindernis gegen Einfälle tatarischer

Heere bildete. Da die Nomaden kaum über technische Hilfsmittel verfügten, konnte schon eine verhältnismäßig kleine Streitmacht den Flußübergang verhindern – jedenfalls solange die Oka nicht zugefroren war.

Die wichtigsten Festungen der Oka-Verteidigungslinie waren im 16. Jahrhundert Kasimow, Kolomna, Kaschira, Serpuchow und Kaluga. Auf der anderen Uferseite in der freien Waldsteppe befanden sich lediglich Rjasan, Tula und Aleksin. Von ihnen berichten die Chroniken, daß sie besonders häufig den Angriffen der Tataren ausgesetzt waren und mehrmals zerstört wurden.

Alle Festungen und Städte erhielten nach und nach ihr Kontingent tatarischer Kosaken. Später, als der Moskauer Großfürst daranging, eine befestigte Verteidigungslinie aufzubauen, wurden auch Wachttürme mit Kosaken besetzt. Patrouillen kontrollierten die Erdwälle und hölzernen Verhaue. Gesandtschaften, Kaufleute und Kuriere bekamen in den Grenzstädten eine kosakische Eskorte zugeteilt, wenn sie nach Zentralasien oder zur Krim aufbrachen.

Auf litauischem Gebiet siedelten sich ebenfalls Tataren an und erfüllten ähnliche Aufgaben wie im Moskauer Grenzgebiet. Aber gerade im Dnjepr-Gebiet vermehrten sich in der ersten Hälfte des 16. Jahrhunderts die Nachrichten über Kosaken slawischer Herkunft.

Schon 1499 hatte es in einer Verordnung des litauischen Großfürsten geheißen, daß »die Kosaken, die vom Oberlauf des Dnjepr und von anderen Seiten flußabwärts fahren, von allem, was sie dort erbeuten, den zehnten Teil an den Wojewoden abzuführen« haben. Mit dieser Beute waren nicht etwa Waren gemeint, die den Kosaken bei Überfällen auf Kaufleute oder Diplomaten in die Hände fielen. Das Räuberhandwerk war um die Jahrhundertwende wohl noch ein Nebenzweig ihrer Erwerbstätigkeit und eher eine Spezialität tatarischer Steppenräuber. Gemeint waren die Einkünfte des »Trapper«-Gewerbes, das slawische Kosaken in der ersten Hälfte des 16. Jahrhunderts bevorzugten.

Ähnlich wie in Nordamerika, wo sich die Siedlungsgrenze im 18. und 19. Jahrhundert allmählich nach Westen vorschob, operierten die slawischen »Trapper« aus dem Schutz der befestigten Städte heraus, die sich mit Hilfe der verbesserten Artillerie und durch die Einführung von Gewehren wirksamer als zuvor gegen tatarische Angriffe verteidigen konnten. Schließlich darf man nicht vergessen, daß die Kriegskunst der Krimtataren auf einem wesentlich primitiveren Niveau stand als die der Mongolen zur Zeit Dschingis-Khans. Während die Heere damals einen riesigen Park von Belagerungsmaschinen mitführten und über sehr geschickte Techniker und Ingenieure verfügten, waren die Krimtataren kaum noch in der Lage, stark befestigte Städte zu erobern. Sie begnügten sich meistens damit, die Vorstädte zu plündern und anzuzünden. Nur wenn das Feuer auch auf die Festung selbst, den Kreml, übergriff, versuchten sie einen Sturmangriff. Mit dem Bau steinerner Festungsmauern wurde schließlich auch diese Taktik durchkreuzt.

Die russischen »Trapper« verbrachten den Winter überwiegend im sicheren Tscherkassy, versorgten sich im Frühjahr mit Vorräten, Waffen, Netzen und anderen Jagdgeräten und brachen dann mit ihren Booten, die größer und robuster waren als die indianischen Kanus, in die reichen Jagdgebiete (Uchody) des Dnjepr und seiner Nebenflüsse auf.

Besonders der Fischreichtum muß überwältigend gewesen sein. Sieur de Beauplan schrieb über dieses Gebiet:

»Eine Meile davon befindet sich die Mündung des Flusses Psczol, der sehr fischreich ist. Etwas weiter auf der westlichen Seite ergießt sich ein kleiner Fluß in den Dnjepr, den man Omielnik nennt und der eine Menge Krebse liefert. Noch weiter findet man einen kleinen Fluß, den man ›drugi Omielnik‹ (der andere Omielnik) heißt und der auch reich an Krebsen ist. Diesem gegenüber befindet sich der Fluß Worskla, der ziemlich groß und sehr fischreich ist und sich auch, wie der Fluß Orel, der noch weit fischreicher ist, in den Dnjepr ergießt. An der Mündung dieses Flusses war es, wo ich auf einen Zug zweitausend Fische fangen sah, von welchen der kleinste einen Fuß lang war.«

Beauplan beschreibt auch, daß die Fischer einen Teil ihres Fanges getrocknet und in die Städte gebracht haben.

In den Uferwäldern dieser Flüsse und in der angrenzenden Steppe machten die kosakischen Jäger reiche Beute. Es gab Füchse, Luchse, Biber und Wildschweine. Im Grasland tummelten sich Büffel, Elche und große Herden wilder oder verwilderter Pferde. Und wie die Jäger auf den nordamerikanischen Prärien dezimierten auch die slawischen »Promyschlenniki« im Wilden Feld den Tierbestand.

Ein Augenzeuge berichtet Mitte des 16. Jahrhunderts, daß man viele Tiere nur wegen ihrer Häute schoß. Das Fleisch wurde – bis auf die Keulen – fortgeworfen.

Die slawischen Kosaken hielten sich vorwiegend in der Nähe der Flüsse auf. Sie benutzten Kanus oder größere Nachen (Tschaikas) und vermieden es zunächst, in freiem Gelände zu jagen, weil sie im Steppenkampf den Tataren deutlich unterlegen waren. Anders verhielt sich das in den Wäldern, wo die Nomaden von den Pferden steigen mußten. Wenn es hier zu Scharmützeln kam, gruben sich die Kosaken ein und konnten mit Hilfe ihrer Feuerwaffen auch eine Übermacht erfolgreich abwehren.

Erst langsam, unter den Bedingungen des ständigen Grenzkampfes, übernahmen die slawischen von den tatarischen Kosaken gewisse Lebensformen und Kampfmethoden. Schließlich kam es im Wilden Feld zu einer Symbiose des tatarischen mit dem slawischen Kosakentum, wobei das slawische Element seit der Mitte des 16. Jahrhunderts eindeutig dominierte. Und wenn Edwin Bryent als Motive für den Exodus in die nordamerikanische Wildnis »Abenteuerlust, Romantik, Habsucht, vielfach auch das Bedürfnis, dem Gesetz zu entfliehen« herausstellte, so war das im »wilden Osten« nicht anders. Auch hier wurden abenteuerliche Elemente aus fast allen europäischen Ländern von den Gefahren und Chancen der Wildnis angezogen, und sie alle wurden von den Kosakenheeren aufgenommen, sofern sie den Anforderungen des Wilden Feldes gewachsen waren.

Zu einer Massenbewegung und zu einem politischen Faktor wurde das Kosakentum allerdings durch Ereignisse und Entwicklungen, die sich außerhalb der Grenzgebiete abspielten.

7
Der Kampf der Zaren und Tataren

Rauchwolken wälzen sich durch die Gassen des Moskauer »Posad« (der Vorstadt). Gierig fressen sich die Flammen von der Kanonen- zur Schmiedegasse, finden immer neue Nahrung in den von der Junihitze ausgedörrten Holzhäusern und erreichen schließlich den Kreml. Das Feuer erfaßt das Schatzamt und die Uspenkij-Kathedrale, in der der Metropolit Makarij betet. Nur mit Mühe kann er aus dem Inferno gerettet werden. Dann explodieren die Pulvervorräte im Zeughaus und vollenden das Chaos.

Aus allen Richtungen strömen Menschenmassen auf den Kremlvorplatz. Plünderer schleppen Warenbündel aus den Häusern der Kaufleute. Wer sich wehrt, wird erschlagen.

Haßerfüllt sind die Posadbewohner, die durch die Paläste des Kreml irren, darunter befreite Sträflinge aus den Verliesen der Moskauer Festung. Sie sind auf der Suche nach Bojaren, vor allem aber nach den Glinskis, der Familie Iwans IV., der gerade vor einem halben Jahr als 17jähriger zum Zaren gekrönt worden ist. Gerüchte verdächtigen die Glinskis, den Brand gelegt zu haben, und als Juri Glinski, der Onkel des Zaren, entdeckt wird, rettet ihn nichts vor der Lynchjustiz.

Dieser Mord war der Höhepunkt einer Entwicklung im Großfürstentum Moskau, die durch Thronstreitigkeiten, Bojaren-Intrigen, Giftmorde und wilde Gerüchte gekennzeichnet ist. Begonnen hatte jene chaotische Periode beim Tode Wassilijs III., des Sohnes Iwans III., im Jahre 1533. Die Großfürstin Jelena Glinskaja, eine schöne, aber intrigante Litauerin aus Smolensk, die zweite Gattin Wassilijs, wurde verdächtigt, sie habe mit Gift nachgeholfen, um ihrer Familie endgültig die Herrschaft im Kreml zu sichern. Da sie es ablehnte, im Terem zu leben, dem haremsähnlichen Frauenasyl, wo man vornehme Russinnen seit der Zeit der Tatarenherrschaft einsperrte und bespitzelte, wurde sie bis zu ihrem Tode im Jahre 1538 von den absurdesten Gerüchten verfolgt: Angeblich hatte sie unzählige Liebhaber, deren Leichen sie von einem Turm in die Moskwa werfen ließ. Ihre Mutter sollte mit jungen Dienern Orgien gefeiert und »Schwarze Messen« gelesen haben. Sogar Jelenas Sohn, Iwan IV., wurde von Kindheit an mit Mißtrauen beobachtet. Schon mit fünf Jahren soll er, der durch einen Fehltritt seiner Großmutter angeblich das Blut der berüchtigten Borgia in den Adern hatte, Tiere gequält haben. Mit zwölf Jahren vergewaltigte der frühreife Thronfolger die Mägde im Kreml. Mit dreizehn Jahren ließ er seinen Erzieher, den Bojaren Schuiskij, in den Hundezwinger werfen und zerfleischen. Später begründete er das in einem Brief so:

»Ich erinnere mich, wie die Bojaren und vor allem der erste Bojar gegen mich und meinen kleinen Bruder Juri vorgingen; wie sie uns in der bittersten Armut ließen; wie sie uns das nötigste Essen versagten; wie Schuiskij mich, den Zaren, zwang, die alten Kleider seines Sohnes zu tragen. Eines Tages ließ mich Schuiskij zu sich kommen, um mir Vorhaltungen zu machen; er saß im Schlafzimmer meines Vaters auf dem Bett, den Fuß auf dem Kissen, und behandelte mich, den Zaren und Alleinherrscher, von oben herab und mit Verachtung.«

Diese Erlebnisse und die Erfahrung, daß die Regierung der Bojaren in der Zeit seiner Minderjährigkeit den Staat in die Anarchie gestürzt hatte, nahmen dem jungen Herrscher für immer das Vertrauen in den russischen Hochadel.

Als durch die Feuersbrunst des Jahres 1547, bei der rund 25000 Höfe und mehrere tausend Menschen verbrannten, und den anschließenden Volksaufstand, bei dem der Pöbel die Stadt vom 16. bis zum 29. Juni beherrschte, die Herrschaft der Glinski hinweggefegt worden war, benutzte der junge Zar die Gelegenheit, eine neue Ordnung einzuführen. Er beschnitt die Privilegien der Bojaren und festigte seine Stellung als Alleinherrscher. In der Investitur des Patriarchen von Konstantinopel, die er allerdings erst nach der Bezahlung einer riesigen Geldsumme 1561 erhielt, hieß es:

»Ich bestätige, daß die Macht des Zaren von Gott selbst abgeleitet ist, daß sie weder vom Volk noch von religiösen Orden kommt. Die Souveränität entspringt dem sechsten Gesetz des Justinian.«

Diese sakrale Überhöhung des absoluten Herrschers durch die orthodoxe Kirche, die mit dem Autokraten eine unverbrüchliche Gemeinschaft bildete, war auch die Ursache für die jahrhundertelange Lethargie breiter russischer Volksmassen gegenüber den Auswüchsen der zaristischen Gewaltherrschaft, die allein das Recht verkörperte und durch kein Gesetz eingeschränkt werden konnte. Viele Aufstände der tiefgläubigen russischen Bauern vom 16. bis zum 20. Jahrhundert richteten sich daher – ebenso wie der Volksaufstand von 1547 – weniger gegen den göttlichen Herrscher als gegen die Praktiken der herrschenden Klasse, vor allem der Gutsbesitzer, und gegen lokale Mißstände, von denen »der Zar nichts wußte«.

Iwan IV. erwies sich als intelligenter und energischer Herrscher. Gestützt auf die Kirche und seine Hofbürokratie, die Djaken (abgeleitet von Diakon, was ursprünglich Sekretär oder auch nur Schreiber bedeutete), begann er eine umfangreiche Wirtschafts- und Heeresreform, obwohl das Land zwischen 1547 und 1555 von Hungersnöten und lokalen Aufständen erschüttert wurde.

Zunächst schuf der Zar in den fünfziger Jahren die Keimzelle eines stehenden Heeres. Es bestand aus sogenannten Strelitzen-Verbänden (strelcy = Schützen), die in festen Garnisonen stationiert waren und Sold erhielten. Diese Fußtruppen waren mit Feuerwaffen, vorwiegend Arkebusen, ausgerüstet. Auch die Artillerie bestand aus Berufssoldaten und ausländischen Spezialisten, darunter vor allem italienischen Geschützgießern und deutschen Büchsenmeistern.

Wirtschaftspolitisch versuchte der Zar eine Annäherung an Mittel- und Westeuropa. Ebenso wie im Inland, vor allem in Moskau und Nowgorod, entstanden in den wichtigsten europäischen Städten russische Handelshäuser. Ausländische Wissenschaftler und Techniker traten in die Dienste Iwans. Schon im Januar 1548 hatte der Zar den Deutschen Hans Schlitte, der zwei Jahre zuvor aus Goslar nach Moskau gekommen war, mit dem Auftrag nach Deutschland geschickt, Wissenschaftler, Buchdrucker, Ärzte, Apotheker, Bergleute, Glockengießer, Goldschmiede, Zimmerleute, Steinmetze und Brunnenmeister nach Rußland zu holen. Kaiser Karl V., der sich gerade auf einem Reichstag in Augsburg befand, sicherte Schlitte und den angeworbenen Spezialisten freies Geleit zu. In einem Antwortschreiben erinnerte er an die guten deutsch-russischen Beziehungen zwischen den Vorgängern der beiden Herrscher und verlangte nur, daß die Spezialisten nicht an die »Ungläubigen«, gemeint waren Tataren und Türken, weitergegeben werden dürften.

Allerdings wurde dann die Werbeaktion von den starken antirussischen Kräften, die es im deutschen Kaiserreich gab, unterbunden. Die Ratsherren von Lübeck warfen Hans Schlitte, der bereits über hundert Personen angeworben hatte, darunter auch einige Chirurgen, Baumeister, Waffenschmiede, Uhrmacher und Juristen, ins Gefängnis und verhinderten die Weiterreise der Gruppe nach Rußland.

Für die Entwicklung der russischen Wirtschaft war dies zwar ein Verlust, der zum Teil auf die Rivalität zwischen russischen Handelshäusern und livländischen Hansestädten zurückging, aber der allmähliche wirtschaftliche Aufschwung des Landes ließ sich dadurch nicht aufhalten. In immer mehr Bergwerken wurde nach Eisen, Gold und Silber geschürft. Kaufleute aus Polen und anderen europäischen Ländern kamen regelmäßig nach Moskau, um Zobel-, Hermelin- oder Luchsfelle einzukaufen, und sie mußten erleben, daß in der russischen Metropole mehr Kaufbuden auf Kunden warteten als beispielsweise in Amsterdam. Die malerische Stadt an der Moskwa, auf der im Winter, wenn sie mit einer dicken Eisschicht bedeckt war, Pferderennen stattfanden, wurde mit Städten wie Paris, Florenz oder London in einem Atemzug genannt.

Besonderes Aufsehen erregte Iwan IV., als er im Februar 1557 auf dem Reichstag zu Regensburg den versammelten Fürsten eine Denkschrift überreichen ließ. Sie enthielt ein umfangreiches Programm zur politischen, wirtschaftlichen und kulturellen Zusammenarbeit, die gegen das osmanische Reich gerichtet sein sollte. Er bot achteinhalb Millionen Taler an, im 16. Jahrhundert eine ungeheure Summe, die bei einer Verzinsung von fünf Prozent zwanzig Jahre in der Handelsgesellschaft der Fugger arbeiten und eventuell zur Finanzierung eines Türkenkrieges verwendet werden sollte. Die Fugger lehnten das Angebot aus Mangel an Weitsicht ab.

Die Initiative Iwans IV. wird verständlich, wenn man die innen- und außenpolitische Situation des Moskauer Großfürstentums Mitte des 16. Jahrhunderts betrachtet: Schon seit Ende des 15. Jahrhunderts zählte Rußland – dank der klugen Politik Iwans III. – zu den größten Staaten Europas. Seine Grenzen reichten vom Eismeer und Finnischen Meerbusen über den Peipussee und die nördliche Dwina bis zum Dnjepr. Im Nordosten hatten Kaufmannsfamilien wie die Stroganows mit ihren Pelzjägern den Ural erreicht und zum Teil bereits überwunden. Von der Mitte des 15. bis zur Mitte des 16. Jahrhunderts hatte sich das Territorium des Moskauer Staates um das Sechsfache vergrößert. Die Zahl der Bevölkerung war von fünf auf neun Millionen gestiegen. Städte und Dörfer dehnten sich aus. Immer neue Siedlungen entstanden auf den kargen Waldböden zwischen Oka und Weißem Meer. Aber bald wurde selbst das unfruchtbare, früher ungenutzte Land knapp. Die Äcker wurden auf immer mehr Einzelgehöfte verteilt, das Land immer stärker zersiedelt. Und als Iwan IV. dazu überging, Ländereien als Lehen an besonders ergebene Dienstleute zu vergeben, richtete sich sein Blick immer beharrlicher auf die fruchtbaren Steppengebiete südlich und südöstlich seines Reiches, die von tatarischen Nomadenvölkern beherrscht wurden.

»Der grosfürschte hat lassen bauwen eine stat von hölzernen mauren . . . und diese stadt voneinander genohmen und auf flösse gelegt und die bache Wolga lassen apflissen mitsampt dem krigsvolk und grossem geschütz zugleich. Als er nun vor Kasan kompt, lest er diese stat ufrichten und alles mit grund und erden füllen . . . und besetzet diese stadt mit Reussen und geschützen . . . Da hetten die Kasansken keinen freien pas und musten sich stets mit den Reussen schlahen und schermützeln.«

Heinrich von Staden, ein deutscher Abenteurer im Dienste des Zaren, ist der Augenzeuge, der uns den ersten Schritt Iwans IV. zu einer imperialen, wenn nicht kolonialen Politik schildert. Denn die Politik des »Sammelns russischer Erde«, die unter Iwan Kalita begonnen hatte, stieß langsam, aber sicher an ihre Grenzen. Kasan und das Gebiet rechts und links der Wolga hatten noch nie zum Kiewer oder zu einem anderen russischen Reich gehört. Trotzdem war es unvermeidlich, daß Iwan IV. gleich zu Beginn seiner Regierungszeit eine Expansion im Osten versuchte. Zu nah lag das Khanat Kasan an seiner Hauptstadt Moskau. Zu sehr waren die Siedler, die mit Macht in die Steppe vordrangen, von den »räuberischen Horden« der Tataren bedroht. Und zu sehr behinderten die tatarischen Kaufleute die wirtschaftlichen Interessen der russischen Handelshäuser, denn die Khanate von Kasan und Astrachan sperrten oder kontrollierten die Handelswege nach Zentralasien, Indien und China.

Nach einigen mißglückten Angriffen Ende der vierziger Jahre ließ Iwan IV. daher im Jahre 1551 in unmittelbarer Nachbarschaft zu Kasan die Festung Swijaschsk aufbauen. Sie lag an der Mündung der Swijaga in die Wolga und beschnitt die Bewegungsfreiheit der Tataren erheblich. Außerdem bewog die Stadt einen Teil der heidnischen Völker, die bisher den Tataren Tribut gezahlt hatten, zu den Russen überzulaufen. Im August 1552 konzentrierte der »Zar«, ein Titel, der früher nur für die tatarischen Groß-Khane und für den Kaiser von Konstantinopel gebräuchlich war, starke Artillerie-Kontingente um Kasan und belagerte die Stadt. Die Entscheidung fiel am 2. Oktober. Staden schreibt:

»Und grebt die Stadt und zersprengt sie und erobert also die stadt, nimbt den keiser Cercigalia gefangen und gibt dem krigsvolk die stadt preis.«

Nach sechswöchiger Belagerung hatte Iwan IV. einen ausländischen Sprengmeister kommen lassen. Dieser soll in einem Tunnel, der bis unter die Stadtmauer führte, zehn Tonnen Pulver gezündet haben. Durch die Bresche drang das russische Heer in die Stadt ein und befreite Tausende slawischer Sklaven. Der letzte Khan, Ediger Machomet, wurde gefangengenommen (mit »keiser Cercigalia« meinte Staden irrtümlich Machomets Vorgänger Schach-Ali) und erhielt – nach seiner Taufe und einer Änderung des Namens in Simeon Kasamlitsch – von Iwan eine Apanage.

Wesentlich schlechter erging es seinen Untertanen. Was es damals hieß, »dem krigsvolk die stadt preiszugeben«, erläutert Staden:

»Also wurde die stadt geplündert und ermordet, nackent ausgezogen und auf grosse haufen gelegt. Darnach wurden den toten unden an den enkeln (Knöcheln) oder füssen die füsse zusammengebunden und darnach ein langer balke genohmen und den toten zwischen den beinen hingesteckt. Darnach in die bach Wolga geworfen, bei zwanzig, dreißig, vierzig, fünfzig an einem balken; also flossen die balken mit den toten den bach ap. Die toten hingen an den balken im wasser, allein die füsse stunden den toten oben über den balken aus, soweit sie gebunden.«

Mit der Eroberung von Kasan und dem anschließenden Blutbad, der Rache für alle Erniedrigungen, die die Russen seit dem 13. Jahrhundert erlitten hatten, war die Kraft der Wolga-Tataren gebrochen, die »Gefahr aus dem Osten« beseitigt. Kasan erhielt eine russische Garnison. In der Umgebung wurden mehrere Festungen gebaut, um die Tschuwaschen und Tscheremissen zu »befrieden«. Und 1556 marschierten russische Truppen auch in Astrachan ein, der Hauptstadt der Nogaischen Horde. Aus dem Itil, dem heiligen Strom der Tataren, wurde die »Wolga Matuschka«, Mütterchen Wolga.

Auch die Siedlungsgrenze an der Oka konnte jetzt aufgegeben werden. In einem mächtigen Strom ergossen sich russische Bauern nach Süden und Südosten und besiedelten das Weideland der Krimtataren. 1559 schickte Iwan IV., der sich jetzt »Zar und Alleinherrscher von ganz Rußland, Zar von Kasan und Astrachan« nannte, seinen Feldherrn, den Fürsten Kurbskij, mit einem Heer zur Krim. Mit Hilfe ihrer Artillerie, vor allem der berühmten »Rhinozerus«, die noch heute im Kreml ausgestellt ist, drangen die Russen bis nach Bagtschesarai, der Hauptstadt des Khans, vor und steckten sie in Brand. Erst als türkische Truppen landeten, mußte sich Kurbskij zurückziehen. Der Krim-Khan schwor auf einer Wallfahrt zum Grabe Mohammeds Rache und eroberte später, im Jahre 1571, zum letztenmal Moskau. Er metzelte 50000 Moskauer nieder und schleppte rund 100000 in die Sklaverei.

Noch war der Zar nicht stark genug, sich mit dem mächtigen Osmanischen Reich, dem Verbündeten der Krimtataren, zu messen. Das konnte, rund zweihundert Jahre später, erst Katharina die Große wagen. Aber Iwan IV. fühlte sich stark genug, endlich einen anderen »imperialen Anspruch« durchzusetzen, den bereits Iwan III. angemeldet hatte. Es ging um das »dominium maris Baltici«, um den Zugang zur Ostsee, seit dem Altertum einer der wichtigsten Verkehrs- und Handelswege innerhalb Europas.

Noch im 14. und 15. Jahrhundert war die Ostsee von der mächtigen Hanse kontrolliert worden. Aber der wirtschaftliche und politische Niedergang dieses Städtebundes provozierte im 16. Jahrhundert immer häufiger Machtkämpfe zwischen den Anliegerstaaten Polen-Litauen, Dänemark und Schweden. Auch für Rußland war der Zugang zum »Baltischen Meer« von großer Bedeutung. Deshalb hatte schon Iwan III. versucht, dieses Problem militärisch zu lösen. Sein zahlenmäßig überlegenes Heer war allerdings am 13. September 1502 bei Pleskau vom deutschen Ordensmeister Wolter von Plettenberg besiegt worden. Seitdem lief fast der gesamte Westhandel der Russen wieder über die livländischen Städte, die dabei reich wurden, oder über die umständliche Seeverbindung vom Weißen Meer aus, dessen Häfen sechs bis acht Monate im Jahr vereist sind.

Das Heer Iwans IV. war zunächst erfolgreicher. Es eroberte 1558 fast das gesamte Livland und schlug 1560 bei

Ermes das letzte Ordensheer. Der Zar ließ den Landmarschall Philipp Schall von Bell auf dem Roten Platz in Moskau hinrichten.

1561 wurde der Ordensstaat zwischen Rußland, Polen-Litauen, Dänemark und Schweden aufgeteilt. Nur Riga blieb noch zwanzig Jahre selbständig, ehe es sich ebenfalls Polen unterwerfen mußte. Rußland erreichte aber trotz aller Anfangserfolge das strategische Ziel – die Eroberung der Häfen Riga und Reval – nicht mehr. Rätselhafte Rückschläge trafen plötzlich das russische Heer. Es marschierte von einer Niederlage in die andere, verlor seinen Feldherrn, den Fürsten Kurbskij, der zu den Polen überlief, und konnte in dem endlosen Livländischen Krieg bald die Verluste an Menschen und Material nicht mehr ausgleichen. Schließlich wurde Iwan IV. 1582 und 1583 zu Friedensverträgen mit Polen und Schweden gezwungen und mußte auf einen Zugang zur Ostsee verzichten. Die wirtschaftliche Blockade gegen Rußland blieb bis ins 18. Jahrhundert bestehen. Erst dann konnte Peter der Große die Träume Iwans IV. verwirklichen.

Die Niederlage des Zaren im Livländischen Krieg war eine Folge innenpolitischer Entwicklungen, die auch dafür verantwortlich sind, daß in der zweiten Hälfte des 16. Jahrhunderts das freie Kosakentum zu einer Massenbewegung wurde.

»Es dampfte eine große Verfolgung auf, und ein Brand der Grausamkeit entzündete sich im russischen Land«, schrieb Fürst Kurbskij aus Polen in seinem berühmten Briefwechsel mit Iwan IV., der den Beinamen der Schreckliche erhielt. Er meinte die Bewegung der »Opritschnina«, die seit Mitte der fünfziger Jahre im Moskauer Staat ein blutiges Terrorregime errichtet hatte.

Symbol der »Opritschniki«, die mit ihren schwarzen Uniformen an einen mittelalterlichen Mönchsorden erinnerten, war ein Abzeichen mit Hundekopf und Besen. Daran war das Ziel des »Ordens« zu erkennen: Alle Feinde des Zaren sollten wie Hunde aus dem Lande gefegt werden! Meist sparte man sich allerdings diese Mühe und verscharrte die

Opfer einfach – oft genug im eigenen Grund und Boden. Feinde waren in erster Linie Bojaren, die sich nicht daran gewöhnen wollten, daß der Wille des Zaren das einzige Gesetz im Lande war.

»Die freie Zarische Selbstherrschaft unserer großen Herrscher ist nicht wie Euer armseliges Königtum; unseren großen Herrschern macht niemand Vorschriften. Dir aber befehlen Deine Pane, wie es ihnen beliebt«, ließ Iwan IV. dem polnischen König Sigismund II. August mitteilen. Hier wurde das Ziel des Zaren besondes deutlich: Er wollte das absolutistische Prinzip der Ständemonarchie durch unumschränkte Alleinherrschaft ersetzen. Die Politik der »Opritschnina« trug unverkennbar Züge der Despotie. Lenin bezeichnete diese typisch russische Selbstherrschaft als einen »von asiatischer Barbarei geprägten Absolutismus«, und auch zahlreiche Rußlandforscher benutzten die Figur Iwans des Schrecklichen dazu, ihre Theorien vom angeborenen Despotismus der russischen Gesellschaft und ihrer »tatarisch-asiatischen Abartigkeit« zu entwickeln. Verstärkt wurde diese Auffassung in jüngster Zeit durch die Politik kommunistischer »Despoten« wie Stalin.

Wie funktionierte die »Opritschnina«? Iwan IV. wollte die Opposition der Bojaren gegen die Selbstherrschaft ausschalten. Das Mißtrauen gegen die adligen Großgrundbesitzer, bereits in seiner Kindheit entstanden, war in den fünfziger und Anfang der sechziger Jahre geschürt worden, als er zahlreiche Verschwörungen der Bojaren und des hohen Klerus aufdecken konnte. Während des Livländischen Krieges konspirierten diese »Landesverräter« sogar mit dem polnisch-litauischen Feind. Deshalb holte der Zar zum entscheidenden Schlag aus: Er gliederte das gesamte Staatsterritorium neu auf. Die »Opritschnina« (opritsch = gesondert, außer; opritschnina = abgetrennter Erbteil, Witwengut) unterstand dem Zaren selbst, während die sogenannte »Semschtschina« Eigentum der Fürsten und Bojaren blieb. Zur »Opritschnina« gehörten die meisten Weißmeer-Ländereien, die wegen ihres Handels mit Skandinavien und England wirtschaftlich von größter Bedeutung waren. Hinzu kamen riesige Territorien in Zentralrußland, vor allem um die Städte Rostow, Jaroslawl, Susdal und Moskau selbst, die Iwan IV. als Lehen an seine Dienstmannen verteilte. Diese »Opritschniki« waren hauptsächlich kleine Landadlige oder ausländische Söldner, Krieger, die sich hervorgetan hatten, manchmal auch Mitglieder des Hochadels oder einfach Kriminelle, die sich für die Terrorkommandos des Zaren besonders eigneten. Denn die »Opritschnina«-Ländereien mußten zunächst von den früheren Eigentümern konfisziert werden. Unter dem Vorwurf der Verschwörung und des Landesverrats, häufig auch ohne Begründung, wurden die Fürsten und Bojaren zu Dutzenden liquidiert, verjagt oder in Gebiete an der Peripherie des Reiches umgesiedelt. Jede Opposition – auch beim Klerus – erstickte unter dem blutigen Terror der schwarz gekleideten »Opritschniki«, die mit Folterwerkzeugen und Richtbeil durch das Land zogen.

Daß die Angeklagten einem Verhör der »Opritschniki« selten widerstanden, wird deutlich, wenn man die Berichte durchliest, die Augenzeugen über russische Foltermethoden geschrieben haben. Sie unterschieden sich allerdings kaum von den Methoden der Inquisition, die fast zur gleichen Zeit in anderen Teilen Europas gewütet und mit der gleichen Brutalität und Intoleranz ihre Dogmen verteidigt hat.

»Der Angeklagte kann nicht verurteilt werden, selbst wenn tausend Zeugnisse gegen ihn zusammenkommen, außer wenn er die Tat gesteht. Und zu diesem Zwecke fehlt es ihnen nicht an Foltern, um Bekenntnisse zu erpressen«, schrieb Collins noch Generationen später.

»Denn erstens unterwirft man sie der Wippe. Wenn das nicht wirkt, peitscht man sie als zweites, und darin sind ihre Henker sehr vollkommen. Denn wie man sagt, sind sie imstande, einen Menschen mit sechs oder sieben Peitschenschlägen zu töten . . . Sie können aufs Haar treffen und dringen mit einem scharfen Eisen bis auf die Rippen durch. Sie zerschneiden den Rücken eines Mannes wie das Rückenstück eines Schweines, und danach streuen sie Salz auf die wunden Stellen, binden ihm Hände und Beine, stoßen eine Zuberstange durch sie, halten ihn über das Feuer und braten ihn. Wenn er widersteht (denn der Beteiligte hat möglicherweise nichts zu gestehen), so lassen sie ihn los, und der Henker heilt seine Schulter und läßt ihn zwanzig Tage lang ausruhen, bis er wiederhergestellt ist, und dann wiederholt er die früheren Foltern, und vielleicht reißt er ihm eine Rippe oder zwei mit einer heißen Zange aus. Wenn das alles nicht wirkt (denn manche halten alle diese Foltern aus), so rasieren sie ihm den Wirbel und lassen kaltes Wasser auf die kahle Stelle tropfen. Einige, die das gefühlt haben, gestehen, daß es die Quintessenz aller Folter sei. Denn jeder Tropfen stößt wie ein Spieß bis ins Herz ...«

In einer Zeit, in der das Folter-Handwerk erblich war und schon die Kinder des Henkers zur Übung auf dicke Lederbeutel schlugen, in einer Zeit, in der man Falschmünzern die geschmolzenen Geldstücke in den Rachen kippte, nahm auch der Zar an diesen Exzessen teil.

»Es steht uns aber frei, unsere Sklaven zu belohnen, und es steht uns auch frei, sie zu strafen«, glaubte Iwan der Schreckliche. Und er begründete seinen Anspruch so:

»Der Obrigkeit widerstreben heißt Gott widerstreben, und wenn jemand Gott widerstrebt, so wird er ein Abtrünniger genannt, was die ärgste Sünde ist.«

Da Iwan in vielen Untertanen Abtrünnige witterte, nahm das Gemetzel kein Ende. Fürst Iwan Michajlowitsch Katyrjow-Rostowskij charakterisierte den »grimmigen« (grosny) Zaren so: »Zu seinen Knechten, den ihm von Gott gegebenen, verhielt er sich grausam, und im Blutvergießen und Töten war er schlimm und unerbittlich. Eine Menge Volkes, jung und alt, brachte er in seiner Herrscherzeit um, und viele eigene Städte zerstörte er, und viele der Kirchenmänner sperrte er ein und brachte sie unbarmherzig zu Tode, und noch vieles tat er seinen Knechten an, schändete Frauen und Jungfrauen durch Hurerei ...«

In den Jahren 1565/66 verbannte Iwan IV., der nach solchen Exzessen sich und seine Opritschniki oft in Mönchskutten steckte und ebenso exzessive Bußübungen abhielt, mehrere Metropoliten, die sich seinem Terror widersetzt hatten, in Klöster. Den Metropoliten Filipp, der es gewagt hatte, den Lebenswandel des Zaren öffentlich zu rügen, ließ er am 23. Dezember 1569 von Maljuta Skuratow, einem der berüchtigtsten Opritschniki, erdrosseln.

1570 schickte der Zar ein großes Opritschnina-Heer nach Nowgorod, wo kurz zuvor eine Verschwörung aufgedeckt worden war. Mehrere Wochen lang veranstalteten die schwarzen Henker ein grausames Massaker unter der Bevölkerung, obwohl in die Verschwörung nur Angehörige des Hochadels verwickelt sein konnten. Auch die Dörfer der Umgebung wurden geplündert und niedergebrannt.

Ein Jahr später, im Frühjahr 1571, erlitt Moskau, die Hauptstadt des Zaren, ein noch schlimmeres Schicksal. Auch hier sollen Opritschniki beteiligt gewesen sein, allerdings nicht mehr im Dienste Iwans IV., sondern als Führer der Krimtataren, die unter Devlet-Girei große Teile des Moskauer Großfürstentums verwüsteten und Moskau selbst bis auf den Kreml niederbrannten.

Spätestens jetzt erwies sich, daß die Opritschnina-Einheiten zwar für Terroraktionen, aber kaum für einen regulären Feldzug zu gebrauchen waren. Auch die regulären Truppen konnten es nicht mehr verhindern, daß Hunderttausende von Russen getötet oder in die Sklaverei verschleppt wurden. Das Land war ausgeblutet, seine wirtschaftliche Kraft von den imperialen Ansprüchen des Zaren überfordert worden. Allein während der Regierungszeit Iwans des Schrecklichen stieg die Steuerlast um das Dreifache, ganz zu schweigen von den Sonderabgaben für Festungsbau, für die Auslösung von Kriegsgefangenen oder die Finanzierung des Livländischen Krieges.

Besonders gelitten hatten die Bauern. Zahlreiche Höfe waren zugrunde gegangen. Seit die Opritschniki, die auf die Einkünfte aus ihren kleinen Dienstgütern angewiesen waren und dem Zaren eine bestimmte Anzahl ausgerüsteter Soldaten stellen mußten, das Letzte aus ihren Bauern herauspreßten, wurden aus Freien unfreie Cholopen, eine Art Halbsklaven, Schuldknechte, Hörige und schließlich Leibeigene.

Um diesem Strudel des sozialen Abstiegs zu entkommen, verließen immer mehr Bauern ihre Höfe und zogen in die

Grenzgebiete, in denen es noch keine Grundherren, dafür aber fruchtbare Schwarzerdeböden und andere Einnahmequellen gab. Seit den achtziger Jahren des 16. Jahrhunderts waren – vor allem in den Opritschnina-Gebieten zwischen oberer Wolga und Oka sowie im Pleskauer und Nowgoroder Land – bis zu 90 Prozent aller Höfe verlassen. Durchschnittlich drei Viertel des Ackerlandes verwilderten. Dörfer verödeten. Entsetzliche Hungersnöte und militärische Interventionen dezimierten die Bevölkerung zwischen 1560 und 1620 um 40 Prozent.

Bereits in den siebziger Jahren des 16. Jahrhunderts hatte Iwan der Schreckliche daher seine Innenpolitik modifizieren müssen. Durch Reformen milderte er die Auswirkungen des Opritschnina-Regimes und setzte einen Teil des Hochadels wieder in seine alten Rechte ein. Der Zar war zu diesen Kompromissen gezwungen, weil sich selbst seine engsten Gefolgsleute dem Despotismus widersetzten und mit den Polen oder Tataren konspirierten. Nicht selten hingen nunmehr die Henker Iwans an einem Galgen auf dem Roten Platz.

Letzten Endes hatte der Zar sein Ziel, die Ausschaltung der hochadligen Opposition, nicht erreicht. Die Bojarenduma als einflußreiches Machtorgan existierte ebenso weiter wie die russische Ständevertretung, der Zemskij Sobor. Der Adel stellte die höheren Staatsbeamten und fast alle Offiziere. Während in vielen Ländern Westeuropas die Bourgeoisie erstarkte und neue Regierungsformen und Wirtschaftssysteme durchsetzte, hatte sich in Rußland ein absolutistischer Einheitsstaat entwickelt, der mit der schärfsten Form feudalistischer Ausbeutung, der Leibeigenschaft die Voraussetzungen für die jahrhundertelange Rückständigkeit des riesigen, zaristischen Reiches schuf.

Um die Existenzgrundlage des Adels, die Arbeit der Bauern, zu sichern, wurde die Bewegungsfreiheit der Bevölkerung eingeschränkt. Erstmals im Jahre 1582 durften die Bauern am St.-Georgs-Tag im November nicht mehr – wie bisher – ihren Grundherren wechseln. Dieses Verbot wurde – teils lokal begrenzt, teils generell – in den folgenden Jahren mehrmals erneuert und schließlich im 17. Jahrhundert zum Gewohnheitsrecht. »Läuflinge«, die sich über dieses Gesetz hinwegsetzten und in den Grenzgebieten aufgegriffen wurden, konnten an ihre Besitzer ausgeliefert werden.

Trotzdem hielt die Massenflucht der Bauern und armen Stadtbewohner an. In Jahren der Hungersnot wurden die Knechte zu Tausenden von den Höfen ihrer Herren vertrieben. Entwurzelte durchstreiften das Land, und viele schlossen sich den freien Kosaken an.

»Wir fliehen aus dem Moskauer Staat, aus ewiger Arbeit, aus erzwungener Knechtschaft, von den Bojaren und Adligen des Herrschers und sind hierher geflüchtet und haben uns in der undurchdringlichen Wildnis festgesetzt«, schreiben Kosaken aus dem Dongebiet. Und eine ähnliche Entwicklung in Polen-Litauen bestätigt der Woiwode Krasinskij aus Plock auf dem Reichstag von 1605 in Warschau: »Niemand ist in abrede, daß viel vom Adel und andere, die durch todtschlag oder dergleichen übel that in ungelegenheit gerathen, daß sie flüchtig werden müssen.«

Auch polnisch-litauische »Läuflinge« gingen in die Grenzgebiete und »mehrten also den hauffen der Kosaken«. Diese Haufen, entstanden durch den Zusammenschluß zahlreicher kleiner Gruppen, wurden »Heere« genannt. Zu den wichtigsten zählte das Donheer, das sich am unteren Don als slawische Siedlungsinsel inmitten des von Nomaden beherrschten Steppengebietes organisiert hatte. Die überwiegend russischen Steppenbeuter waren auf dem Wasserweg in dieses Gebiet eingedrungen und hatten zunächst in den dichten Uferwäldern – weitgehend unbehelligt von den Tataren – kleine Siedlungen angelegt. Allmählich zogen diese Kosaken aus ihren primitiven Erdhütten oder Zelten aus Stangen und Tierhäuten aus und bauten größere, befestigte Lager, die aus hölzernen Blockhäusern und Palisaden bestanden. In diesem Stadium der Entwicklung schoben sich die »Gorodki« (Siedlungen, Dörfer) in die Steppe vor und waren sofort den Angriffen der Krimtataren ausgesetzt.

Kleinere russische Siedlungsinseln entstanden am Jaik (später in Ural umbenannt) und am Terek.

8
Zwischen den Fronten: Kosakenheere

Die »Quintessenz des Kosakentums« stellte das Saporoger Heer dar. Es hatte sein Hauptlager auf einer Insel im Dnjepr »hinter den Stromschnellen« (za porogamy). Von dieser fast uneinnehmbaren Festung aus starteten die Kosaken ihre Raubzüge in alle Himmelsrichtungen, als freie Krieger der Flüsse und Steppen, durch keinen Eid gebunden, keinem Herrscher untertan. Die Saporoger verkörperten all das, was die besondere Lebensform des Kosakentums ausmachte: Gleichheit und Freiheit, romantisches Abenteurertum, Verwegenheit und Todesverachtung Leichtlebigkeit und Haß gegen jeden Zwang.

Dieser seltsame Haufen eheloser Steppenräuber und Flußpiraten lebte seit den fünfziger Jahren des 16. Jahrhunderts in seiner Inselfestung, der »Sitsch«, die allerdings mehrmals von den Krimtataren zerstört wurde und daher den Standort jedesmal wechselte. Dmitri Wischnewezkij, einer jener tollkühnen Kosakenhelden, die in den russischen und ukrainischen Volksliedern unsterblich geworden sind, war der Gründer der Sitsch und Vorkämpfer für die Unabhängigkeit des ukrainischen Kosakentums. Bereits Ende des 16. Jahrhunderts spielten die Saporoger eine wichtige politische Rolle im Spannungsfeld zwischen Rußland, Polen-Litauen und der Türkei.

Es gibt zuverlässige Augenzeugenberichte über die Kosaken der Dnjepr-Insel Chortiza. Sie sahen ebenso abenteuerlich aus, wie sie lebten: Auf den kahl geschorenen Schädeln war nur ein zum Knoten gebundener Haarschopf übriggeblieben, riesige Schnauzbärte verdeckten die breiten Zahnlücken. Drahtige, muskulöse Körper deuteten an, daß die Saporoger größte Strapazen ertragen konnten. Ebenso wie die Tataren waren sie widerstandsfähig gegen Hitze und Kälte, gegen Hunger und Durst. Sie liebten es – besonders nach erfolgreichen Raubzügen in die Türkei oder zu den persischen Hafenstädten –, sich mit den erbeuteten Waren herauszuputzen. Zu farbenprächtigen, gebauschten Hosen trugen sie dann bunte Seidenkaftans, goldene Tressen und seidene Schärpen. Weite Mäntel gehörten ebenso zur exotischen Ausstattung wie rote oder gelbe Stiefel aus feinstem Leder, hohe Schaffellmützen oder Turbane, die mit Juwelen, Straußen- und Reiherfedern geschmückt waren.

Weit häufiger sah man die Saporoger allerdings ohne Schmuck, wenn nicht gar ärmlich gekleidet; denn es dauerte nie sehr lange, bis sie ihre Beute verspielt und vertrunken hatten. Nach jedem Feldzug begann ein Fest, das oft eine Woche lang dauerte. An großen Lagerfeuern wurde getanzt – die wilden, artistischen Kosakentänze sind noch heute eine Attraktion – und gepraßt. »Es befindet sich auch niemand unter ihnen, er sei von welchem Alter, Geschlecht und Stande er wolle, der nicht seinen Gefährten im Trinken zu übertreffen suche«, schreibt Beauplan, »und in der ganzen Christenheit versteht sich gewiß niemand so gut auf die Art, ohne Kummer für den folgenden Tag zu leben, als sie.«

Mancher Zecher, der alle Kämpfe mit Türken und Tataren siegreich beendet hatte, starb an Alkoholvergiftung – ein Tod, der aber in Rußland nicht nur bei Kosaken verbreitet war. Auch Collins hatte die russischen Trinkgewohnheiten beobachtet und schrieb:

»Während des Karnevals . . . oder der Fastenzeit stürzen sich die Russen in alle Arten von Schwelgerei und Genuß und trinken in der letzten Woche, als sollten sie nie wieder trinken. Manche nehmen Aquavit viermal destilliert, bis er sich in ihrem Munde entzündet . . . Sie sterben sofort, wenn man ihnen nicht Milch gibt, die Flamme auszulöschen . . . Diese Trinkkämpfe haben gewöhnlich Streitereien, Kämpfe und Morde im Gefolge . . . Wenn einige von ihnen nun betrunken nach Hause gehen und nicht von einem nüchternen Gefährten begleitet werden, fallen sie schläfrig in den

Schnee – ein böses, kaltes Bett –, und dort erfrieren sie. Wenn irgendwelche Bekannte von ihnen zufällig vorbeikommen, so helfen sie ihnen nicht, obwohl sie doch sehen, wie sie verderben: Sie wollen der unangenehmen Befragung aus dem Wege gehen (die erfolgen würde), wenn sie in ihren Armen stürben ... Es ist ein trauriges Bild, zu sehen, wie ein Dutzend erfrorener Menschen aufgeschichtet in einem Schlitten fortgebracht wird. Einigen haben die Hunde die Arme weggefressen, anderen die Gesichter, und von anderen haben sie nur die Knochen übriggelassen. Auf diese Weise sind zweihundert oder dreihundert Menschen in der Fastenzeit umgebracht worden. Daraus kann man die traurigen Folgen der Trunkenheit ersehen, der epidemischen Krankheit nicht nur in Rußland, sondern in England auch.«

Die Dnjeprkosaken lebten – ebenso wie ihre »Brüder« an Don, Terek und Jaik – in einer Art Steppendemokratie, die der polnischen Adelsrepublik nachempfunden war. Ihren Hetman (bei den Donkosaken: Ataman) wählten die Saporoger durch Zuruf in einer Vollversammlung. An dieser Einrichtung hielten sie auch dann noch fest, als die Steppendemokratie längst von den gleichen Bedingungen, die sie hervorgebracht hatten, zerstört wurde, als das Kosakentum in eine kleine Schicht Privilegierter und in die Masse des armseligen Steppenproletariats gespalten war.

Hetman oder Ataman konnte im 16. und 17. Jahrhundert nur werden, wer die größten Erfahrungen im Steppenkrieg hatte, wer also durch Gerissenheit und Draufgängertum die meiste Beute versprach. So ist die Geschichte des Kosakentums reich an schillernden Persönlichkeiten, an abenteuerlichen Helden, deren Taten an den Lagerfeuern von Spielmännern besungen wurden.

Eine der schillerndsten Persönlichkeiten war Ewstafij Daschkowitsch, der vermutlich einer adligen Familie aus der Kiewer Gegend entstammt. Er wird als ein Mann beschrieben, der kaum von einem Tataren zu unterscheiden war, der die tatarische Sprache perfekt beherrschte und sich als sein eigener Kundschafter nicht nur einmal im Lager der Nomaden aufgehalten hat. Sein Lebenslauf, der von Historikern und Dichtern nachträglich oft glorifiziert wurde, ist besonders dazu geeignet, die zwiespältige Natur dieser Kosakenhelden und die gefährliche Rolle des gesamten Kosakentums zwischen den Fronten der osteuropäischen Großmächte aufzuzeigen.

Daschkowitsch, ursprünglich Kommandant der polnischen Stadt Kritschew, trat mit seinen Söldnern und Kosaken im Jahre 1503 in die Dienste des Moskauer Großfürsten und nahm bis 1508 an verschiedenen Grenzkämpfen und Beutezügen gegen die Krimtataren teil. Dann kehrte er mit seiner Truppe nach Polen-Litauen zurück und wurde Kommandant von Kanew und Tscherkassy. Hier organisierte er den Grenzdienst gegen die Krimtataren, was ihn aber nicht davon abhielt, gelegentlich als Führer für die Nomaden tätig zu werden und ihre Räuberbanden nach Sewerien oder in das Moskauer Land zu begleiten. Diese guten Beziehungen zu den Tataren prädestinierten Daschkowitsch offenbar dazu, litauischer Gesandter auf der Krim zu werden. Und in seiner Eigenschaft als Krim-Experte führte er kurz danach ein polnisches Heer und seine Kosaken gegen die türkisch-tatarische Festung Otschakow am Dnjepr. Als er sich in die Thronstreitigkeiten auf der Krim einmischte, belagerte der Khan dreißig Tage lang Daschkowitschs Festung Tscherkassy, ohne sie aber erobern zu können. Der Haudegen, der nie geheiratet hat, starb 1535 und hinterließ einen ansehnlichen Besitz, was andeutet, daß die Motive im Grenzkampf des Wilden Feldes nicht gerade idealistischer Natur waren.

Daschkowitsch war es auch, der bereits in der ersten Hälfte des 16. Jahrhunderts die strategische Bedeutung des Dnjepr erkannt hatte und vorschlug, an den wichtigsten Flußübergängen Festungen zu bauen. Von Stützpunkten auf Dnjepr-Inseln aus wollte er die Krimtataren beim Durchqueren des Flusses mit Booten angreifen und so die polnisch-litauische Ukraina wirksam schützen.

Seit den fünfziger Jahren des 16. Jahrhunderts wurde dieser Plan verwirklicht, unter anderem von einem »Paladin der Steppe«, der wie Daschkowitsch jenen internationalen Abenteurer- und Eroberertyp verkörperte, der im 16. und

17. Jahrhundert aufbrach, riesige Kolonialreiche zu gründen, der monatelange Seefahrten aushielt, der die Höhenkrankheit der amerikanischen Hochebenen oder die Malaria in den Sumpfwäldern der sibirischen Taiga überlebte und mit missionarischem Eifer ganze Völker ausrottete.

Fürst Dmitrij Wischnewezkij, ein reicher Magnat aus Podolien, betrieb den Steppenkrieg wie ein Kreuzritter. »Kampf den Ungläubigen« hieß seine Parole, als er Kosaken um sich scharte und den ersten Stützpunkt auf der Dnjepr-Insel Chortiza baute. Aber seine christliche Gesinnung hielt den Fürsten keineswegs davon ab, seinen Vorteil nacheinander bei den islamischen Türken, beim orthodoxen Großfürsten von Moskau und im katholischen Polen-Litauen zu suchen. Reinste Motive – die »wahre« Religion und das Heil der Seele – hinderten seine Kosaken nicht daran, wie die »Ungläubigen« zu plündern, zu morden und zu vergewaltigen. Sein Ende – Wischnewezkij wurde von den Türken gefangen und 1563 in Konstantinopel hingerichtet – verschaffte dem Kosakenführer noch posthum die Gloriole des Märtyrers.

Es war eine große Zeit für Abenteurernaturen. Im Wilden Feld herrschte das Recht des Stärkeren, und für Kosaken war das Versprechen reicher Beute immer noch das beste Argument, gleichgültig, woher es kam.

Es ist daher verständlich, daß die Anliegerstaaten des Wilden Feldes die Entwicklung des Kosakentums zu einem machtpolitischen Faktor mit Argwohn betrachteten. Hunderttausend erfahrene Steppenkrieger, die – wie Beauplan bestätigt – innerhalb von acht Tagen einsatzbereit sein konnten, waren eine militärische Großmacht. Übereinstimmend berichten mehrere Zeitgenossen und Chroniken, daß die Kosaken als Kundschafter und Kämpfer unübertroffen waren. Reinhold Heidenstein beobachtete im Livländischen Krieg, daß sie sich »wegen ihrer Erfahrung und ihrer Übung besonders dafür eignen, einzelne einzukreisen und zu ergreifen als auch Wege und Orte sowie die feindlichen Kräfte zu erkunden. Sie verstehen es, auf Kähnen und Balken Flüsse zu überwinden, die dichtesten Wälder und undurchdringlichsten Gebiete zu durchqueren. Darin sind sie fast allen Kriegsleuten überlegen.«

Diese Pfadfinder-Aufgaben hatten auch zahlreiche Kosaken in den russischen und polnischen Grenzgebieten übernommen. Sie standen ständig im Dienste des Zaren oder des polnischen Königs. Problematisch war das Treiben der freien Kosaken, die sich an keinen Staat gebunden fühlten.

»Am Don können sie frei leben, und sie wählen unter sich Anführer, Atamane und andere, und sie richten sich in allen Dingen nach ihrem Willen und nicht nach zarischem Gesetz«, berichtete ein ehemaliger Moskauer Staatsbeamter.

Und am wenigsten richteten sich die Kosakenheere nach dem Stand der hohen Diplomatie. Sie überfielen tatarische Siedlungen, raubten Vieh und Sklaven, auch wenn der polnische König gerade an einem guten Verhältnis zum Krim-Khan und zum türkischen Sultan interessiert war. Sie unterstützten die Bauernaufstände, als seit den neunziger Jahren des 16. Jahrhunderts der unerträgliche Druck der Feudalherren zu immer neuen gewaltigen Rebellionen führte. Sie nahmen »Läuflinge« bei sich auf, obgleich reguläre Truppen versuchten, die Grenzen abzuriegeln und die flüchtigen Bauern einzufangen.

Die diplomatischen Zwischenfälle häuften sich, als die Kosaken Anfang des 17. Jahrhunderts ein neues Gewerbe entdeckten: die Piraterie! Mit deck- und kiellosen Booten fuhren sie heimlich an den Sperrforts der Türken an der Don- und Dnjeprmündung vorbei und sammelten sich auf dem Asowschen oder Schwarzen Meer. Die riesigen Flotten überfielen türkische Galeeren und drangen sogar bis zu den bedeutenden kleinasiatischen Städten Sinop und Trapezunt vor. Selbst die Vorstädte Konstantinopels wurden mehrmals niedergebrannt. Die Jaik- und Terekkosaken plünderten die persischen Küsten vom Kaspischen Meer aus.

Diese Kaperfahrten fanden fast in jedem Jahr statt. Beauplan berichtet:

»Haben sie die Absicht, sich aufs Meer zu begeben, so nehmen sie dazu keine Erlaubnis vom König, sondern nur von ihrem Hetman, halten Kriegsrat und wählen sich einen

General, der sie nur auf dieser Reise anführt ... Danach begeben sie sich zur ›skarbnika woyskowa‹ (Kriegsvorratskammer) ... und bauen Fahrzeuge, die sechzig Fuß lang, zehn bis zwölf Fuß breit und zwölf Fuß tief sind.«

Innerhalb von zwei oder drei Wochen wurden von rund 600 Kosaken 80 bis 100 Boote gebaut. Jede »tschaika« hatte 50 bis 70 Mann Besatzung. Die Piraten waren mit je zwei Flinten und einem Säbel bewaffnet. Zu jedem Boot gehörten vier bis sechs Kanonen, genügend Munition, ein Kompaß und Verpflegung, hauptsächlich Brot und Hirse, die mit einem säuerlichen Teig vermischt wurde.

Die Flotte startete gewöhnlich im Frühjahr, damit sie bis zum August wieder zurück sein konnte. Zunächst glitten die Boote an den türkischen Galeeren vorbei, die an der Dnjeprmündung postiert waren. »Die verschmitzten Kosaken aber wählen dazu eine finstere Nacht, kurz vor dem Neumond, und halten sich im Schilf, welches sich drei bis vier Meilen im Dnjepr oberhalb seiner Mündung befindet, wohin sich die Galeeren, da sie vormals darin nicht zum besten behandelt worden, nicht wagen, sondern sich vielmehr damit begnügen, sie an der Mündung zu erwarten ...« (Beauplan)

Da die Kosaken-Tschaikas (Möwen) mit ihren zehn bis fünfzehn Rudern auf jeder Seite schneller und wendiger als die türkischen Galeeren waren, fuhren sie oft ohne größere Verluste an der türkischen Sperre vorbei. Kam es allerdings zum Kampf, konnte es geschehen, daß die Türken mit ihren großen Buggeschützen einen großen Teil der Kosaken-Flotte versenkten.

Waren die Dnjepr-Piraten ins Schwarze Meer entkommen, schickten die Türken sofort Kuriere nach Konstantinopel und ließen die Küstenstädte warnen. Meistens nützte das aber wenig, denn die Kosaken erreichten schon nach ungefähr 40 Stunden Anatolien. Dort ließen sie einige jüngere Kosaken als Bewacher bei den Schiffen zurück und überfielen Dörfer und Städte. Da eine Flotte aus rund 10000 Piraten bestand, waren selbst größere Festungen gefährdet.

Auf dem Rückweg waren die mit Beute beladenen Schiffe wesentlich langsamer und schwerer zu manövrieren. Trotzdem wagten es die Kosaken oft, türkische Galeeren zu überfallen, die ihren Kurs kreuzten. Weil die Tschaikas niedriger waren und selten Segel gesetzt hatten, machten die Kosaken die türkischen Schiffe eher aus, als sie selbst entdeckt werden konnten. Sie verfolgten tagsüber die Galeere, wobei sie versuchten, gegen Abend die Sonne in den Rücken zu bekommen, um sich unbemerkt bis auf eine Meile heranschleichen zu können. Gegen Mitternacht ruderten dann alle 80 oder 100 Schiffe auf die Galeere zu und enterten sie. Alle Waren, die nicht viel Platz wegnahmen, wie Gold und Silber, kostbare Stoffe, manchmal auch die Kanonen, wurden umgeladen und dann das Schiff mit Mann und Maus versenkt.

Da die Piratenflotte an der Mündung des Dnjepr gewöhnlich von einer großen Zahl türkischer Galeeren erwartet wurde, stiegen die Kosaken drei bis vier Meilen östlich von Otschakow an Land. Hier zog sich eine schmale Bucht tief in das Land hinein und traf nach drei Meilen, oberhalb der türkischen Festung, auf den Fluß. Innerhalb von zwei Tagen wurden sämtliche Boote durch diese Bucht und das anschließende Tal gezogen.

Manchmal versperrten Galeeren oder islamische Fußtruppen jenes Tal. Dann wählten die Kosaken einen anderen Rückweg: Sie fuhren über den Don in den Mius, einen Nebenfluß, und kamen dadurch bis auf eine Meile an einen Nebenfluß der Samara heran, die ebenfalls in den Dnjepr mündet.

Die Piratenflotten waren den türkischen Galeeren in offenen Seeschlachten nicht gewachsen, aber sie machten ihnen doch schwer zu schaffen. Mit Todesverachtung versuchten die Kosaken, an die größeren, feindlichen Schiffe heranzukommen, wobei die besseren Schützen die Flinten abfeuerten, während ihre Kameraden nachluden. Ein französischer Reisender will Mitte des 17. Jahrhunderts beobachtet haben, wie Kosaken in primitiven Unterseebooten eine Galeere angriffen. Die Schiffe sollen aus Leder gebaut worden sein. Ihre Besatzung, ungefähr 30 bis 40 Mann, atmete durch Schilfrohre. Diese Guerilla-Taktik wendeten erst zweihundert Jahre später die amerikanischen Südstaaten wieder an, als sie mit kleinen, primitiven U-Booten die Belagerungsschiffe der Nordstaaten angriffen.

Daß die Kosaken die Technik, durch Schilfrohre zu atmen, ähnlich wie manche nordamerikanische Indianer beherrschten, wird auch von dem türkischen Chronisten Ivlija-Effendi bestätigt, der 1641 dabei war, als türkische Janitscharen die von den Kosaken besetzte Festung Asow belagerten:

»Viele ungläubige Kosaken verstanden es, in die Festung zu gelangen, indem sie sich nackt in den Don stürzten und mit einem Schilfrohr im Mund unter Wasser auf dem Rücken schwammen; Gewehr und Munition hatten sie in lederne Beutel getan, welche sie schwimmend hinter sich herzogen . . .«

Den türkischen Sultan ärgerten die Piratenfahrten der Kosaken wie auch das stetige Vordringen der polnischen und russischen Siedler in die Steppen, die ursprünglich das Weideland der Krimtataren waren. Wiederholt verlangte er vom Zaren und vom polnischen König die Bestrafung und sogar die Ausrottung der Kosakenheere. Von Zeit zu Zeit befahl er seinen Truppen oder den Tataren einen Rachefeldzug. Auch das wohl berühmteste Kosakenbild, an dem der russische Maler Repin dreizehn Jahre gearbeitet hat, geht auf einen dieser Feldzüge zurück: Der Sultan rüstete, kurz nachdem er den Saporogern seinen Schutz gegen den polnischen König angeboten hatte, eine gewaltige Janitscharenarmee aus und schickte sie nach Chortiza, um die Sitsch zu zerstören. Aber die Türken und Tataren wurden in einem erbitterten Kampf von den Kosaken geschlagen. In einem Brief beschimpften sie anschließend den Sultan und bekräftigten ihre Unabhängigkeit. Er soll folgendermaßen gelautet haben: »Du türkischer Teufel, Bruder und Gefährte Luzifers, der sich der Herr der Christen zu nennen wagt, es aber nicht ist! Babylonischer Koch, Brauer von Jerusalem, Ziegenhirte der Herden Alexandriens! Schweinehirt von Groß- und Kleinägypten! Armenische Sau und tatarischer Bock! Unverschämter Ungläubiger! Der Teufel hole dich! Wir Kosaken lehnen jede Forderung und jede Bitte ab, die du jetzt oder in Zukunft an uns richtest.« Dieser Brief, den Stalin besonders gern las, enthält in der Tat viel vom Saporoger und vom kosakischen Geist des 17. Jahrhunderts. Repin stellt in seinem Bild dar, wie er geschrieben wird. Die Atmosphäre ist erfüllt von praller, unbändiger Lebenslust, alle Gestalten strahlen Kampfbereitschaft und eine schlitzohrige Verschlagenheit aus. Kraft, Skrupellosigkeit, Brutalität und sentimentale Abenteuerlust vermischen sich zu einem Kolossalgemälde, in dem jedes Detail das Anarchische des Kosakentums spiegelt.

Der Staat im Staate hatte sich formiert, war zu einem unberechenbaren Machtfaktor geworden, zu einem Asyl für Unzufriedene, die unter dem Druck des Feudalsystems stöhnten und von Gleichheit und Freiheit träumten. Der Zusammenprall der staatlichen Ordnung mit den sich selbst verwaltenden Heeren war unvermeidlich und erfolgte auch prompt in einer Reihe blutiger Auseinandersetzungen, in einer Orgie des Hasses und Terrors, die selbst alle Ausschreitungen des Dreißigjährigen Krieges in den Schatten stellte.

»Ein wirklich ›freies‹ Kosakentum im Sinne völliger politischer und wirtschaftlicher Unabhängigkeit hat es auch später im 17. Jahrhundert nicht gegeben. Es war immer in irgendeiner Form die Bindung an den Steppenrandstaat vorhanden, von dessen formalem Anspruch auf ein zeitweise sehr theoretisches Untertanenverhältnis bis zum Status einer Söldnertruppe im ständigen Grenzdienst und den Anfängen eines landschaftgebundenen Wehrbauerntums«, schreibt Stökl, und er versteht »die ganze spätere Geschichte des Kosakentums als einen allmählichen und konsequenten Entwicklungsvorgang in Richtung auf die vollständige Verstaatlichung des Kosakentums.«

Aber diese Verstaatlichungsversuche stießen auf den zähen Widerstand der Kosaken und erschütterten mehr als einmal den Staat selbst in seinen Grundfesten. Kosakenhelden wie Bolotnikow oder Chmelnickij, der zumindest vorübergehend einen unabhängigen Kosakenstaat erkämpfte, Bauernführer wie Stepan Rasin, der »Adler vom Don«, oder Pugatschow, der »Bauernzar«, die beide schließlich unter dem Beil des zaristischen Henkers endeten, ziehen wie strahlende Kometen über den Himmel des »Wilden Ostens«. Sie stempeln die meisten Helden des »Wilden Westens« zu Randfiguren der Geschichte.

Doch ehe das Gewitter der sozialen und religiösen Konflikte sich immer gewalttätiger entlud, warf ein anderes Ereignis seine Schatten bis nach Osteuropa: die Entdeckung Amerikas. In das Jahr 1492 fiel die Fahrt des Kolumbus. Vasco da Gama brach 1497 zu seiner Weltreise auf, und die erste Weltumseglung durch Magellan gelang zwischen 1519 und 1522.

In kurzer Zeit hatte sich die bekannte Welt verzehnfacht. Die spanischen und portugiesischen Eroberer waren ausgezogen, den Heiden das Heil zu bringen und sich selbst dafür die Schätze der neuen Welt zu holen. Auch Asien wurde von der Welle der Konquistadoren überflutet: Nur hieß das russische Dorado nicht Amerika oder Indien – das Schicksal der kosakischen Eroberer erfüllte sich in den unendlichen Wäldern und Steppen Sibiriens . . .

II
Die Eroberung Sibiriens

1
El Dorado lag im Osten

Unbekanntes und Unerforschtes regt zu Mythen an, provoziert Gerüchte und Legenden. Weit im Westen, hinter den »Säulen des Herkules«, vermutete man noch im Mittelalter das Ende der Welt – möglicherweise einen Wasserfall, der von der Erdscheibe ins Bodenlose stürzt. Mutige Genuesen, als erste die Gebrüder Vivaldi, stießen im 14. Jahrhundert in den Atlantik vor, entdeckten Madeira und die Kanarischen Inseln. Erst hundertfünfzig Jahre später stach Kolumbus in See, ein »Glücksfall« für den spanischen König.

Im Süden fürchtete man lange eine »Heiße Zone«, die dem menschlichen Abenteuerdrang klimatische Grenzen setzt. Dann tasteten sich portugiesische Entdecker auf dem afrikanischen Kontinent südwärts. Staunend sahen sie, daß hinter dem Äquator die Schatten nach Süden fielen. Ihre Schiffe segelten plötzlich unter einem fremden Himmel: Das Kreuz des Südens erhellte die tropenwarmen Nächte. Hatte nicht Aristoteles behauptet, es gebe nur einen Himmel – den der nördlichen Hemisphäre?

Im Osten, hinter den »Hohen Felsen«, lag das Land der beiden Greifen, die einen Goldschatz hüten. Hier hatte Noah die Sintflut überlebt, und der große Alexander war am »allerkältesten Meer« abstoßenden Kannibalen begegnet. Nach seinem Bericht, der in der Nowgoroder Chronik zitiert wird, verzehrten diese Unmenschen Leichen ebensogerne wie die eigenen Läuse, brieten ihre Kinder am Spieß, wenn sie Fremde bewirteten, und beteten Götzen an. Entsetzt soll der große Feldherr seinen Gott gebeten haben, die Heiden am Eismeer mit großen Felsen einzuschließen – was auch geschah. Der einzige Durchgang wurde bis zum Jüngsten Gericht mit einem kupfernen Tor versperrt.

Die Waräger oder Wikinger, die seit dem 8. und 9. Jahrhundert über die Newa und Dwina in die osteuropäischen Flußsysteme eindrangen, wußten noch nichts von der Welt hinter dem kupfernen Tor. Aber sie durchfuhren mit ihren Drachenschiffen die Flüsse vor den »Hohen Felsen« und erreichten über die Wolga und Kama immerhin »Biarmia«, das Land Perm. Ohne Vermittlung der Chazaren und Wolgabulgaren, die den Handel zwischen Skandinavien und Zentralasien kontrollierten, trafen die »Raubhändler« arabische und persische Kaufleute, die auf nicht weniger abenteuerlichen Wegen die Pelzvorräte der Eingeborenen plünderten. Für Araber und Perser wie für Wikinger waren die Begriffe Kaufmann, Krieger, Pirat und Räuber weitgehend synonym.

Auch später, als Kaufleute aus Nowgorod in die Fußstapfen der Wikinger traten, änderte sich daran wenig. Die Geschlechter der Swojesemtzew, der Boretzkij oder Loschinskij schickten ihre Jäger, Fallensteller, Händler und Krieger nach Osten und ließen die unendlichen Jagdgründe zwischen Onega, Dwina und Petschora »kultivieren«. Das bedeutete: Tribute eintreiben, Bodenschätze ausbeuten, Felle sammeln. Im Auftrag der unersättlichen Hanse holten die Nowgoroder nicht nur Pelze, sondern auch Honig, Wachs und Salz aus dem Lande heraus. Mit Kotschen fuhren sie die Petschora nordwärts, durchquerten die eisige Kara-See, umrundeten die Halbinsel Jamal und erreichten über die Ob-Mündung das Land Mangaseja. Manche Trapper durchquerten sogar den Ural. Sie folgten dabei den Flußsystemen der Usa und Tschutschja oder der Petschora und Soswa.

»Jenseits des Landes der Jugrier wohnt am Meer das Volk der Samojeden, die Molgonsei genannt werden«, heißt es in einer Erzählung »von den unbekannten Menschen im östlichen Lande«, die seit Ende des 15. Jahrhunderts überliefert ist. »Diese Leute sind von niedrigem Wuchs, unansehnlich und haben kleine Nasen, aber sie sind sehr lebhaft und hervorragende Schützen. Sie fahren mit Rentieren und Hunden, kleiden sich mit Zobel- und Rentierfellen und handeln mit Zobelfellen.«

Es hatte sich schnell herumgesprochen, woraus der »Goldschatz« Sibiriens bestand: Die dunklen Wälder der Taiga wimmelten von Füchsen und Mardern, von Eichhörnchen, Zobeln und Hermelinen. Wenn Waldläufer und Kaufleute aus dem sagenhaften Mangaseja östlich des Ob zurückkehrten, schwärmten sie von Pelztieren, die scharenweise »aus den Wolken springen«, und von »Selbstfressern«, die sich schwarze Zobel und Hermeline wie Schlachtvieh hielten.

Alle Erzählungen und Beschreibungen waren natürlich übertrieben und phantasievoll ausgeschmückt. Da wimmelt es von Menschen ohne Kopf, die ihren Mund zwischen den Schultern und die Augen auf der Brust haben, die rohe Rentierköpfe verspeisen und am nächsten Tag die Knochen wieder ausspeien.

Am oberen Ob sollten Menschen wohnen, die »Tag und Nacht unter der Erde hausen, dort Feuer anmachen und auf den See hinausfahren. Und an diesem See liegt eine große Stadt. Wer in die Nähe dieser Stadt kommt, hört darin großen Lärm, wie auch in anderen Städten. Geht er aber in die Stadt hinein, so findet er darin keinen Menschen, hört keinen Lärm und begegnet auch sonst nichts Lebendem. Aber auf allen Höfen findet er viel zu essen und zu trinken und auch sonst allerlei Waren, die er sich nur wünschen mag. Und wenn er seinen Gegenwert hinterlegt, kann er mitnehmen, was ihm beliebt, und so geht er wieder fort. Wer aber ohne zu bezahlen etwas mitnimmt und damit fortgeht, dem verschwindet diese Ware, und sie gelangt wieder an diesen Ort zurück. Und wenn er sich von dieser Stadt wieder etwas entfernt hat, hört er auch wieder den Lärm wie in anderen Städten.«

Viele dieser Berichte, die man lange Zeit für Fabeln, für Märchen hielt, haben einen wahren Kern. Menschen, die »unter der Erde hausen und dort Feuer anmachen«, lebten im Altai-Gebirge. Sie hatten tiefe Höhlen in die Berge gebrochen und holten – lange bevor die russischen Eroberer und Schatzsucher kamen – Kupfer und Eisen, Silber und sogar Gold aus den Felsen.

Auch der »wortlose Handel« war seit dem Altertum bekannt. Herodot beschreibt ausführlich, wie die Kaufleute Karthagos den goldträchtigen Wüstensöhnen Libyens Waren verkauften: Sie entluden ihre Schiffe an den bekannten Marktplätzen, zogen sich wieder zurück und gaben Rauchzeichen. Nach kurzer Zeit näherten sich kauflustige Libyer und legten Goldstücke neben jeden Gegenstand, den sie erwerben wollten. Sobald sie sich wieder entfernt hatten, prüften die Karthager das Angebot. Nahmen sie das Gold, war der Handel perfekt. Wollten sie das Angebot in die Höhe treiben, kehrten sie noch einmal auf ihre Schiffe zurück. Jetzt mußten die Kunden entweder noch etwas dazulegen oder ihr Gold wieder mitnehmen.

Ibn Battuta, der berühmte Weltreisende aus dem 13. Jahrhundert, beobachtete einen ähnlichen Geschäftsablauf in Jugrien, das sich zwischen Petschora und Ob erstreckte. Auch hier kannten die Handelspartner einander nicht persönlich. Dieses Feilschen ohne Worte und ohne Streit gab es bei Lappen, Tschukschen, Eskimos und südamerikanischen Indianern. In Afrika wurde es noch im 19. Jahrhundert praktiziert.

Solange die Nowgoroder, im 16. Jahrhundert immer häufiger die Moskauer, als Händler ins Land der Samojeden oder Jugrier reisten, kehrten sie mit Schätzen beladen zurück. Billigen Tand tauschten sie gegen wertvolle Pelze, Werkzeuge aus Eisen gegen Tran und Walroßzähne. Expeditionen, die auszogen, das Land hinter den »Hohen Felsen« zu kolonisieren, fanden dagegen das kupferne Tor verschlossen. Die Jugrier waren nicht nur heidnisch, sondern auch kriegerisch, »gute Schützen«, wie die Chroniken bestätigen.

Trotzdem ging das Zeitalter der Entdeckungen nicht spurlos an den osteuropäischen Staaten und ihren asiatischen Nachbarn vorüber. Der Aufbruch der Europäer hatte begonnen und damit vielleicht das größte Abenteuer in ihrer langen Geschichte. Hinter dem gekrümmten Horizont der endlosen Meere stiegen neue Kontinente auf, ein völlig neues Weltbild entstand. Über Nacht fielen die kunstvoll konstruierten Denkgebäude der Philosophen und Theologen haltlos zusammen. Christentum und Welt waren keine Einheit mehr. Die Erde hatte sich als Erdball entpuppt. Und selbst der missionarische Eifer, der die Konquistadoren bald darauf mit dem Kreuz auf alle Heiden losschlagen ließ, blieb nicht ungebrochen. Denn im Evangelium hieß es, mit der Bekehrung der letzten Heiden werde auch das Ende der Welt kommen. Führte die Mission vielleicht zur Selbstvernichtung?

Die weltliche und geistliche Elite Europas lebte wie im Fieber. Jede Nachricht aus der Neuen Welt verbreitete sich wie sonst nur eine der schlimmsten Geißeln der Menschheit, die Pest. Allein die Schrift *Mundus Novus* von Amerigo Vespucci erlebte von 1502 bis 1550 fünfundfünfzig Auflagen.

Während sich Gelehrte, Päpste und Könige damit beschäftigten, die neuen Erkenntnisse theoretisch zu bewältigen, teilten Spanier und Portugiesen die Welt unter sich auf. Ihre schnellen Karavellen brachten Soldaten, Kaufleute und Missionare nach Mexiko und Peru, nach Afrika und Indien. Im Vertrag von Tordesillas waren alle Gebiete, die mehr als 150 Meilen westlich der Azoren lagen, an Spanien, die restlichen Kolonialreiche an Portugal vergeben worden. Wenig später segelten die Spanier – unterstützt von der eindeutigen Sprache ihrer Schiffsgeschütze – von der Pazifikküste ihrer amerikanischen Besitzungen ebenfalls nach Ostasien. Nach dem Motto »oro, gloria y evangelio« (Gold, Ruhm und Evangelium) begann die Epoche nackter, kolonialer Machtpolitik. Pizarro eroberte mit 112 Mann das Sonnenreich der peruanischen Inkas. 1200 Soldaten genügten Cortez, Mexiko zu unterwerfen. Und in Afrika brach die Schreckensherrschaft der weißen Sklavenjäger an.

Die neuen Kolonialherren aus Lissabon, Cadiz und Sevilla hüteten eifersüchtig ihr Monopol. König Manuel von Portugal verbot im Jahre 1504 sogar die Veröffentlichung von Karten und Reisebeschreibungen über die afrikanische Küste unterhalb des 7. südlichen Breitengrades.

Die nordeuropäischen Handelsnationen, Holländer und Engländer vor allem, mochten sich mit dieser einseitigen

Übersichtskarte von SIBIRIEN
0 100 500 1000 km
SPITZBERGEN
NÖR
FRANZ JOSEF-LAND
BARENTS-SEE
KOLA
WEISSES MEER
NOWAJA-SEMLJA
WAIGATSCH-INSEL
Chariton Laptew-Ufer
Cholmogory
DWINA
PETSCHORA
WOLGA
SUCHONA
MOSKAU
Ustjug
WYTSCHEGDA
WJATKA
Wjatka
Kasan
KAMA
Perm
UFA
Ufa 1586
URAL
Obdorsk 1595
Berjosow 1594
OB
MANGASEJA
Mangaseja 1600
JENISSEI
Turuchansk 1609
UNTERE TUNGUSKA
Pelim 1592
Tobolsk 1588
IRTYSCH
Tjumen
TOBOL
Ischim
ISCHIM
Tara 1594
TARA
Narym 1598
Ketsk 1605
STEINIGE TUNGUSKA
OBERE TUNGUSKA
Kainsk
Tomsk 1604
Omsk 1716
BARABA-STEPPE
Krasnojarsk 1628
Kusnezk 1618
Bijsk 1709
Semipalatinsk 1718
Ustkamennogorsk 1720
ALTAI-GEBIRGE
MON
KASPISCHES MEER
ARAL-SEE
WALDGEBIET
STEPPEN-GEBIET
ZUG DER BESIEDLUNG
POJARKOW 1643–1646
GRENZE MITTE 17. JAHRH.
STADUCHIN 1647
GRENZE IM 18. JAHRH.
DESCHNEW 1648
JERMAK 1581–1584
CHABAROW 1649 1653
ATLASSOW 1697–1699

ICHES
SMEER
ALASKA
BERING
DIOMEDES-IN
STR.
KAP DESCHNEW
1648
ST LAWRENCE INSEL
KAP TSCHUKOTSKI
BERING-MEER
NEUSIBIRISCHE INSELN
CHELJUSKIN
1646
1648
ANADYR
Nischne-Kolymsk
1644
POKATSCH
KOLYMA
INDI
1633
LENA
OLENEK
Werchojansk
GEBIRG
POLARKREIS
Wiljuisk
1635
Jakutsk
1632
Ochotsk
1649
OCHOTSKISCHES
MEER
Ajan
STANOWOI
Olekminsk
1635
Kirensk
Nikolajewsk
1850
SACHALIN
AMUR
Albasin
Blagowetschensk
Chabarowsk
1858
Nertschinsk
1658
Aigun
Werchneudinsk
Tsitsikar
Wladiwostok
1860
JAPAN
KURILEN
Nischne-Kamtschatsk
1697
Werchne-Kamtschatsk
Petropawlowsk
AWATSCHA-BUCHT
Bolscherjezk
KAP LOPATKA
BERING-I.
KOMMANDEURS-INSELN
110°
120°
130°
140°
150°
160°
170°
180°

Aufteilung der Erdkugel nicht abfinden. Noch zu schwach für eine offene Seeschlacht, richteten sie ihre Blicke nach Osten: Die abenteuerliche Geschichte des nördlichen Seeweges nach China und Indien, zu den gewinnbringenden Gewürzquellen Asiens, hatte begonnen. Damit rückten Sibirien und die eisigen Meere an seinen nördlichen Küsten in den Blickpunkt wirtschaftlicher und politischer Interessen.

Nachrichten von der Neuen Welt regten auch in Osteuropa die Phantasie an. Vermutlich wurde die Schrift *Mundus Novus* in Krakau, Kiew oder Moskau mit Interesse gelesen. Sicher ist, daß der Mönch Maksim Grek, der einige Jahre in Italien erzogen worden ist, Kenntnis von den Entdeckungen der Portugiesen und Spanier hatte. Wie der Name andeutet, stammte Maksim aus Griechenland. Er reiste 1518 vom Athoskloster nach Moskau. Als der gebildete Mönch 1556 im Dreifaltigkeitskloster starb, hinterließ er nicht weniger als 250 Handschriften, darunter auch den Kommentar zu einer Predigt Gregors von Nazianz, eines Patriarchen von Konstantinopel.

Gregor hatte geschrieben: »Jenseits von Gadir ist kein Weg.« Da mit »Gadir« offensichtlich Gibraltar gemeint war, ergänzte Maksim um 1530 die Predigt um die neuesten Erkenntnisse: »Die Alten konnten nicht über Gadir hinausfahren, oder vielmehr: sie wagten es nicht. Die heutigen Menschen aber, Portugiesen und Spanier, fahren vorsichtig mit großen Schiffen hinaus.«

Maksim erläuterte, daß jene Seefahrer vor vierzig oder fünfzig Jahren zu ihren Entdeckungsfahrten aufgebrochen seien, daß sie viele neue Inseln, darunter Kuba und die Molukken, entdeckt und wohlriechende Gewürze mitgebracht hätten. Andere Veröffentlichungen aus dem 16. Jahrhundert erwähnen zwar die Entdeckungen nicht ausdrücklich, nehmen aber auf die bereits erwähnte Aufteilung der Kolonien und den Wunsch verschiedener Handelsvölker Bezug, einen nördlichen Seeweg zu den Gewürzquellen Asiens zu finden.

1525 veröffentlichte der italienische Geograph und Gelehrte Paulus Jovius in Rom sein Werk: *Das Buch von der*

Botschaft Wassilis, des Moskauer Großfürsten, an Papst Clemens VII., in welchem wahrheitsgetreu die Lage des Landes, das den Alten unbekannt war, die Religion, die Sitten des Volkes sowie die Ursachen der Botschaft beschrieben werden.

In dieser »Botschaft« berichtet er zunächst vom Lande Perm, aus dem Pelze eingeführt werden, von der Petschora und dem Lande Jugrien, von Ländern und Völkern hinter dem Ural und kommt dann auf den Kernpunkt zu sprechen: »Die Dwina, in die sich zahllose Flüsse ergießen, fließt mit reißender Strömung nach Norden, und das Meer dort hat eine so gewaltige Ausdehnung, daß man wahrscheinlich am rechten Ufer entlang mit dem Schiff nach Cathay gelangen kann . . .«

Auf den ersten Seiten dieses Buches wird auch eine Karte von Moskowien erwähnt, die der Kartograph Battista Agnese im gleichen Jahr angefertigt hatte. Darauf fehlt zwar Ostasien, aber ein offenes Meer im Norden von Moskowien scheint die Theorie vom nördlichen Seeweg zu bestätigen.

Alle Informationen über Moskowien und den Weg nach Osten, die im Buch und in der Karte verarbeitet wurden, stammen vermutlich von einem Gesandten des russischen Großfürsten Wassilij III., der sich mehrmals am Hofe des Papstes Clemens VII. aufhielt. Dmitri Gerassimow, ein Diplomat, der fließend Lateinisch und Deutsch sprach, war auch im Jahre 1525 in Rom. Seine Überlegungen und Theorien, die durch das Buch von Jovius weit verbreitet wurden, erregten Aufsehen. Bereits 1527 schlug der englische Kaufmann Thorne König Heinrich VIII. vor, eine Expedition ins nördliche Eismeer auszurüsten. Er behauptete, gestützt auf die Erfahrungen mit der »Heißen Zone« in Afrika, es gebe keine unbewohnbaren Länder und unbefahrbaren Meere, und empfahl, den Pol zu umgehen und am Tatarenlande vorbei nach China zu segeln.

Es dauerte jedoch bis zum Jahre 1553, ehe eine englische Expedition unter Willoughby und Chancellor zur heutigen Barentssee aufbrach und versuchte, einen Weg nach Indien zu finden. Der Versuch mißglückte. Immerhin wurde bei dieser Gelegenheit die Nordroute zur Mündung der Nördlichen Dwina entdeckt. Im Sommer, wenn das Weiße Meer eisfrei ist, ankerten von nun an häufig englische Schiffe vor Cholmogory und belebten den Rußlandhandel. Als es Iwan IV. im Livländischen Krieg nicht gelang, zur Ostsee vorzustoßen, baute er schließlich 1584 an der Dwina-Mündung den wichtigen Nordmeer-Hafen Archangelsk.

1556 startete der Engländer Stephen Burrough zu einem neuen Versuch. Diesmal kam er bis nach Nowaja Semlja, mußte dann aber umkehren. Ähnlich erging es vielen englischen und holländischen Expeditionen, und noch 1752 seufzte das russische Universalgenie Lomonossow in einer Ode:

Umsonst hält die Natur, die strenge,
Verborgen uns die Übergänge
Vom Westen nach dem Ostgestad.
Mit meinen Augen seh ich weise
Rußlands Kolumbus auf dem Eise
Hinübereilen trotz Gefahr.

Bis zu diesem Zeitpunkt war also noch keine zusammenhängende Fahrt vom Weißen Meer zum Pazifik gelungen. Dabei hatten russische Kaufleute und Kosaken in Einzelbereichen längst nachgewiesen, daß es eine »Nordmeer-Route« gibt. Die Cholmogorer waren spätestens Anfang des 16. Jahrhunderts mit ihren primitiven Segelbooten bis zum Ob und wahrscheinlich sogar bis zum Jenissei gefahren. Samojeden, die am Ob lebten, kannten ebenfalls Gebiete, die sich weiter östlich erstreckten, und erzählten von einem warmen Meer hinter dem östlichsten Kap. In zahlreichen Berichten englischer Kaufleute und deutscher Abenteurer sind verblüffend genaue Beschreibungen der nördlichen Pflanzen- und Tierwelt enthalten. Und immer wieder Hinweise auf das freie Meer im Osten!

Sigismund Herbertstein, der Gesandte des Habsburgischen Kaisers, schrieb 1549 in seinen Aufzeichnungen:

»Das Eismeer erstreckt sich über den weiten Raum von der Dwina bis zu den Mündungen der Petschora und des Ob. Man sagt, daß sich jenseits davon das Land Engronelandt (Grönland) befindet. Ich habe gehört, daß es einerseits durch die hohen, vereisten und mit ewigem Schnee bedeckten Berge und andererseits wegen des ständigen Treibeises auf dem Meere vom Verkehr und dem Handel mit den Bewohnern unserer Länder abgeschnitten ist und deshalb unbekannt blieb.«

Und der Westfale Staden, von 1564 bis 1576 Landsknecht in der Opritschnina-Garde Iwans des Schrecklichen, war sogar ganz sicher: »Man kann vom Ob nach Amerika gelangen, wobei zwei Fahrten von Kola oder vom Ob nach Amerika einer Fahrt von Spanien aus dorthin entsprechen.«

Wenn Staden seine Informationen nicht erfunden hat – und viele andere Beschreibungen aus seinem Buch sind nachweisbar korrekt –, dann müssen die Eingeborenen an den Nordküsten Rußlands und Sibiriens ziemlich genaue Vorstellungen von der Ausdehnung des asiatischen Kontinents gehabt haben. Für eine Reise von Cadiz nach Mittelamerika rechnete man damals 80 bis 100 Tage. Wahrscheinlich brauchten die Samojeden – falls sie in das östliche Sibirien, an die Lena oder Kolyma, vorgedrungen waren – weniger Zeit.

Die Bedingungen für die Schiffahrt im Weißen Meer, in der Kara-See und noch weiter östlich müssen im 16. Jahrhundert besonders günstig gewesen sein. Sonst hätten die Cholmogorer mit ihren schwachen Booten nicht jedes Jahr Ende Juni nach Nowaja Semlja segeln können, um Gänse, Schwäne und Eisbären zu jagen. Flaumfedern und Felle waren wertvolle Tauschobjekte für Engländer und Russen. Tatsächlich ist festgestellt worden, daß in der zweiten Hälfte des 16. Jahrhunderts der Wasserspiegel im Kaspischen Meer extrem niedrig lag. Wie in den dreißiger Jahren des 20. Jahrhunderts hatte sich damals offensichtlich die Arktis erwärmt, und die Eisberge waren weit nach Norden abgedriftet.

Daher also die Erzählungen vom »warmen Meer« jenseits des Ob. Daher die Bemühungen der Engländer um die Handelsrechte an Ob und Jenissei, daher die Vorstöße russischer Pelzhändler und Jäger über den Jenissei hinaus.

Trotzdem blieb der Traum von der nördlichen Durchfahrt vorerst unerfüllt. Zu kurz war der arktische Sommer, zu knapp die Zeit der Mitternachtssonne. Schon nach drei Monaten brach wieder ewige Nacht über die Besatzungen herein. Gewaltige Eisberge drängten nach Süden und zerbrachen die Holzrümpfe der Schiffe wie Streichhölzer. Skorbut und andere Mangelkrankheiten dezimierten beim Überwintern die Mannschaften. Hungrige Eisbären ließen sich von Pfeil und Bogen, von rostigen oder vereisten Arkebusen selten abschrecken. Der russische Kolumbus war noch nicht geboren.

Das Interesse des Zaren an den Vorstößen und Geschäften seiner Kaufleute hielt sich deshalb in Grenzen. Die Einschätzung der Reichtümer im Osten blieb vage, solange sie sich dem direkten Zugriff entzogen. Zwar setzte Iwan IV. eine hohe Belohnung für die Entdeckung der nördlichen Durchfahrt nach Indien aus, ließ aber fast zur gleichen Zeit auch die Landwege durch den asiatischen Kontinent erkunden. Zwei Kosaken, Iwan Petro und Burnasch Jalytschew, brachen 1567 mit einem Sendschreiben »an unbekannte Beherrscher unbekannter Völker« auf und erreichten wohl als erste Russen den Pazifik. Als sie nach zwei Jahren zurückkehrten, konnten sie dem Zaren viel erzählen: vom Baikalsee, dem heiligen See der Mongolen, von unendlichen Steppen und Wüsten, die durchquert werden mußten, von wilden Nomadenvölkern und der hohen Kultur der Chinesen, die hinter einer großen Mauer lebten.

Der Kaiser von China empfing die kühnen Kosaken nicht, weil sie keine Geschenke mitführten, doch wenn man die Entfernungen, Strapazen und Gefahren abschätzt, die eine solche Reise im 16. Jahrhundert mit sich brachte, dann muß man die beiden Russen an die Seite der großen Entdecker und Weltreisenden stellen.

Nach all den Informationen seiner Kundschafter, Jäger und Kaufleute mag Iwan IV. geahnt haben, wie leicht das Land im Osten hinter dem Ural zu erobern sei. Aber er hatte sich für die Westpolitik entschieden und seine Armeen in Livland konzentriert. Nach den ersten Niederlagen im Kampf um die Ostseehäfen mußte der Zar dann froh sein, daß sein Rücken im Osten frei blieb. Er hatte die Tatarenreiche von Kasan und Astrachan vernichtet und den russischen Siedlern damit die weiten Wolga- und Donsteppen geöffnet. Und sogar der Khan der sibirischen Tataren, Sultan Etiger, hatte um Ruhe und Sicherheit gebeten und seinen Tribut in Form von Zobel- und Eichhörnchenfellen entrichtet. Seitdem fühlte sich Iwan der Schreckliche als Herr über Sibirien. »Commander of all Siberia« schrieb er unter einen Brief an den englischen König Eduard VI. Dieser Titel genügte ihm, und so kam es, daß die wirkliche Eroberung des Landes hinter den »Hohen Felsen« einen fast privaten Charakter erhielt.

2
Die Konquistadoren vom Don

Im Jahre 1557 reiste ein Kaufmann namens Anika Stroganow mit seinen drei Söhnen nach Moskau. Im Kreml überreichte er Iwan IV. wertvolle Geschenke und vergaß auch die wichtigsten Berater des Zaren nicht. Der Metropolit war dem Kaufmann aus Solwytschegodsk an der Wytschegda nach zahlreichen Spenden ebenfalls gewogen. Anika Stroganow brauchte Vertrauen und Sympathie, denn er war zum größten Abenteuer in der ohnehin abenteuerlichen Geschichte seiner Familie aufgebrochen.

Die Stroganows waren in Moskau keine Unbekannten mehr. Sie hatten bereits eine steile Karriere hinter sich, seit Ende des 14. Jahrhunderts ein Ahnherr namens Spiridon Stroganow die Urwälder an der Dwina durchstreift hatte. Der einfache Trapper und Fellhändler hinterließ seinem Sohn so viel Geld, daß er sich ein Lagerhaus bauen und als Kaufmann betätigen konnte. Schiffe und Salzsiedereien kamen dazu, auf der Messe in Kola blühte der Handel mit Kaufleuten aus Mitteleuropa, Rußland und Zentralasien, und allmählich mauserten sich die Stroganows zu Tributeintreibern Moskaus im hohen Norden und zu Hoflieferanten der russischen Großfürsten.

In den zwanziger Jahren des 16. Jahrhunderts passierte dann eine ganz unglaubliche Geschichte: Der Moskauer Großfürst Wassilij III. wurde von den Tataren gefangen. Für seine Freilassung sollte die ungeheure Summe von 29000 Rubel gezahlt werden. Als das Geld in ganz Moskau nicht aufzutreiben war, schickte man einen Boten an die Dwina, und innerhalb weniger Tage zahlte Luka Stroganow, der Großvater Anikas, das Lösegeld. Als Gegenleistung verlangte er – nichts.

Anikas Vater Fjodor war dann von der Dwina an die Wytschegda gezogen, um sich auf die Salzgewinnung zu konzentrieren. Salz war knapp in Moskau – man konnte damit ein Vermögen verdienen.

Jetzt – im Jahre 1557 – galt Anika Stroganow als einer der reichsten Unternehmer Rußlands. Er betrieb rund ein Dutzend Siedereien. Seine Schiffe und Händler fuhren bis nach Zentralasien und Mangaseja. Er lieferte dem Zaren nicht nur Felle, Wachs und Honig, sondern auch kostbare Stoffe, Schmuck und den begehrten Wein aus Mittel- und Südeuropa.

Aber Anika verfolgte größere Ziele: Er wollte eine eigene Kolonie gründen und hatte sich dafür das Permer Land ausgesucht, wo es große Salzvorkommen gab. In den Bergen der Uralausläufer lagerten Erze. Die Kama und ihre Nebenflüsse wimmelten von Fischen. Die Urwälder waren voller Pelztiere, und auf dem fruchtbaren Boden der Rodungen würde Korn wachsen.

Stroganow überzeugte Iwan den Schrecklichen davon, daß der Weg zu den Schätzen Sibiriens über das Permer Land führe. Man mußte sich an die »Hohen Felsen« herantasten, Stützpunkte bauen, die Tscheremissen, Wotjaken und Tataren diesseits der Berge unterwerfen, bevor man weiter nach Osten vorstoßen konnte. Der gerissene Kaufmann bot an, diesen Weg freizulegen. Niemand weiß, ob er wirklich an Sibirien dachte, als er das Permer Land forderte. Fest steht nur, daß seine Reise nach Moskau der erste Schritt zu einer Expansion war, die kaum ein Jahrhundert später am Pazifik endete.

Im Jahre 1558 erhielt Anika die ersehnte Urkunde. Da er die Siebzig bereits überschritten hatte, war sie auf den Namen seines Sohnes Grigorij ausgestellt. Mit wenigen Federstrichen hatte der Zar einen neuen Staat auf seinem Territorium geschaffen. Die Stroganows durften auf dem 2,2 Millionen Hektar großen Gebiet steuerfrei jagen, fischen und Salz sieden. Sie durften Erze schmelzen, Urwälder roden und Städte bauen. Anika leitete noch sieben Jahre den Aufbau des neuen Familienimperiums. Dann trat er in ein

Kloster ein und überließ es seinen Söhnen, den Aufstieg der Stroganows fortzusetzen. Festungen entstanden. Die Eingeborenen lieferten meistens ohne Schwierigkeiten ihren Tribut ab. Immer weiter dehnte sich das Hoheitsgebiet nach Osten aus. Schon lockten die Gipfel des Ural-Gebirges, und die ersten Schanzen mit einer ständigen Grenzwache waren an der Tschussowaja entstanden. Aber dann fiel der Schatten der »großen Politik« auf das Land Perm.

Im sibirischen Khanat war Sultan Etiger vom Thron verdrängt worden. Der neue Herrscher Kutschum stammte aus dem Süden. Sein Vater Mamudak Murtasa, Scheich von Buchara, der islamischen Kultur-Metropole in Zentralasien, zählte sich zu den Dschingis-Khaniden, denn einer seiner Vorfahren war Scheiban, ein Enkel des großen Eroberers. Kutschum hatte seine nomadischen Horden gesammelt und war auf der Suche nach saftigen Weiden, Wasser und tributfähigen Eingeborenen bis an den Ob geritten. Er ermordete Etiger, unterwarf die sibirischen Stämme und lebte »in großer Üppigkeit, Lust und Freude« in Isker, nur wenige Meilen vom heutigen Tobolsk entfernt.

In den Chroniken wird Kutschum-Khan als guter Reiter, als mutiger, aber grausamer Herrscher geschildert. Auf seinen Koppeln grasten Tausende von Pferden. Die Schatztruhen waren mit silbernen und goldenen Gefäßen gefüllt. Auf den rauschenden Festen bevorzugte man das sogenannte »Pfahl-Spiel«: Gefangene wurden an Pfosten gebunden oder eingegraben. Dann ritten Kutschum und seine Fürsten in vollem Galopp vorbei und versuchten, den Todeskandidaten die Köpfe abzuschlagen.

Auch außenpolitisch wurde das Klima rauher: 1571 schickte Kutschum eine Botschaft nach Moskau und ließ dem Zaren durch einen einfachen Wogulen ausrichten, daß er in Zukunft nicht mehr daran denke, Tribut zu zahlen.

»Gott ist groß!« hieß es wörtlich. »Es schreibt der freie Mann Kutschum-Zar an den Weißen Zaren! Wir haben gehört, daß du groß und gerecht bist. Mit unserem Vater hat dein Vater Frieden geschlossen, und Gesandte reisten nach beiden Seiten hin und her, weil dein Land nahe ist. Unsere

Völker lebten in Ruhe, und keine Feindschaft war zwischen ihnen.

Bis heute habe ich dir kein Schreiben gesandt, weil ich mit meinem Feinde Krieg führte. Nun aber haben wir ihn gefangen. Wer jetzt Frieden will, mit dem werden wir Frieden schließen, wer aber Krieg will, mit dem werden wir Krieg führen. Ich schicke dir einen Gesandten und Gastfreund, laß uns Frieden schließen! Lasse die Unsrigen, die bei dir gefangen sind, frei ... Schicke uns schleunigst einen reitenden Boten! Seinen Gruß entbietend, schickt dieses Schreiben Zar Kutschum.«

Erst zwei Jahre später wurde klar, wie ernst der sibirische Khan sein Angebot gemeint hatte. Da Iwan IV. die Botschaft nicht beantwortete, schickte Kutschum zunächst kleine Horden und allmählich immer größere Heerscharen über den Ural. Sie hetzten die Eingeborenen an der Westseite des Gebirges gegen die Russen auf, überfielen Schiffe und Siedlungen der Stroganows, brannten Wälder, Salzsiedereien, Imkereien und Höfe nieder und tauchten 1574 sogar vor dem Familiensitz, der Festung Orjol, auf. An der Spitze der Horden stand Mahmetkul, ein Neffe Kutschums. Zwar gelang es ihm nicht, Orjol zu erobern, aber er plünderte gründlich die Umgebung und verschleppte zahlreiche Angestellte der Stroganows als Sklaven. Bei den Überfällen wurde auch ein Gesandter des Zaren erschlagen.

Diese veränderte Situation zwang die Stroganows, weiträumiger zu denken und zu planen. Nicht nur das Permer Land stand zur Debatte – jetzt war die »sibirische Frage« akut geworden. Konnte es eine Kaufmannsfamilie – auch wenn sie über Macht und Geld verfügte – wagen, sich gegen den Zaren von Sibirien zu stellen, den Herrn über einige Tausend, wenn nicht über Zehntausende tapferer Reiter?

Die Stroganows wagten es. Allerdings vergewisserten sie sich vorher der Unterstützung durch den russischen Zaren. 1574 erhielten sie von Iwan IV. eine neue Urkunde, die ihnen für zwanzig Jahre alles Land hinter dem Ural verlieh. Gemeint waren mit der »sibirischen Ukraina« vorwiegend die Gebiete an Ob und Tobol, in denen Kutschum herrschte, sowie das Land Mangaseja. Die Stroganows sollten mit ihren Kriegern Khan Kutschum schlagen, den Weg nach Sibirien freikämpfen und damit den lukrativen Pelzhandel sichern. Eine rein wirtschaftliche Motivation also! – Die Stroganows wurden zu den ersten osteuropäischen Kolonialherren ernannt, noch ehe sie Sibirien erobert hatten.

3
Kosaken gegen Khan Kutschum

»Eine Bande von Landstreichern, teils von roher Habgier besessen, teils von edler Ruhmsucht bewogen, eroberte ein neues Reich für Rußland und entdeckte eine zweite ›Neue Welt‹ für Europa, die zwar unbevölkert und kalt, aber mit allem Lebensnotwendigen versehen und durch die Mannigfaltigkeit, die Größe und den Reichtum der Natur ausgezeichnet ist; wo Metalle und Edelsteine im Schoß der Erde liegen, wo im Dickicht dunkler Wälder Pelztiere hausen und die Natur die weiten Steppen mit wildem Korn besät, wo schiffbare Flüsse, große, fischreiche Seen und blühende, von hohen Pappeln beschattete Täler arbeitsame Bewohner erwarten. – Drei Kaufleute und ein landesflüchtiger Räuberhauptmann von der Wolga wagten, ohne Befehl des Zaren, im Namen Iwans Sibirien zu erobern.«

Nikolaj Karamzin (1766–1826), Lyriker und Historiker, berühmt durch seine *Briefe eines russischen Reisenden* und seine *Geschichte des russischen Staates*, war als offizieller Historiograph des Zaren nicht der erste, der beim Erzählen der Geschichte von Jermak, dem Kosaken-Ataman, ins Schwärmen geriet und im Detail seine Akzente sehr staatsbewußt setzte. Wer waren die habgierigen Landstreicher, wer war der ruhmsüchtige Räuberhauptmann, der am 1. September 1581 mit 800 Kosaken und Soldaten nach Sibirien aufbrach, um die zweite Neue Welt zu erobern?

Man muß sich daran gewöhnen, die Geschichten der Dichter und Chronisten kritisch zu betrachten. Das gilt vor allem für den Hauschronisten der Stroganows, der den Zug Jermaks über den Ural mit der Spritzpistole des Zuckerbäckers geschrieben zu haben scheint. Aber selbst hinter seinem Pathos, selbst hinter den romantischen Verzierungen der Kosakenlieder und hinter den Mythen, die das russische Volk mit viel Liebe von Generation zu Generation überliefert hat, spürt man jene Art von Energie, die den Abenteurer und »Räuber« erst zum Entdecker und Eroberer macht.

Jermak Timofejewitsch stammte von der Tschussowaja. Angeblich war sein Vater vor den Schergen des Zaren in die dichten Urwälder am Fuße des Urals geflohen. Der kräftige Junge zog aber bald an den Don und schloß sich den Kosaken an. Nun war es leicht, zum Räuber gestempelt zu werden: Kämpften die Kosaken auf der Seite des Zaren, waren ihre Raubzüge gegen die Tataren und Türken willkommen und wurden reich belohnt. Herrschte in der großen Politik Waffenstillstand, stempelte man die gleichen Kosaken zu Gesetzlosen und sprach im Handumdrehen Todesurteile aus. Kosaken waren nun einmal Landsknechte von Beruf. Sie lebten vom Raub und konnten sich keinen Frieden leisten.

Einige dieser Todeskandidaten, die an der Wolga Handelsschiffe und Fähren, Gesandte und Kaufleute überfielen, gehörten später zu Jermaks sibirischem Expeditionskorps. Namen wie Iwan Kolzo oder Nikita Pan, Michailow oder Mestscherjak spielen in der Chronik als Adjutanten und Hundertschaftsführer eine Rolle. Jermak selbst war erst Ende der siebziger Jahre wieder auf die Don-Kosaken gestoßen, als sie gerade vor den Truppen des Zaren nach Norden flüchteten. Mit seiner Hundertschaft hatte er am Livländischen Krieg teilgenommen, war aber enttäuscht worden. Nach den ersten Niederlagen der russischen Truppen winkten hier wenig Ruhm und noch weniger Beute.

Der kräftige, redegewandte und respekteinflößende Jermak muß von den Flußpiraten, Räubern und Atamanen vom Don schnell als Führer anerkannt worden sein. Der Verlauf seines Feldzuges in das Khanat Sibir läßt darauf schließen, daß er als echte Entdecker- und Eroberernatur Umsicht, Klugheit und Organisationstalent mit Mut und Kampfkraft, aber auch mit der nötigen Brutalität und Skrupellosigkeit verband.

Jermak kannte den Norden besser als seine Gefährten, die an Steppen und Wüsten rund um das Kaspische Meer gewöhnt waren. Vermutlich hörte er von Flüchtlingen und Kaufleuten, daß die Stroganows tatkräftige und kriegserfahrene Männer suchten. Eine direkte Nachricht oder einen Brief der reichen Kaufmannsfamilie an den »Räuberhauptmann« hat man nie finden können. Erst viel später behauptete die Chronik der Stroganows, die Kosaken seien durch einen Brief dazu überredet worden, »ihr unwürdiges Handwerk aufzugeben, keine Räuber, sondern Krieger des Weißen Zaren zu sein, keine unrühmlichen Gefahren mehr zu suchen und sich mit Gott und Rußland auszusöhnen«. Der Chronist schreckt auch nicht vor der Behauptung zurück, Jermak und seine rauhen Gesellen seien zu Tränen gerührt worden:

»Der Gedanke, durch ehrenvolle Taten, durch Verdienste um den Staat den Bann von sich abzustreifen und den Namen kühner Räuber in den Ruf mutiger Vaterlandsverteidiger zu verwandeln, rührte diese rohen, aber gegen die Stimme ihres Gewissens noch nicht verhärteten Gemüter. Am Ufer der Wolga erhoben sie ihr Panier, riefen Mannschaften herbei, brachten 800 wackere Kämpfer zusammen und kamen am 24. Juni 1579 mit großer Freude und zur Freude der Kaufleute bei den Stroganows an . . . Die Hetmane garantierten für das christliche Gebiet. Die Ungläubigen zitterten; wo sie sich zeigten, fanden sie den Untergang.«

In Wirklichkeit waren die Stroganows vermutlich froh, daß der wilde Kosakenhaufen das Permer Land nicht plünderte. Niemand hätte sie in dieser abgelegenen Ecke des russischen Reiches aufhalten können. Jermak muß schnell erkannt haben, wie günstig die Gelegenheit war, vom Vogelfreien zum staatlich anerkannten Heerführer aufzusteigen. Er beschäftigte seine Krieger in den Urwäldern der Umgebung, ließ sie aufständische Tscheremissen, Wotjaken und Tataren jagen und warb deutsche und litauische Kriegsgefangene an, die von der livländischen Front an den Ural verschleppt worden waren. Die Truppe wuchs auf über 800 »von Eifer und Freudigkeit beseelte Männer« an, schreibt die Chronik. »Die einen verlangte es nach Ehre, die anderen nach Beute. Die Kosaken vom Don hofften auf die Gnade des Zaren, die deutschen und litauischen Gefangenen kämpften für ihre Freiheit, denn man hatte versprochen, sie freizugeben, falls der Feldzug erfolgreich sein werde. Sibirien schien ihnen der Weg ins liebe Heimatland zu sein.«

Als Generalprobe wurden die Hundertschaften Jermaks an die Tschussowaja geschickt, wo ein Mursa Beguly mit rund 700 Wogulen und Ostjaken einen Aufstand angezettelt hatte. Am 22. Juli 1581 waren die Eingeborenen geschlagen und ihr Anführer gefangen. Das Kosakenheer schien für größere Taten gerüstet zu sein! Am 1. September stiegen Jermak, sein Adjutant Iwan Kolzo und etwas mehr als 800 Mann in die Boote, verstauten Munition und Proviant und fuhren die Tschussowaja aufwärts, dem Ural entgegen.

Der Feldzug ins Khanat Sibir ist von zahlreichen Historikern, Dichtern, Chronisten und Schriftstellern nacherzählt worden. In vielen Details gibt es Abweichungen oder Übertreibungen. Einigermaßen sicher sind lediglich die Route, einige Daten und Schlachtbeschreibungen sowie die Tatsache, daß der Khan Kutschum aus seiner Hauptstadt Isker oder Sibir vertrieben wurde.

Die Boote Jermaks fuhren zunächst die Tschussowaja aufwärts, bis der Fluß so reißend und felsig wurde, daß sie über Land getragen werden mußten. Dann war auch das nicht mehr möglich – zu eng und steil schlängelten sich die Gebirgspfade durch den Ural. Noch hundert Jahre später sollen Reisende, die dem »Sibirischen Weg« folgten, Überreste der Jermak-Schiffe gesehen haben.

Auf der anderen Seite des Gebirges bauten die Kosaken neue Kähne und fuhren nun flußabwärts. Sie hatten die Tura erreicht und bewegten sich bereits auf dem Territorium des sibirischen Khans. Bald muß es zu den ersten Scharmützeln gekommen sein. Vermutlich beschossen Vasallen Kutschums die russischen Boote von den felsigen Ufern aus mit Pfeilen. Es gab Verluste, und zur Vergeltung ließ Jermak Siedlungen niederbrennen und plündern. Die Eingeborenen liefen meist nach einer Salve aus den primitiven Flinten, mit denen ein Teil der deutschen und litauischen Söldner ausgerüstet war, erschrocken davon. Die Donnerbüchsen erzielten ähnliche Erfolge wie in Amerika.

Als die Tura im Herbst zufror, überwinterte das Heer auf dem Gebiet des heutigen Tjumen, wo sich damals die Ruinen einer alten tatarischen Siedlung befanden. Erst im Mai 1582 konnte der Feldzug fortgesetzt werden. Die Boote wurden ausgebessert, und bald erreichte man den Tobol. Nun ging es Schlag auf Schlag:

Kutschum schickte ein Heer von tributpflichtigen Eingeborenen und wenigen zuverlässigen, kampfstarken Tataren gegen Jermak. Mit einigen Schüssen wurden sie auseinandergejagt. Vermutlich hatten die heidnischen Untertanen des mohammedanischen Khans wenig Interesse, ihr Leben aufs Spiel zu setzen.

Am 21. Juli endete die zweite Schlacht am Tobol unentschieden: Kutschum hatte seine Boten mit vergoldeten Pfeilspitzen ausgeschickt und ein Reiterheer versammelt, das aus mindestens 10000 Tataren und Nogaiern bestand. Der Ruf eines Erben Dschingis-Khans mobilisierte noch einmal die sibirischen Steppenvölker. Unter Führung von Mahmetkul, dem Sohn des Khans, trieben jene Tausendschaften Jermaks Söldner in die Enge. Sie mußten auf ihre Boote fliehen, entkamen aber ohne größere Verluste.

Am 1. Oktober 1582 griff Mahmetkul mit seinen Reitern die Kosaken an der Mündung des Tobol in den Irtysch erneut an. Diesmal wurden die Tataren von den Kosaken in die Flucht geschlagen. Aber Kutschum hatte sich mit seiner Hauptmacht vor Isker verschanzt. Jermak mußte sich entscheiden: Schon waren die Tage kalt geworden. Rauhreif lag über der Steppe. Bald würde der Fluß zufrieren. Man mußte ans Überwintern denken.

Am 23. Oktober traten die Russen deshalb zum Generalangriff an. An mehreren Stellen durchbrachen sie die Befestigungen. Trotz ihrer zehn- oder zwanzigfachen Überlegenheit ließen sich die Tataren und ihre Vasallen immer wieder durch Salven aus den unbekannten Feuerwaffen verwirren. Dann wurde Mahmetkul, der Sohn Kutschums, verwundet, und weil der Khan wegen eines Augenleidens, das wenig später zur völligen Erblindung führte, den Überblick verlor, flüchteten seine Truppen in die Steppe. Am 26. Oktober besetzte Jermak Isker, die Hauptstadt des Khanates Sibir. Seine Truppe war auf rund fünfhundert Krieger zusammengeschmolzen, die jetzt in den Holz- und Lehmhäusern reiche Beute fanden. Bald unterwarfen sich auch die ersten Häuptlinge der Ostjaken- und Kirgisenstämme freiwillig und brachten als Tribut Proviant und Pelze. Der strenge Winter hatte für die Kosaken jeden Schrecken verloren.

Aber Kutschum-Khan war noch längst nicht besiegt. Er hatte nur seine Taktik geändert. Im Frühjahr 1582, als die Schneestürme nachließen, durchstreiften wieder Tatarenhorden das Land. Sie überfielen kleinere russische Trupps, wiegelten die Eingeborenen auf und suchten Verbündete für die »Befreiung« Sibiriens. Aber noch stand das Glück auf Jermaks Seite: In einem kühnen Handstreich gelang es ihm, mit sechzig seiner verwegensten Kosaken wie in alten Räubertagen nachts in das Lager eines starken tatarischen Heeres zu schleichen. Die Russen richteten ein Blutbad an und jagten die Überlebenden auseinander. Mahmetkul, der Sohn Kutschums, wurde gefangen und diente als wertvolle Geisel.

Nun hatte Jermak endlich Zeit, das gesamte sibirische Khanat zu unterwerfen. Er zog den Irtysch aufwärts bis zum Ob, unterstellte einen Stamm nach dem anderen dem Zaren, sammelte Tribute ein und kehrte dann, mit Pelzen beladen, nach Isker zurück.

Noch im gleichen Herbst, bevor die Ural-Pässe vereisten, schickte der siegreiche Kosaken-Ataman seinen Adjutanten Iwan Kolzo mit einigen Boten nach Moskau. Das war ein Risiko, denn der Zar hatte Kolzo rechtskräftig zum Tode verurteilt. Aber Jermak schätzte die Lage richtig ein: Die guten Nachrichten aus Sibirien und mehr als zweitausend Zobel-, Biber- und Schwarzfuchsfelle stimmten Iwan den Schrecklichen milde. Er begnadigte Kolzo und die anderen Geächteten, beschenkte den Adjutanten des »Fürsten von Sibirien«, wie er Jermak nannte, und schickte den Woiwoden Bolchowskij mit dreihundert Schützen, Munition und Vorräten auf den Weg nach Isker. Iwan Kolzo mußte als Geschenk für seinen Ataman eine vergoldete Rüstung über den Ural mitschleppen.

Während Kolzo noch vor Einbruch des Winters in Isker eintraf, mußte der Woiwode mit seinen Schützen im Lande Perm überwintern. Erst im nächsten Frühjahr erreichte er die Residenz Jermaks. Allerdings war die Truppe des Zaren von den Strapazen stark dezimiert und geschwächt. Skorbut und eine Grippeepidemie breiteten sich auch in Isker aus, und die Schar der Kosaken schmolz zusammen.

Gleichzeitig verstärkte sich der Widerstand der Eingeborenen. Kutschum organisierte neue Überfälle, weil sein Sohn Mahmetkul auf Befehl des Zaren nach Moskau geschickt worden war. Als erster wurde Iwan Kolzo mit 40 Kosaken in einen Hinterhalt gelockt und getötet. Aufgestachelt von diesem Erfolg über die »unbesiegbaren« Kosaken, schlossen sich Tataren, Kirgisen und Ostjaken zusammen und belagerten drei Monate die Stadt Isker. Nur der Autorität Jermaks war es zu verdanken, daß die Moral der hungernden Verteidiger nicht zusammenbrach. Durch einen tollkühnen Ausbruch konnte der Ataman den Belagerungsring sprengen und die vereinigten Stämme vernichtend schlagen. Noch einmal gelang es ihm, die Häuptlinge zum Treueeid auf den Zaren zu zwingen und Tribute einzunehmen. Die Stadt Isker wurde ausgebaut und entwickelte sich zu einem blühenden Marktflecken, auf dem sich sogar die ersten Karawanen aus Zentralasien einfanden. Aber die Zeit arbeitete gegen Jermak. Seine Vorräte an Pulver und Blei gingen zu Ende. Die Aufstände des Frühjahrs hatten die Truppen dezimiert. Fürst Bolchowskij und viele andere waren dem Skorbut zum Opfer gefallen. Die Eingeborenen warteten nur auf die ersten Anzeichen von Schwäche, und in der Steppe lauerte immer noch Kutschum, alt und blind, aber immer noch ungebrochen – ein würdiger Nachfahre Dschingis-Khans.

In der Nacht vom 4. auf den 5. August 1584 kam das unvermeidliche Ende für Jermak. Der Ataman, bisher taktisch ohne Fehler, lief in eine plumpe Falle Kutschums. Der alte »Adler der Steppe« streute das Gerücht aus, er werde eine große Karawane, die sich auf dem Weg nach Isker befinden sollte, überfallen und ausrauben. Daraufhin ruderte Jermak den Kaufleuten aus Buchara mit 50 Kosaken entgegen, um sie zu beschützen. Als keine Karawane auftauchte, übernachteten die Kosaken auf einer kleinen Insel, die nur durch einen schmalen Flußarm vom Ufer getrennt war. Nachts wurden sie überfallen und erschlagen. Nur ein Kosak entkam. Jermak soll vom Klirren der Schwerter aufgeschreckt worden sein. Er schlug um sich und sprang in den Fluß. Aber bevor er ein Boot erreichen konnte, zog ihn die schwere Rüstung in die Tiefe. Ein Geschenk des Zaren wurde dem freien Kosaken und geächteten Räuber, der zum Statthalter Moskaus und Fürsten von Sibirien aufgestiegen war, zum Verhängnis. Das Ende Jermaks deutet gleichnishaft das spätere Ende des Kosakentums an.

Viele Legenden ranken sich um die Rüstung des großen Eroberers, die in manchen Versionen vergoldet, in anderen eisern, lediglich mit Kupfer beschlagen und durch einen goldenen Adler auf der Brust verziert war. In Liedern und Märchen erheben mehrere Tataren und Eingeborenenfürsten den Anspruch, Jermaks Leiche aus dem Irtysch gezogen zu haben. Noch jahrzehntelang soll die Rüstung ihren Trägern wundersame Kräfte verliehen haben, eben die legendäre Kraft und Energie des Atamans vom Don.

Wie stark die Eroberung Sibiriens von der Persönlichkeit Jermaks bestimmt war, läßt sich an den folgenden Ereignissen ablesen: Die Nachricht vom Tode ihres Führers lähmte die Besatzung von Isker, die auf rund 150 Mann zusammengeschmolzen war. Am 15. August 1584 verließ sie panikartig die sibirische Hauptstadt und plünderte auf dem Rückweg nach Rußland noch zahlreiche Eingeborenendörfer. Bei den blutigen Rückzugsgefechten wurde auch Matwej Mestscherjak, einer der ältesten und treuesten Kampfgefährten Jermaks, getötet. Ohne Führer hatten sich die »Konquistadoren« vom Don, die Räuber, Piraten, Söldner und Kriegsgefangenen, wieder in haltlose Marodeure verwandelt.

Sibirien schien wieder verloren. In Isker setzte sich Alei, ein Sohn Kutschums, fest, während der »Adler« in der heimatlichen Steppe blieb. Aber die Völker zwischen Ural und Ob, zwischen dem Nordmeer und den heißen Steppen Zentralasiens lieferten sich dem »Weißen Zaren« selbst aus: Seidak, ein Neffe des von Kutschum ermordeten Sultans Etiger, sammelte in Buchara neue Horden und vertrieb Alei. Kirgisen, Ostjaken, Tataren und Nogaier befehdeten sich gegenseitig. Der Stern Kutschums verglühte allmählich in den weiten Steppen und im Dunkel der Taiga. Mit ihm ging auch die große Zeit der Nomadenvölker zu Ende. Kein Dschinghis-Khan, Schaiban, Timur oder Batu-Khan einte mehr die Stämme, erzwang Disziplin und beflügelte die Kampfmoral. Die neuen »Feuerpfeile« der Europäer setzten sich immer leichter gegen Pfeil und Bogen durch.

Das Tor nach Sibirien war endgültig geöffnet. Schon 1584, noch bevor die Nachricht vom Tode Jermaks nach Moskau gelangt war, hatte der Zar den Woiwoden Mansurow mit 100 Schützen über den Ural geschickt. In den nächsten Jahren folgten die Woiwoden Sukin und Tschulkow mit immer größeren Truppenkontingenten. Sukin errichtete an der Tura den ersten Ostrog und nannte ihn Tjumen. Diese Festung, die von hölzernen Wachttürmen und hohen Palisaden umgeben war, befand sich an der gleichen Stelle, an der Jermak zum erstenmal überwintert hatte. Den zweiten Ostrog baute Tschulkow am Zusammenfluß von Irtysch und Tobol, ganz in der Nähe von Isker. Aus dieser Festung entwickelte sich später die Hauptstadt von Westsibirien, Tobolsk.

Die Woiwoden besiegten einen Fürsten nach dem anderen. Sie lockten Seidak in einen Hinterhalt, unterwarfen Wogulen, Ostjaken und alle anderen Völker der Waldzone. 1594 bauten die Russen auch in den Steppen Kutschums einen Ostrog und schickten Truppen aus, um den alten Adler endlich zu fangen. 1200 Reiter und 500 Mann Infanterie hatte Boris Godunow, der jetzt im Kreml regierte, über den Ural geschickt. Der neue Woiwode von Tara, dem südlichsten Ostrog, war sogar mit Kanonen ausgerüstet. Trotzdem weigerte sich der Tataren-Khan, den Kampf aufzugeben. Er lehnte sogar ein Angebot des Zaren ab, wieder Khan von Sibirien zu werden, sofern er die russische Oberhoheit anerkenne. »Ein Steppenadler bequemt sich nicht in eine Hundehütte«, antwortete Kutschum, ritt in die Barabas-Steppe und mobilisierte sein letztes Aufgebot. 1597 kam es bei Tara zur Schlacht. Mit dem Mut der Verzweiflung ritten die Tataren gegen die Kanonen der Russen an. Vor den Palisaden des Ostrogs häuften sich die Leichen der tapferen Reiter. Dann traten die Kosaken zum Gegenangriff an und trieben die Reste von Kutschums Heer in den Ob. Fast alle Söhne und Töchter des Khans wurden gefangen und nach Moskau gebracht. Boris Godunow stattete sie großzügig mit Erbgütern aus und bot ihrem Vater ebenfalls an, als Gast nach Rußland überzusiedeln. Wie die Chronik berichtet, antwortete der geschlagene Khan: »Ich bin nicht gekommen, als ich noch ein Mensch war. Jetzt bin ich blind, taub und alt. Ich sterbe auf meiner Erde.«

Kutschum flüchtete mit seinen letzten drei Söhnen den Ob aufwärts, erreichte die Steppe und irrte von Lagerfeuer zu Lagerfeuer. Keiner der Stämme, die ihn früher gefürchtet oder bewundert hatten, wollte sich den Zorn der neuen Machthaber, der russischen Woiwoden, zuziehen. Irgendein gedungener Mörder oder Steppenräuber stieß ihm irgendwann im Winter des Jahres 1598 einen Dolch in den Rücken. Der letzte Dschingis-Khanide und legitime Herrscher von Sibirien war aus dem Wege geräumt. Der Zar konnte die reichen Gebiete östlich des Ural annektieren.

4
Die Helden des Wilden Ostens

»Sibir – schlafendes Land« nannten die Tataren das Tiefland zwischen Ural und Jenissei. Als sie aus den Steppen und Wüsten Zentralasiens nach Norden vorgestoßen waren, hatten sie in der geographischen Zone der Waldsteppe zunächst saftige Wiesen gefunden, von dichten Laubwäldern durchsetzt und bewässert von fischreichen Strömen. Hier gab es im Überfluß Wasser, das Gold der Nomaden. Und niemand konnte ihnen die neuen Jagd- und Weidegründe streitig machen. Die wenigen Eingeborenenstämme verloren sich in den Niederungen des Ob, Irtysch oder Tobol. Andere zogen sich weiter nach Norden in die undurchdringliche Taiga und in die unwirtliche Tundra zurück. Es waren primitive Fischer, Jäger oder Rentiernomaden, kaum der Steinzeit entwachsen, allenfalls als Tributzahler interessant.

Nachdem die Kosaken Jermaks und die Woiwoden des Zaren endgültig die tatarische Herrschaft gebrochen hatten, änderte sich an den sibirischen Verhältnissen wenig. Die Wogulen, Ostjaken und Samojeden hatten den Jassak nicht mehr an Kutschum, sondern an die Moskauer Beamten zu entrichten. Unaufhaltsam zogen die russischen Truppen am Ob entlang nach Norden. Neue Ostrogs entstanden, und ein Häuptling nach dem anderen unterwarf sich den Eroberern. 1592 wurde Pelym gegründet, 1594 Berjosow, das in der Folgezeit zum Ziel zahlloser Verbannter werden sollte, 1595 Obdorsk und 1601 Mangaseja.

Nicht immer verlief die sibirische Landnahme reibungslos: 1595 erhoben sich die Ostjaken und belagerten Berjosow. Aber sie wurden von Truppen, die eilends aus Tobolsk anrückten, auseinandergetrieben. Auch die Kosaken-Expedition, die im Jahre 1600 auf der Suche nach dem sagenhaften Land Mangaseja durch die Tundra östlich des Ob zog, wurde von Samojeden überfallen und fast aufgerieben. Nur wenige Überlebende fanden die Siedlungen der Pomori, der Seefahrer, und konnten einen Ostrog bauen, der zum Mittelpunkt der neuen Stadt wurde.

Mangaseja erlebte in der ersten Hälfte des 17. Jahrhunderts eine Blütezeit: Die Schiffe der russischen, englischen und holländischen Kaufleute drängten sich in der Bucht der Tas-Mündung und verluden Waren, die zum Teil über den Jenissei oder Ob aus Zentralasien gekommen waren. Andere tauschten bei den Eingeborenen gegen bunten Tand, Kupfer- und Eisenwaren oder Alkohol kostbare Felle. Die Umsätze stiegen enorm – in manchem Sommer, wenn das Packeis an den nordsibirischen Küsten aufgebrochen war, lagen einige hundert Pomori-Schiffe vor der Stadt, die man bald »die Goldene« nannte.

Aber der Ruhm verging so rasch, wie er gekommen war: Schon im Jahre 1619 verbot der Zar durch eine Verordnung den direkten Handel zwischen Mangaseja und Nordeuropa, der nach Schätzungen damals größer gewesen sein muß als der gesamte russische Außenhandel. In Zukunft sollten die Waren durch die Hände der zaristischen Beamten gehen, die einen Teil davon nach Moskau umleiten würden. Die Schifffahrtsroute durch das Nordpolarmeer wurde blockiert, die Stadt im Jahre 1678 sogar bis auf die Grundmauern zerstört. Eine Geisterstadt in der Tundra! Noch einige Jahrzehnte lebte sie in den Erzählungen der Eingeborenen. Dann waren die Ruinen verwittert und schließlich von weißen Rentiermoosen überwuchert. Als der Ort im Jahre 1967 von einem russischen Schriftsteller und einem Arktis-Jäger, die den Spuren der Pomori mit Hilfe alter Seekarten und vager Berichte gefolgt waren, wieder entdeckt wurde, erhoben sich auf den Überresten hohe Birken, windschiefe Lärchen und dichte Wacholderbeersträucher. Die beiden Amateur-Archäologen fanden alte Münzen, Haushaltsgeräte und Taufkreuze. Aber sie konnten das Rätsel des Untergangs von Mangaseja nicht lösen. Noch heute weiß man nicht genau, wer die Stadt zerstört hat.

Mangaseja ist wohl der einzige Fall, in dem ein von Kosaken und Promyschlenniki (Händlern) gegründeter Ostrog spurlos in der sibirischen Wildnis verschwand. Meistens wurden aus den primitiven Blockhütten, die mit schützenden Palisaden verbunden waren und oft an wichtigen Flußübergängen standen, schnell ansehnliche Handelsniederlassungen und Städte mit festen Garnisonen, soliden Kaufmannshäusern, Kirchen und Gefängnissen. Das gilt für Tjumen und Tobolsk ebenso wie für Tomsk (1604 gegründet), Jenisseisk (1619) oder Krasnojarsk.

Mit der Gründung von Krasnojarsk war die erste Etappe der Eroberung jener endlosen »Neuen Welt« im Osten abgeschlossen. Man zählte das Jahr 1627. Rund fünfundvierzig Jahre waren vergangen, seit Jermak von den Bergen des Ural zum erstenmal die westsibirische Tiefebene erblickt hatte. In fünfundvierzig Jahren war das Zarenreich um drei Millionen Quadratkilometer gewachsen, und niemand ahnte, daß damit erst ein Fünftel jenes unerschöpflichen Reservoirs erschlossen war, das Raum für eine halbe Milliarde Menschen bietet, im 16. und 17. Jahrhundert aber nur von 70 bis 80 Eingeborenenstämmen bewohnt wurde, die zusammen höchstens einige Millionen zählten.

Wie sah das Land aus, das man noch im 20. Jahrhundert das »letzte große Pioniergebiet außerhalb der Tropen« nannte? Ein breiter Streifen Sibiriens, das mit seinen 15 Millionen Quadratkilometern nur wenig kleiner ist als Kanada und die Vereinigten Staaten von Amerika zusammen, gehört zur Polarregion jenseits des nördlichen Polarkreises. Dieser russische Dauerfrost-Gürtel beginnt im europäischen Teil an der Halbinsel Kola, zieht sich bis zum Ural hin (in dieser Gegend liegt das berüchtigte Zwangsarbeiter- und Kriegsgefangenengrab Workuta) und setzt sich im asiatischen Teil der heutigen Sowjetunion über die Mündungen von Ob, Jenissei, Lena, Jana, Indigarka und Kolyma bis zur Tschuktschen-Halbinsel fort. Neun bis zehn Monate im Jahr bedecken Schnee und Eis die Tundra. Nur Moos und Flechten wachsen auf dem fast ständig gefrorenen Boden. Im südlichen Bereich klammern sich genügsame Birken und verkrüppelte Lärchen mit flachen Wurzeln an die Erde, die nur in zwei oder drei Sommermonaten bis zu einem Meter auftaut und dann weite Flächen in unwegsamen Morast verwandelt.

Rentiere, Robben, Walrösser, Wasservögel und Fische boten von jeher den Samojeden, Tungusen, Jakuten oder Ostjaken nur eine schmale Basis zum Überleben. Aber das kalte, polare Klima, in dem bei Werchojansk an der Jana, dem Kältepol der Erde, mehr als minus 70 Grad gemessen wurden, ist nicht ungesund. Wenn im Winter »die Sterne flüstern«, weil der Atem von Mensch und Tier knisternd zu winzigen Kristallen gefriert, sterben die Bazillen ab. Und so lockte das Land im hohen Norden, das über immense Reichtümer verfügt, von Anfang an viele Pioniere, Abenteurer und Siedler an.

Übervölkert wurde es dabei nicht: Ein Gebiet wie Jakutien, zwölfmal so groß wie die Bundesrepublik, muß noch heute mit einer Million Einwohnern auskommen. Und im Nationalgebiet der Ewenken, wie die Tungusen heute heißen, das immerhin noch dreimal so groß wie die Bundesrepublik ist, leben ungefähr vierzigtausend Menschen.

Auch südlich der Tundra schließt sich kein Paradies an. Hier erstreckt sich die Taiga, ein Meer aus Bäumen. Hunderte, Tausende von Kilometern, nur unterbrochen von den breiten, sibirischen Strömen, wiegen sich die Spitzen der Tannen, die Kronen der hundertjährigen Zedern und Ulmen im Wind. Ein Teppich aus Nadeln und Blättern, der seine Farben je nach der Jahreszeit vom leuchtenden Grün zum flammenden Rot wechselt, verdeckt das Chaos unter seinen Zweigen: undurchdringlichen Dschungel aus dornigem Gestrüpp. Gefällte Urwaldriesen, die – von Schlingpflanzen überwuchert – vor sich hinfaulen. Moosbänke, in die man bis zu den Schultern einsinkt. Mannshohe Schachtelhalme tarnen heimtückisch Moore und Sümpfe, aus denen Myriaden von Mücken, Moskitos und zu bestimmten Jahreszeiten auch die berüchtigten »Moschkos« aufsteigen, jene lästigen, blutsaugenden Fliegen, die sich wie Egel in die menschliche Haut bohren.

Wasser, das Gold der Steppe und Wüste, wird in der Taiga zum Fluch. Es verteidigt hartnäckig alle Reichtümer: die gewaltigen Holzvorräte und den »weichen Plunder«, wie man die kostbaren Felle der Pelztiere zärtlich nannte. Millionen Zobel, Hermeline und Eichhörnchen sollten von den Pfeilen, Kugeln oder auch nur Knüppeln der eingeborenen oder russischen Jäger erlegt werden.

Aber viele dieser Abenteurer, die ihr »Dorado« im Osten suchten, die im freien Land hinter dem Ural schnell reich werden wollten, tauchten für immer im Dunkel der Taiga unter. Eine undurchdringliche Mauer aus meterdicken Stämmen schloß sich hinter ihnen, wies jegliche Zivilisation ab. Auf der Jagd nach dem Gold der Taiga wurden Kosaken und Kaufleute selbst zu Gejagten, zur Strecke gebracht von den Pfeilen aufgeschreckter Ostjaken, die ihre Götzen und heiligen Haine verteidigten, gefällt von den Prankenhieben geschmeidiger Schwarzbären, zerrissen von hungrigen Wölfen, die sich zu Hunderten zusammenrotteten, bevor Scharfschützen des 20. Jahrhunderts aus Hubschraubern ihre Reihen lichteten.

Die Reichtümer Sibiriens schienen unermeßlich zu sein. Tonnenweise fischten die Kosaken Störe, Renken und Lachsforellen aus dem Ob. Noch im 19. Jahrhundert machte man bei dem Dorf Belogorje folgende Entdeckung: Ein Schwarm Fische war vom Winter überrascht worden. Das Wasser fror wie gewöhnlich bis zur Dicke eines Gletschers – die Hechte und Nerflinge lagen auf dem Trockenen. Als sie im Frühjahr auftauten, bedeckten sie das Ufer in einer Länge von fast fünf Kilometern. Der Fischberg war rund zehn Meter breit und mehr als einen Meter hoch.

Die Natur, relativ leicht zu schürfende Schätze und kaum zaristische Behörden – das waren für die ersten Kosaken die entscheidenden Vorteile des neuen Landes. In Rekordzeit hatten sie das versumpfte, landschaftlich reizlose Westsibirien erobert. Aber ebenso schnell folgten ihnen die Woiwoden des Zaren. Der Pelzhandel wurde zum Staatsmonopol erklärt. Selbst die Initiatoren der Eroberung Sibiriens, die Stroganows, erhielten keine Sonderrechte mehr. Und über den Ural ergoß sich ein Strom von Abenteurern, Siedlern und entlaufenen Leibeigenen. Echte Pioniere fühlten sich sofort beengt – die Grenze rückte weiter nach Osten.

Bereits der Weg zum Jenissei war schwer gewesen. »Hier zu reisen ist eine Strapaze«, schrieb noch im 19. Jahrhundert der russische Dichter Tschechow. Und er fuhr fort: »Eine fürchterliche Strapaze, und man wird noch niedergeschlagener, wenn man bedenkt, daß diese häßliche, entsetzliche Straße, diese schwarze Folter, die einzige Verkehrsader ist, auf der die Zivilisation nach Sibirien dringen kann!« Tschechow sah aus seiner Kutsche endlose Ebenen, verkrüppelte Birken, trübe Tümpel, verschlammte Seen, Schnee noch im Mai und die trostlosen, verlassenen, glitschigen Ufer der zahllosen Nebenflüsse des Ob, elend schlechte Straßen, riesige Überschwemmungen ...

Erst der Anblick des Jenissei entlockte dem Dichter den Ausruf: »Die Bewunderer der Wolga mögen mir verzeihen, aber ich habe in meinem ganzen Leben noch keinen majestätischeren Strom gesehen als den Jenissei.«

Die Kosaken des 17. Jahrhunderts reagierten auf die landschaftlichen Schönheiten Sibiriens weniger romantisch. Für sie waren der Jenissei wie später die Lena, Jana oder Kolyma bequeme Verkehrswege durch die ansonsten schier undurchdringliche Taiga. Im Sommer stießen sie mit ihren flachen Flußbooten nach Osten vor. Im Winter bevorzugten sie den Schlitten. Niemand wußte, welche Überraschungen hinter der nächsten Flußbiegung lauerten. Niemand ahnte, wo die Entdeckungsreise enden oder wie lange sie dauern würde. Zeit schien keine Rolle zu spielen.

Jahrelang blieben manche Expeditionen verschollen, ehe sie mit sensationellen Berichten über neuentdeckte Gebiete, in denen es von Pelztieren wimmelte, wiederauftauchten, oft von kriegerischen Eingeborenen, vom Skorbut oder von anderen Strapazen dezimiert. Aber immer, wenn eine Hundertschaft oder auch nur ein Bruchteil davon zurückkehrte, brachte sie reichen Jassak mit, den Tribut sibirischer Stämme, die sie für den Zaren unterworfen hatten.

So schob sich die Grenze des russischen Reiches immer

weiter nach Osten vor. Schon 1632 wurde die Lena entdeckt, nach Ob-Irtysch und Jenissei-Angara-Selenga das dritte gewaltige Flußsystem, das seine Fluten in das Nordpolarmeer wälzt. Der Kosak Iwan Rebrow erreichte 1636 die Indigarka, Kurbat Iwanow, ebenfalls Kosak, stand 1643 am Baikalsee, dem »Heiligen Meer« der Mongolen. Vielleicht vermutete er zunächst, das Meer erreicht zu haben, denn im kalten klaren Wasser tummelten sich Scharen arktischer Seehunde (Nerpas), die sonst nur Tausende von Kilometern entfernt im Nordmeer vorkommen und dort sogar das Süßwasser der Flußmündungen meiden. Ein zoologisches Rätsel, bis heute ungeklärt! Iwanow interessierten weder Zoologie noch Statistiken. Er wußte nicht, daß der Baikalsee rund 18 Prozent aller Süßwasservorräte enthält, mit 1700 Metern der tiefste See der Welt ist und mit 31 500 Quadratkilometern die Größe der Schweiz erreicht. Aber die Kosaken interessierten sich für die 50 Fischarten, die sie in ihren Netzen fanden, darunter der schmackhafte Omul, eine Lachsart, und bis zu zwei Meter lange Störe.

Zur gleichen Zeit wie Iwanow entdeckte Michael Staduchin die Kolyma. Ein Jahr später brach Pojarkow von Jakutsk aus zum Amur auf, und in der Zwischenzeit, von 1639 bis 1643, hatte Iwan Moskwitin das Ochotskische Meer an der Mündung des Flusses Ulja erreicht.

Rund sechzig Jahre nach dem Zug Jermaks war das »machtpolitische Vakuum« von insgesamt 15 Millionen Quadratkilometern durchmessen. Kein Hindernis schien die kosakischen Eroberer aufhalten zu können. Mit ihren primitiven Kotschen, die etwa 18 bis 20 Meter lang und rund vier Meter breit waren, wagten sie sich sogar auf das Nordpolarmeer und erreichten den Stillen Ozean. Kap Deschnjew heißt heute das östlichste Kap der Sowjetunion an der Beringstraße. Der Name soll an einen Kosaken erinnern, der im Jahre 1648 zum erstenmal – allerdings ziemlich unfreiwillig – nachgewiesen hat, daß keine Landverbindung zwischen Asien und Nordamerika besteht.

Semjon Iwanowitsch Deschnjew hat in einem Bericht an den Woiwoden von Jakutsk und später auch in einer Bittschrift an den Zaren Einzelheiten seiner abenteuerlichen Fahrt beschrieben. Knapp und lakonisch schreibt er:

»Im Jahre 1648 fuhren wir am 20. September von der Kolyma zu unserem Lager, und der Händler Fedot Alexejew wurde in einem Handgemenge von Tschuktschen verwundet, und Fedot und ich, Semeika, wurden auf dem Meer auseinandergetrieben, und ich, Semeika, wurde unter dem Schutz der Gottesmutter gegen meinen Willen über das Meer getrieben und vor der Mündung an einem Küstenvorsprung jenseits des Anadyr an Land geworfen. Wir waren auf unserem Schiff zusammen 25 Mann und gingen frierend und hungrig, unbekleidet und barfuß auf einen Berg und kannten keinen Weg. Und ich armer Semeika ging mit meinen Gefährten wohl zehn Wochen lang, bis wir an den Anadyr gelangten, und wir erreichten nahe dem Meer den Anadyr; wir konnten keine Fische fangen, es gab kein Holz, und wir Armen kamen alle vor Hunger beinahe um. Von 25 Leuten waren nur noch zwölf übrig. Also fuhren wir zwölf Mann zu Schiff den Anadyr aufwärts und kamen zu den Anaulen und nahmen im Kampf zwei Leute gefangen, ich erhielt eine gefährliche Wunde, und wir nahmen ihnen den Tribut ab.«

Und an einer anderen Stelle gibt Deschnjew einige kurze Beschreibungen von Meer, Inseln und Landschaft:

»Und vom Flusse Kolyma fuhren wir über das Meer an den Fluß Anadyr, und es gibt dort ein Kap, das weit ins Meer hinausragt, und gegenüber dem Kap liegen zwei Inseln, und auf diesen Inseln wohnen die Tschuktschen. Und dieses Kap liegt zwischen Nord und Nordost, und auf der russischen Seite ist das Kap daran zu erkennen, daß dort ein kleines Flüßchen hervorspringt und die Tschuktschen ein befestigtes Lager errichtet haben, dessen Türme aus Walknochen sind. Und das Kap zieht sich in einem Bogen nach dem Anadyr. Vom Kap bis zum Anadyr beträgt die Entfernung drei Tage und keinesfalls mehr, und von der Küste bis zum Flusse ist es nicht weit, weil der Anadyr in die Meeresbucht mündet.

Im vergangenen Jahr 1654 unternahm ich, Semeika, einen Zug nahe der Meeresküste, und ich, Semeika, hörte bei den Korjaken von einer Jakutenfrau etwas von Fedot Alexejew; und diese Frau erzählte, daß Fedot und ein Beamter Gerassim an Skorbut gestorben und die anderen Gefährten erschlagen worden seien, und es seien nur ganz wenige Leute übriggeblieben, die auf ihren Schiffen gemeinsam die Flucht ergriffen hätten, und wer weiß, wo sie hingekommen seien.«

Es lohnt sich, den Ereignissen, die hier nur sehr unvollständig wiedergegeben werden, nachzugehen. Welche Beweggründe trieben diese Kosaken und Kaufleute in die Wildnis und auf das unberechenbare Eismeer? Warum ertrugen sie jahrelang alle Strapazen, sahen fast täglich dem Tod ins Auge? – Wissenschaftlicher Forschungsdrang scheidet weitgehend aus. Männer wie Deschnjew oder Moskwitin kümmerten sich nicht um geographische Entdeckungen. Sie hatten keine Vorstellung von der Tragweite neuer Erkenntnisse, die sie – quasi als Abfallprodukt – der Nachwelt vermittelten. In dieser Beziehung unterscheiden sich die russischen Eroberer kaum von den Pizarros und Cortez der »Neuen Welt Amerika«. Auch sie jagten dem Golde nach, dem Gold der Taiga. In einem Land der unbegrenzten Möglichkeiten wollten sie möglichst schnell reich werden.

Mit Säbel und Hakenbüchse bahnten sich die ehemaligen Freibeuter der Steppe den Weg durch Urwälder und Eiswüsten. Hundert tote Eingeborene mehr oder weniger spielten dabei keine Rolle. Auf der Suche nach neuen Ländern und Völkern, die man ausplündern konnte, kreuzten Kosakentrupps sogar untereinander die Waffen. Wer zuerst kam, erzielte die größten Gewinnspannen beim Handel mit Tungusen oder Jakuten, mit Ostjaken und Tschuktschen.

Doch zurück zu Deschnjew: Auch er war zunächst nur einer von vielen Abenteurern und Glücksrittern, die sich der drückenden Leibeigenschaft im europäischen Teil Rußlands entzogen hatten und die relative, von tödlichen Gefahren bedrohte Freiheit Sibiriens vorzogen.

Wir kennen den nüchternen Bericht des Kosaken. Seit er vor rund dreihundert Jahren geschrieben wurde, haben Chronisten und Dichter emsig an der Legende vom »Entdecker des östlichsten Kaps in Asien« gewebt. Ein Kosak wurde zum Helden, zum Symbol für die »Leidensfähigkeit und übermenschliche Kraft des einfachen russischen Menschen«.

Rekonstruieren wir also die Fahrt um die Nordostecke Sibiriens und damit einen jener typischen Eroberungszüge des 17. Jahrhunderts, in denen Händler und Kosaken entscheidend dazu beitrugen, die Macht der Zaren von der Ostsee bis zum Stillen Ozean, vom Eismeer bis zum Amur auszudehnen.

Man schrieb das Jahr 1638, als der reiche Moskauer Kaufmann Ussow eine Handelskarawane nach Sibirien schickte. Er kannte die Gefahren und Risiken einer solchen Reise. Aber er wußte auch, daß nirgends so große Gewinne winkten wie auf den neuen Absatzmärkten zwischen Lena, Nordpolarmeer und »Großem Ozean«.

An die Spitze des Unternehmens stellte der Kaufmann erfahrene »Pomori«: den Ustjuger Luka Siwerow und Fedot Alexejew Popow aus Cholmogory, einem berühmten Dorf an der Nördlichen Dwina, in dem später auch Lomonossow geboren wurde. Beide müssen – sonst wären sie nicht ausgewählt worden – erfahrene Händler, Jäger und Seefahrer gewesen sein. Vermutlich kannten sie die russischen Wasserstraßen diesseits vom Ural und hatten auch das Eismeer bis Nowaja Semlja befahren.

Popow, der zwei Drittel der Waren übernommen hatte, traf im Juni 1641 in Jenisseisk und Anfang 1642 in Jakutsk an der Lena ein. Noch im gleichen Sommer rüstete er eine Handelsexpedition an den Olenjok aus.

Eine Urkunde, quasi die Handelserlaubnis, ausgestellt am 6. Juni 1642 von dem Jakutsker Zollbeamten Trubnikow, gibt über das Warenlager des Moskauer Händlers Auskunft: Er nahm 11500 kg Roggenmehl mit, 65 kg Bronzekessel, etwa 30 kg Zinngeschirr, 72 Meter Tuche, 50 Halsbänder mit kleinen Glöckchen, zehn Pfund Glasperlen und 72 Meter Leinwand. Dazu kamen noch Jagd- und Fanggeräte, darunter 750 Meter Fischnetze, 25 Zobelnetze und 60 Äxte. Insgesamt Ware im Wert von rund 1000 Rubel.

Außer Fedot Alexejew Popow und seinen 23 Angestellten nahmen noch etwa 75 freie Jäger an der Expedition teil. Als ortskundigen Führer suchte sich der »Cholmogorze« den damals schon berühmten Iwan Rebrow aus, der den Olenjok, die Jana und auch die Indigirka entdeckt hatte und als erfahrener Seefahrer galt.

Es war üblich, bei Handels- und Entdeckungsfahrten einen Vertreter der Obrigkeit, gewöhnlich einen Ataman mit einigen Kosaken, mitzunehmen. Diese »Lehnsmänner« des Zaren, die im Jahr fünf Rubel als Sold erhielten, unterstellten die Eingeborenen offiziell dem Moskauer Herrscher, zogen auf der Stelle – manchmal gleich für mehrere Jahre – den Jassak ein und kassierten von den Kaufleuten und Jägern als Steuer den »Zehnten«.

Da für den Handel mit Eingeborenen eine lange Liste verbotener Waren existierte und ohne Beziehungen oder Bestechungsgelder bei der Beschaffung von Papieren und Genehmigungen rätselhafte Schwierigkeiten auftraten, mußten die »Staatssöldner« oft zwischen »Promyschlenniki« (Händlern) und »Zelowalniki« (Verwaltungsbeamten) vermitteln.

Die Expedition Popows erreichte ohne Zwischenfälle den Olenjok, dessen Mündung zwischen der Lena und der Taimyr-Halbinsel liegt. Schnell drangen die Jäger bis zur Taiga vor, die sich flußaufwärts an beiden Ufern erstreckt. Auch Pelztiere wurden in Scharen gesichtet. Aber die kriegerischen Tungusen ließen sich auf keine Geschäfte ein. Mit einem Pfeilhagel vertrieben sie die russischen Jäger in die Tundra, so daß kein einziger Zobel erbeutet wurde. Resigniert segelte Popow mit seinen Leuten zurück und testete die Gebiete an der Indigirka, Jana, Alaseja und Kolyma. Auch hier war nicht viel zu holen: Andere Kaufleute und Kosaken hatten die Eingeborenen bereits ausgeplündert, Handelsstationen gegründet und ihre Interessengebiete abgesteckt. Wie in Jenisseisk und Jakutsk, den Zwischenstationen seiner langen Sibirienreise, konnte der Moskauer Händler keine Profite erzielen, die eine inzwischen neun Jahre dauernde Handelsfahrt gerechtfertigt hätten.

In dieser hoffnungslosen Situation müssen Gerüchte über ein neues »Dorado« an die Kolyma gedrungen sein. Pfadfinder hatten die Flüsse Pogytscha und Anadyr erreicht und schwärmten von den neuen Jagdrevieren. Wieder wimmelte es dort nach ihren Erzählungen von Pelztieren, und an den felsigen Küsten sollten sich unübersehbare Walroßherden tummeln. Ihre Stoßzähne aus Elfenbein galten als kostbare Beute.

Der ehrgeizige Fedot Alexejew Popow, immer noch ausreichend mit Geld und Vorräten versehen, organisierte sofort eine neue Expedition. Er ließ von seinen Leuten Kotschen bauen und warb Pelztierjäger an, die auf eigene Kosten mitfahren sollten. Popow wußte inzwischen: Je mehr »Büchsen« ihn begleiteten, desto leichter würden die wilden sibirischen Stämme einzuschüchtern sein. Dann bat er den Kolymsker Verwalter des Zaren, Gawrilow, um einen neuen Lehnsmann, weil Iwan Rebrow inzwischen längst nach Jakutsk zurückgekehrt war. Das Protokoll dieses Gawrilow ist erhalten:

»Im Juni 1647 gingen nach dem Meer Moskwitins [es handelt sich um das Ochotskische Meer, das Anfang der vierziger Jahre von dem Kosaken Iwan Moskwitin entdeckt worden war] der Verwalter Fedotko Alexejew Kolmogorez des Großkaufmanns Ussow mit zwölf Abhängigen, dazu andere Pelztierjäger, Selbstversorger, und außer ihnen hatten sich versammelt 50 Mann. Sie gingen auf vier Kotschen, die Jagd auf Fischzahnbein und den Zobelfang zu betreiben. Und jener Fedotko Alexejew Kolmogorez kam mit seinen Fahrtgenossen zu uns ins Amtshaus und bat mündlich, ihm einen Lehnsmann mitzugeben. Und er bat untertänigst den Herrscher des Jakutsker Ostrogs um den Lehnsmann Semeika Deschnjew ... und überreichte eine Bittschrift im Amtshaus, und in der Bittschrift verhieß er dem Herrscher einen Gewinn an dem neuen Fluß, am Anadyr, von 47 Zobeln, und wir ließen ihn, Semeika Deschnjew, mit Fedot Alexejew.«

Der russische Schriftsteller Igor Sabelin hat in seinem Buch *Der hohe Norden lockte* die russische Ostküste Asiens eine »Küste der Ungerechtigkeit« genannt. In der Tat ist es frappierend, wie im Lauf der Jahrhunderte Chronisten, Historiker und Schriftsteller bestimmte Gestalten und Ereignisse aus den Pioniertagen Sibiriens umdeuteten. Das gilt sogar für die moderne Geschichtsschreibung, obgleich neu entdeckte Dokumente manche dieser Heldenlieder widerlegt haben.

Sabelin zitiert die zweite Auflage der Großen Sowjet-Enzyklopädie, in der über die Anadyr-Expedition unter anderem steht: »Unter Leitung Fedot Alexejews . . ., bekannt unter seinem Familiennamen Popow, wurde eine Handels- und Pelztierjagd-Expedition organisiert. Deschnjew schloß sich dieser Expedition als Vertreter der Staatsmacht (Jassak-Einnehmer) an. Die Seefahrt der Expedition im Sommer 1647 war nicht von Erfolg gekrönt . . . Am 20. Juni 1648 startete die Expedition zu einer nochmaligen Fahrt . . .«

Und dann, ohne Erläuterung des ominösen Kommandowechsels, wird das Popow-Unternehmen wenige Zeilen später zur »Deschnjew-Expedition« umfunktioniert. Es heißt: »Deschnjew machte eine bedeutende geographische Entdeckung.«

Andere Schriftsteller und Sibirienforscher gingen sogar noch weiter: Bei der Beschreibung einiger Unternehmungen in den frühen vierziger Jahren, an denen Deschnjew lediglich als einfacher Kosak teilgenommen hatte, unterschoben sie dem »berühmten Seefahrer« nachträglich eine führende Rolle. Sie machten ihn zum »entschlossenen Eroberer« und »befähigten Anführer«.

Nach Sabelin – und die Dokumente geben ihm dabei recht – nahm Deschnjew auch an der Expedition von 1648 als einfacher Kosak teil. Die Leitung hatte eindeutig Popow.

In seiner Bittschrift an den Zaren schrieb Deschnjew später selbst: »Aber für mich, Deinen leibeigenen Diener Semeika, baten jene Kaufleute und Jäger untertänigst, ich, Dein leibeigener Diener, möge mit ihnen zusammen gehen zum Einsammeln Deines kaiserlichen Jassaks und zum Auffinden neuer, nicht jassakzahlender Leute und für Deine sonstigen kaiserlichen Angelegenheiten.«

Sieben Kotschen mit insgesamt neunzig Abenteurern fuhren im Juni 1648, zehn Jahre nach Beginn von Popows Handelsfahrt in Moskau, die Kolyma abwärts und gelangten an das Ostsibirische Meer. Das Eis war aufgebrochen und hatte im Küstenbereich eine Fahrtrinne freigegeben. Trotzdem geriet die Flotte bald in Seenot. Zwei der primitiven Schiffe, die mit ihren Leder- und Leinensegeln nicht gegen den Wind kreuzen konnten, zerschellten nach zwei Wochen während eines Sturmes an der Felsenküste. Die Besatzung wurde von Eingeborenen überfallen und niedergemetzelt. Alle übrigen Schiffe passierten das Kap Schelagski und erreichten die Tschuktschen-Halbinsel, ohne die Wrangel-Insel zu sichten.

Beim nächsten Sturm trieben wieder zwei Kotschen ab und blieben verschollen. Ihr Schicksal konnte nie eindeutig geklärt werden. Verschiedene Spuren deuten aber darauf hin, daß sie an der Küste von Alaska landeten.

Der Dolmetscher der Kamtschatka-Expedition Berings, Lindenau, schrieb 1742 in seiner *Beschreibung des Tschuktschenlandes und wo es sich befindet*, daß es am Kap Deschnjew Inseln gebe, von denen man »das große Land« (Alaska) sehen könne. Eingeborene aus jener Gegend hätten ihm berichtet, daß »ungefähr vor siebzig Jahren oder noch früher« russische Schiffe von der Kolyma nach Kamtschatka gefahren seien. Einige davon hätte ein Sturm nach Alaska getrieben. Die Russen hätten eingeborene Frauen geheiratet.

Auch einem Hauptmann Kobelew erzählte man 1779 auf der Krusenstern-Insel, die in der Beringstraße liegt, am Yukon in Alaska lebten bärtige Männer, die man für Russen halte.

Steller, ein deutscher Wissenschaftler der Kamtschatka-Expedition, der sich von 1740 bis 1744 in dem Land der Vulkane aufhielt, schrieb über jene Alaska-Russen:

»Die Tschuktschen erzählen, daß sich eine Nation auf dem festen Lande der tschuktschischen Landspitze gegenüber im

Osten befinde, welche den Russen vollkommen ähnlich sehe, auch alle russischen Manieren wie auch russische Kutiks oder Geigen habe, darauf spiele und nach der Art der Russen tanze. Diese Leute wären sehr stark und mit großen Bärten versehen; und ich habe nach vielen Nachfragen eine Schüssel von ihnen durch einen Tschuktschen erhalten . . ., welche mit Knochen ausgelegt und zum Zierat mit eisernen Nägeln beschlagen ist, die der russischen Arbeit ähnlich sehen.«

Das ist ein sehr wertvoller Hinweis, denn die Bewohner Alaskas kannten nachweislich im 18. Jahrhundert noch kein Eisen. Später fanden amerikanische Archäologen auf Alaska die Überreste alter Bauten, die sie ebenfalls den Russen zuschrieben. Die Wahrscheinlichkeit, daß sich die beiden Kotschen der Alexejew-Expedition an die amerikanische Küste retten konnten, ist also groß.

Drei Kotschen befanden sich demnach noch auf der Fahrt nach Süden. Sie standen unter dem Kommando Alexejews, Deschnjews und des Atamans Ankudinow, eines berüchtigten Freibeuters, der mit seinen Kosaken ohne die Erlaubnis des Woiwoden vom Kolyma-Distrikt an der Fahrt teilnahm.

Gemeinsam umfuhren die drei Kotschen das heutige Kap Deschnjew. Sie sichteten die Diomedes-Inseln und gerieten noch in der Beringstraße in einen neuen Sturm, der das Boot des Atamans Ankudinow an die Felsenküste warf. Die Besatzung konnte sich retten und wurde auf die restlichen Schiffe verteilt.

Bei einer Landung, die etwas weiter südlich stattfand, überfielen Tschuktschen die Jäger und Kosaken, verwundeten Fedot Alexejew und trieben die Boote auf die stürmische See zurück. Sie verloren einander schnell aus den Augen.

Erst von diesem Augenblick an konnte Deschnjew selbständig handeln, unterstand also nicht mehr dem Expeditionsleiter Alexejew.

Das weitere Schicksal Deschnjews kennen wir: »Und Fedot und ich, Semeika, wurden auf dem Meere auseinander getrieben, und ich, Semeika, wurde unter dem Schutz der

Gottesmutter gegen meinen Willen über das Meer getrieben und vor der Mündung an einem Küstenvorsprung jenseits des Anadyr an Land geworfen.«

Das muß südlich der Anadyr-Mündung, vermutlich am Kap Oljutorski, gewesen sein.

Unter größten Strapazen schlugen sich die letzten zwölf Überlebenden bis zum Mittellauf des Anadyr durch, wo sie überwinterten und die ersten Bäume für den östlichsten Ostrog des russischen Reiches fällten.

Im Frühjahr des Jahres 1650 drangen die Kosaken des Atamans Motora und des Abenteurers Staduchin auf dem Landweg bis zum Anadyr vor und trafen dort auf Deschnjew, der bereits – und jetzt erweist er sich wirklich als Entdecker von Format – eine Skizze des Flusses vom Oberlauf bis zur Mündung angefertigt hatte. Später beschrieb der einfache Kosak in mehreren Berichten die Pflanzen- und Tierwelt des Anadyr-Gebietes. Unter anderem beobachtete er, wie die großen Schwärme sibirischer Lachse vom Meer aus den Fluß aufwärts schwimmen und nach dem Laichen zugrunde gehen:

»Es gibt auch viele schöne Fische, die am unteren Anadyr gegen das Meer zu sehr zahlreich sind, während sie stromaufwärts seltener sind, weil sie im Oberlauf . . . einfrieren und nicht nach dem Meer zurückschwimmen.«

Deschnjew kehrte erst 1662 nach Jakutsk zurück. Angeblich soll er von der Ostküste der Tschuktschen-Halbinsel viele Walroßzähne mitgebracht haben – Elfenbein als Jassak für den Zaren und als »beinernes Geld« für sich selbst. Manche Historiker sprechen von 3000 Rubeln, die der Kosak verdient haben solle – wenn es stimmt, eine ungeheure Summe! Wenigstens einige der kühnen Konquistadoren scheinen in Sibirien ihr »Dorado« gefunden zu haben.

Trotz seines Vermögens reichte Deschnjew zwei Jahre später, als er eine Ladung Elfenbein in Moskau abgeliefert hatte, beim Zaren ein Gesuch ein, in dem er seine Abenteuer und Entdeckungen schilderte und den Sold für die Jahre von 1643 bis 1661 reklamierte. Der Zar ließ ihm 126 Rubel und 20 Kopeken auszahlen – ein Drittel in Geld, zwei Drittel in rotem und grünem Tuch. Außerdem wurde der Kosak »für seine, Senka Deschnjews, Dienste, für die Gewinnung von Fischbein und Knochen und für seine Wunden in den Atamanstand erhoben«.

Noch einmal schickte man den unermüdlichen Ataman mit der Soldkasse nach Jakutsk. 1670 machte er sich dann von der Lena aus mit einer Ladung Zobelfelle auf den Rückweg, um von einer Poststation zur anderen über vereiste Flüsse und morastige Wege nach einem Jahr und fünf Monaten wieder im rund 6000 Kilometer entfernten Moskau einzutreffen. 1673 starb Deschnjew. 1898 wurde der östlichste Zipfel der Tschuktschen-Halbinsel in Kap Deschnjew umbenannt.

Mehrere – wenn auch sehr vage – Hinweise deuten das Schicksal des Händlers Fedot Alexejew Popow an: Zunächst überlieferte Deschnjew selbst eine Nachricht, die er von einer Jakutenfrau erhalten hatte. Danach sollen Popow und Ankudinow an Skorbut gestorben und viele andere erschlagen worden sein. »Es seien nur ganz wenige Leute übriggeblieben, die auf ihren Schiffen gemeinsam die Flucht ergriffen hätten, und wer weiß, wo sie hingekommen seien.«

Der Ataman Atlassow dagegen, der von 1697 bis 1699 Kamtschatka auf dem Landweg eroberte, erfuhr von den Kamtschadalen, daß an einem Nebenfluß des Kamtschatkastromes vor vielen Jahren ein gewisser Fedotow mit seinen Gefährten gelebt habe. Dieses Flüßchen, die Nikula, sei nach dem Russen in Fedotowka umbenannt worden. Die Wissenschaftler Kraschennikow und Müller, die während der großen Kamtschatka-Expedition (1725–1730) und während der Großen Nordischen Expedition (1733–1743) die Halbinsel durchforschten, berichteten übereinstimmend, daß sie die Überreste von zwei Winterlagern entdeckt hätten, die offenbar aus der Zeit der Popow-Expedition stammten.

Hatte sich das Jakutenweib geirrt? Hatte Fedot Alexejew als erster Russe Kamtschatka betreten und auch wieder verlassen? Diesen Schluß läßt noch ein anderes Dokument zu:

Im Januar 1653 reichte der Moskauer Großkaufmann Ussow beim Zaren eine Bittschrift ein. Er bat darum, daß der Jakutsker Woiwode seinen Händler Fedot Alexejew nach Moskau schicken möge, falls dieser an der Lena auftauchen sollte. Wörtlich heißt es dann:

»Der Cholmogorze Fedot Alexejew Popow ist mit meinem Gut an den großen Fluß Lena gegangen, und von der Lena ist er in unbekannte Länder gegangen, und Kunde von ihm, oh Herrscher, ist seit acht Jahren und mehr nicht eingetroffen. Aber jetzt, oh Herrscher, ist mir, Deinem leibeigenen Diener, zu Ohren gekommen, daß jener Fedot nach Rußland geht, aber ob er noch meine Waren hat oder nicht, das weiß ich, Dein leibeigener Diener, nicht.«

Igor Sabelin benutzt diese spärlichen Informationen dazu, das Denkmal des Helden Deschnjew auf sein rechtes Maß zurückzuführen. Mit Recht! Aber dann verfällt er selbst in den Fehler vieler Historiker und Dichter, die ohne »Übermenschen« nicht auskommen: Hymnisch besingt er »die gewaltige moralische Autorität Fedot Alexejews, des Organisators und Führers der Expedition, die so bedeutende geographische Entdeckungen vollbrachte. Im Gedächtnis eines Volkes weiterzuleben – etwas Besseres, scheint mir, kann man sich kaum wünschen.«

Sabelin erzählt gleich die nächsten Legenden:

»In den Tagen aber, da die Kamtschadalen das verlassene Winterlager betrachteten (sie rührten es nicht an, und es erhielt sich über viele Jahrzehnte bis zu Kraschennikow, was erneut zu Alexejews Gunsten spricht), in diesen Tagen fuhr die Kotsche hinaus auf den Stillen Ozean.

Ja, tatsächlich auf den Stillen Ozean. Alexejew, Ankudinow, Stepanow und ihre Kameraden waren die ersten Russen, die die Wasser des Stillen Ozeans selbst und nicht nur die seiner Randmeere durchfurchten. Auch das ist eine beachtenswerte und von niemandem bisher gewürdigte Tatsache.

Im Laufe des Sommers umschiffte Alexejew die Südspitze der Halbinsel Kamtschatka, das Kap Lopatka, entdeckte die nördlichen Kurilen, fuhr in das Ochotskische Meer ein und erreichte die Mündung des Tigil, der an der Westküste Kamtschatkas ins Ochotskische Meer fließt.«

Ein kühner Schluß! – Zwar haben Mitglieder der Großen Nordischen Expedition erfahren, daß schon vor Atlassow Russen am Tigil lebten, aber der unbestechliche Wissenschaftler Steller präzisiert:

»Man hat am Tigil vor der Russen Ankunft über Land Spuren und Nachrichten, daß Russen bei ihnen gewesen sind. Sie erzählen, daß ein Fahrzeug mit Russen etwa zehn Jahre vor der Okkupation in den Tigil eingelaufen sei, sich bei ihnen über ein Jahr aufgehalten, aus Feuerrohren allerhand Tiere erlegt und sich dadurch so große Furcht und Hochachtung bei ihnen erworben hätten, daß sie sie nicht für schlechte Menschen angesehen hätten. Weil aber diese Leute sich mit ihren Töchtern, die es wohl zufrieden gewesen waren, in Unzucht eingelassen hätten, sei es dadurch geschehen, daß sie untereinander eifersüchtig geworden wären und einer den anderen im Zank mit dem Messer erstochen hätte. Als sie, die Einwohner, dies gesehen, hätten sie untereinander verabredet, sie zu ermorden, was sie auch bei Nachtzeit heimtückischerweise im Schlafe vollzogen hätten.«

Steller hält es für wahrscheinlich, daß diese Russen vom Anadyr aus die Küste von Kamtschatka erkundeten. Sie kamen nicht von der Kolyma und schon gar nicht in den fünfziger oder sechziger, sondern frühestens in den achtziger Jahren des 17. Jahrhunderts.

Das Schicksal Alexejews wird sich nicht mit letzter Sicherheit klären lassen. Ähnlich verhält es sich mit den Schicksalen einiger Tausend Kosaken, Händler, Priester und Verbannter. Niemand fragt nach ihnen. Spurlos verschwanden sie in der Wildnis Sibiriens. Verhungert. Erfroren. Erschlagen. Oder ertrunken in den eisigen Gewässern der arktischen Meere.

Sicher gebührt vielen von ihnen ein Ehrenplatz in der Geschichte der Entdeckung Sibiriens. Aber sie hatten weniger Glück als andere, die bis zu fremden Gestaden vordrangen und die Geschichte ihrer Entdeckungen in den Nachrichtenstrom einbrachten, der von der Lena oder Kolyma nach Moskau floß.

Es ist müßig, über die Ergründung reiner Tatsachen hinauszugehen und die Elle, mit der man Helden und Entdecker mißt, allzu kleinlich an die kosakischen »Konquistadoren« des 17. und 18. Jahrhunderts anzulegen. Mut und Größe zeigten alle, die mit unzulänglichen Hilfsmitteln einer unbekannten Welt entgegenzogen, die ihre Kotschen aufs offene Eismeer lenkten, als manche Geographen Mitteleuropas Grönland noch neben Norwegen vermuteten und Nowaja Semlja zu Nordamerika rechneten.

Welch überragende seemännische Leistung – bei allem Glück – auch Alexejew und Deschnjew vollbrachten, als sie die Tschuktschen-Halbinsel umschifften, zeigt die Tatsache, daß sogar in den dreißiger Jahren des 20. Jahrhunderts moderne sowjetische Eisbrecher in der Ostsibirischen See Schiffbruch erlitten. In den Jahrhunderten davor scheiterten zahllose russische Schiffe in den Eiswüsten der arktischen Zone. Und noch im 18. Jahrhundert, also fast hundert Jahre nach der Entdeckungsfahrt des Cholmogorzen, waren die Schiffe, die während der Großen Nordischen Expedition von Bering nach Norden geschickt wurden, fast hilflos Wind und Wellen ausgeliefert. Der deutsche Chemiker, Botaniker und Arzt Johann Georg Gmelin, ein Expeditionsteilnehmer, zitiert in seinen Aufzeichnungen das Logbuch der »Jakutsk«, die unter dem Kommando des dänischen Marineoffiziers Lassinius von der Lena aus über die Nordost-Passage Kamtschatka erreichen sollte:

»Am 9. August nach Mitternacht versuchten sie weiterzusegeln; allein etliche Stunden darauf entstand eine Windstille mit Nebel ... Sie warfen also Anker ... Ein paar Stunden darauf lief der Wind ostsüdöstlich; damit gingen sie unter Segel und richteten ihren Lauf nach Süden, wurden aber nach Südwesten getrieben. Und als sich der Wind bald darauf nach Osten zum Norden wandte, hielten sie ihren Lauf nach Süden zum Osten, wurden aber nach Südwest zum Westen getrieben. Gleich darauf lief der Wind gerade nach Osten, und das Schiff zog Wasser, weswegen sie wieder ankerten. Bis zum 11. August war der Wind sehr unbeständig. Des Morgens um sieben Uhr gingen sie mit einem kühlen Wind aus Südwesten unter Segel und richteten den Lauf südsüdost- und ostsüdostwärts, wurden aber nach Südosten zum Osten und Osten getrieben. In ein paar Stunden lief der Wind völlig nach Westen, sie aber richteten den Lauf nach Ost zum Norden und Ostsüdosten, und in weniger als zwei Stunden hatten sie gegen Ost Eis im Gesichte, weswegen sie gegen Mittag Anker warfen, und wurden auch in kurzer Zeit vom Eise umringt. Doch in ein paar Stunden verlor sich das Eis wieder etwas, und sie gingen wieder unter Segel, bekamen aber bald darauf einen sehr starken Wind und gegen fünf Uhr des Abends einen heftigen Sturm, wovon um acht Uhr das große Tau des Hauptsegels abgerissen ward. Endlich um half elf Uhr mußten sie wegen des noch immer anhaltenden heftigen Sturmes ankern.

Den 12. des Morgens um drei Uhr wurde der Wind gelinder, und sie gingen wieder mit einem Winde aus Norden zum Westen unter Segel, wobei sie den Lauf nach Ostnordosten lenkten, wurden aber nach Osten zum Süden getrieben. Der Wind wandte sich in kurzer Zeit nach Osten zum Norden und Osten, und sie gingen Südwest zum Westen und Südwest und Südost. Nachmittags um drei Uhr wurden sie mit so vielem Eise umringt und die Luft von dem Schneegestöber so finster, daß sie wieder ankern mußten, weswegen sie den 13. schon bedacht waren, einen Winterhafen zu suchen. Und da sie zu Mittag einen Ostwind bekamen, segelten sie dem Ufer zu, kamen auch demselben des Abends nach vier Uhr ganz nahe und suchten taugliche Stellen in der Nähe, konnten aber keine finden; daher sie den 14. des Abends um fünf Uhr mit einem Winde aus Nordwesten wieder unter Segel gingen, bald darauf aber wegen einer eingefallenen Windstille wieder Anker werfen mußten. Sie ließen inzwischen die Tiefen der Flüsse messen, um vielleicht einen zu finden, in dem man ankern könnte. Weil bis zum 15. mittags kein tauglicher Ort gefunden wurde, segelten sie wieder nach Nordwesten und Nordwest zum Westen, um einen besseren Ort zu finden. Gegen Mitternacht war eine Windstille, und die Schaluppe wurde wieder ausgeschickt, kam aber, ohne die geringste Entdeckung gemacht zu haben, wiederum zurück.«

Leutnant Lassinius mußte die Fahrt schließlich abbrechen

und bezog in der Mündung eines Flusses das Winterquartier. Obgleich er fünf alte Jurten von Jukagiren fand, ließ der Kommandant angeschwemmtes Holz sammeln und eine Kaserne bauen. Er wollte die ganze Besatzung unter einem Dach wohnen lassen, weil sie bereits zu meutern begann.

Die Kaserne, deren Ritzen mit Moos gegen die Kälte abgedichtet wurden, bestand aus vier Kammern, einer Badestube, der Küche und dem Abtritt. Drei Stein-Backöfen konnten bald das primitive Gebäude nur noch notdürftig erwärmen. Als die Sonne am 6. November unterging, um erst am 19. Januar wieder zu erscheinen, nahm das Verhängnis seinen Lauf: Die überreizten Matrosen und Kosaken setzten ihren Kommandanten ab. Gleichzeitig brach Skorbut aus. Gmelin schreibt:

»Die Äußerungen dieses Scharbocks (Skorbuts) waren anfänglich Schmerzen, die man an denjenigen Orten bekam, wo man vor diesen Schäden Geschwüre und dergleichen gehabt hatte. Die Lust zu den Speisen verlor sich, und nach und nach fand sich eine ziemliche Mattigkeit mit einer ganz außerordentlichen Schlafsucht ein. Die Füße fingen an zu schwellen, auf welchen sich hin und wieder blaue Flecken zeigten; die Kranken bekamen ein starkes Niesen, und bei dem Niesen empfanden sie ungemein große, stechende Schmerzen im Kreuze, die Zähne wurden wankend, der Mund hatte einen üblen Geruch. Endlich schwoll auch der Leib auf, und hierzu kam ein fast unauslöschlicher Durst nebst einem trockenen Husten und harter Verstopfung des Leibes, so daß viele in zwei bis drei Wochen nicht zu Stuhle waren. Die stärksten Purgiermittel (Abführmittel) waren dabei ohne alle Wirkung, und auf diese Weise starb einer nach dem anderen . . .«

Zuerst starb am 18. Dezember Leutnant Lassinius, obgleich er einer der kräftigsten Männer war. Ihm folgten im Januar sieben, im Februar und März je zwölf und im April drei Leute. Nur acht Teilnehmer der Expedition überlebten den Winter. Vermutlich wurden sie von einem zufällig vorüberziehenden Jukagiren gerettet, der ihnen Ende März einen Trank »von den Gipfeln der Fichten« bereitete und dazu riet, rohe, gefrorene Fische zu essen. Bis dahin hatten sie pro Mann und Monat dreißig Pfund Roggenmehl, fünf Pfund Hafergrütze und ein Pfund Salz bekommen. Auch freizügig verteilter Branntwein half nicht gegen die tückische Krankheit.

Aber die Expeditionen Berings und seiner Mitarbeiter gehören schon zur zweiten Phase der Erschließung Sibiriens. Sie begann Anfang des 18. Jahrhunderts, als auf Initiative Peters des Großen in Petersburg eine wissenschaftliche Akademie gegründet worden war und eine große Zahl ausländischer Wissenschaftler nach Rußland strömte. Viele Deutsche traten damals in die Dienste des großen Zaren. Zusammen mit Bering, dem insgesamt mehr als 500 Mitarbeiter unterstellt waren, zogen sie über den Ural, um den immer noch weitgehend unerforschten Kontinent zu erschließen. Systematisch wurde die Pflanzen- und Tierwelt katalogisiert, Flüsse, Inseln und Küsten vermessen, Bodenschätze gesucht. Die ersten Hüttenwerke im Ural lieferten Eisen, Minen im Altai das begehrte Silber. An die Stelle der Kosaken und Atamane, die bisher alle Eroberungs- und Entdeckungszüge angeführt hatten, traten hochqualifizierte Botaniker, Ärzte, Chemiker und Geographen. Kosaken ergänzten die Expeditionen nur noch als militärisches Begleitkommando.

Bevor wir den Weg der großen Entdecker im Dienste der russischen Zaren bis nach Alaska, Kalifornien und Hawai verfolgen, müssen wir aber auf eines der ruhmreichsten Kapitel in der Geschichte der Kosaken zurückkommen, das bis heute nicht endgültig abgeschlossen wurde: den Kampf um den »Schwarzen Drachen«, den Amur, der als einziger sibirischer Strom nicht in das Eismeer mündet, sondern in westöstlicher Richtung verläuft. Hier, am »Schwarzen Fluß«, stießen die russischen Eroberer nach ihrem langen Marsch durch Sibirien zum erstenmal auf einen ernsthaften Gegner. Die Grenzen der russischen Macht in Fernost zeichneten sich ab.

5
Von Petersburg nach Peking

Am 15. Juli 1643 verließen einige Kotschen Jakutsk und segelten die Lena aufwärts. An Bord befanden sich hundertzwölf Kosaken, fünfzehn Nomaden, die unterwegs als Jäger für Proviant sorgen sollten, zwei staatliche Jassak-Eintreiber, zwei Dolmetscher und ein Kaufmann. Der Führer dieser Expedition, die einen Weg nach Süden zum berühmten »Fluß des schwarzen Drachen« suchen sollte, hieß Wassili Pojarkow und galt als vielseitiger Kosak. Er konnte mit der Feder ebensogut umgehen wie mit dem Säbel und besaß vor allem jenen entscheidenden Schuß Rücksichtslosigkeit und Brutalität, der notwendig war, um sich bei gefährlichen Entdeckungsreisen gegen Eingeborene und meuternde Untergebene durchzusetzen.

Pojarkow hatte vom Jakutsker Woiwoden Peter Golowin genaue Instruktionen erhalten:

»Wenn er, Wassili, an die Seja kommt, soll er die dortige Bevölkerung gründlich nach den Nebenflüssen ausfragen, die in die Seja münden, und auch darüber, was für Menschen an diesen Nebenflüssen leben, ob sie seßhaft oder Nomaden sind, ob sie Getreide oder sonst etwas Nützliches bauen, ob es an der Seja Silber-, Kupfer- oder Bleierz gibt, und was die Bewohner antworten, soll genau aufgeschrieben werden. Und eine Skizze und eine Beschreibung des Weges und der zu Schiffe zurückgelegten Strecken, der Seja und Schilka und ihrer Nebenflüsse und der Landschaft soll zusammen mit dem Tribut nach der Festung Jakutsk übersandt werden; Skizze und Beschreibung sollen von Wassili eigenhändig verfaßt sein.«

Das war ein klarer Auftrag, aber das eigenhändige Verfassen von Skizze und Beschreibung sollte sich noch als die bei weitem leichteste Aufgabe herausstellen. Denn als Pojarkow am 12. Juni 1646, also nach knapp drei Jahren, wieder in Jakutsk eintraf, war er selbst zwar gesund und bei Kräften, aber fast hundert seiner Leute fehlten. Was war geschehen?

Planmäßig hatten die Kotschen nach zwei Tagen die Mündung des Aldan in die Lena erreicht. Pojarkow beschloß, dem Fluß bis zu seinem Oberlauf zu folgen, denn er wollte einen neuen Weg zum »Schwarzen Fluß« ausprobieren. Von zwei kosakischen Pfadfindern, die vor einigen Jahren über den Witim nach Süden vorgedrungen waren, wußte er, daß große Schwierigkeiten auf ihn warteten, besonders bei der Überquerung des Stanowoi-Gebirges. Doch die Kosaken Perfiljew und Bachtiarow hatten auch die Erzählungen tungusischer Eingeborener über riesige Getreideflächen in dem fruchtbaren Amur-Becken, über den Fischreichtum der Flüsse und über die vielen Zobel und anderen Pelztiere in den Wäldern bestätigt. Besonders das Getreide brauchte der Jakutsker Woiwode Golowin, denn Ostsibirien durchlebte im 17. Jahrhundert eine Versorgungskrise nach der anderen.

Bei Einbruch des strengen Winters fror der Aldan mit seinen Nebenflüssen zu. Pojarkow ließ die Boote zurück und überstieg unter großen Strapazen das Gebirge. Im Dezember erreichte er endlich das Tal der Seja, die in den Amur mündet. Hier wurde das erste Winterlager errichtet. Bald lichtete Skorbut die Reihen der Kosaken. Hunger kam dazu, so daß Pojarkow die Jagd auf Eingeborene freigeben mußte. An der Seja bis zu ihrer Mündung lebten damals die Dauren, ein tungusisches Mandschuvolk, das später von den Chinesen in die Mandschurei umgesiedelt wurde. Nach Pojarkow bauten die Dauren Gerste, Hafer, Hirse, Buchweizen, Erbsen und Hanf an, hatten jedoch ihre Vorräte vor den Eindringlingen versteckt und wurden deshalb selbst zu Opfern.

»Da die Leute keinen sinnlosen Tod sterben wollten, verspeisten sie viele tote Eingeborene und Leute aus ihren eigenen Reihen, die vor Hunger gestorben waren, und sie haben wohl gegen 50 Menschen aufgefressen«, schreibt Pojarkow in seinem Tagebuch. Allerdings half das offenbar nicht immer, denn »von den Leuten, die tote Eingeborene verspeist hatten, kamen manche wieder zu Kräften, während andere starben«.

Auf jeden Fall müssen die Menschenjäger Pojarkows so viel Schrecken verbreitet haben, daß spätere Expeditionen, die auf einer ähnlichen Route zum Amur zogen, kaum noch Eingeborene zu sehen bekamen.

Im Frühjahr 1644 ließ Pojarkow neue Boote bauen und erreichte bald die Schilka und den Amur. Auch hier zeigten sich die eingeborenen Stämme feindselig. Als 25 Kosaken losgeschickt wurden, um die Entfernung zum Meer auszukundschaften, kehrten nur zwei zurück. Die anderen waren von Djutscheren, ebenfalls einem Mandschuvolk, erschlagen worden. Von jetzt an hielt Pojarkow seine Streitmacht, die inzwischen auf weniger als die Hälfte zusammengeschmolzen war, besser zusammen. Er trieb auf primitiven Barken den Amur abwärts und erreichte nach zwei Wochen das Meer. Gewissenhaft wurden alle Beobachtungen notiert: Außer Getreide wuchsen in den Tälern Äpfel und Birnen, Nüsse, Bohnen, Gurken und anderes Gemüse. In den Flüssen fingen die Kosaken unter anderem Störe und Hausen (Kalugas). Nach Tungusen und Dauren passierten die Schiffe Ansiedlungen der Golden und Giljaken, die »in Zeltlagern wohnten und sich von Fischen ernährten«.

Im Winter 1644/45 kampierten noch 60 Mann an der Amurmündung. Pojarkow nutzte die Zeit, um Skizzen vom Lauf des »Schwarzen Flusses« und seiner Nebenströme, der Schilka, Seja und des Sungari anzufertigen. Leider ist die Amurkarte Pojarkows nicht erhalten.

Im Frühjahr 1645 fuhren die Jäger und Kosaken auf das offene Meer hinaus und folgten der Küste nach Norden. Sie gehören damit zu den ersten Russen, die auf dem Ochotskischen Meer ihre Segel setzten. Drei Monate durchsegelten die Schiffe völlig unbekannte Gewässer, ständig bedroht von Riffen und Untiefen, geschüttelt von heftigen Stürmen. Dann tauchten die schroffen Schantar-Inseln auf, die Uda-Mündung wurde passiert, und bald schoben sich die Felsen des Dschugschur-Gebirges dicht an das Ufer heran. An einem der ersten Herbsttage mischte sich das graublaue Meer mit dem lehmig-gelben Wasser der Ulja. Pojarkow hatte ein Gebiet erreicht, das ihm aus den Berichten eines anderen Entdeckers, des Kosaken Moskwitin, bekannt war . . .

Frühjahr 1639.

Der Kosak Iwan Moskwitin erhielt von seinem Ataman Kopylow den Befehl, »der Sonne entgegen zu ziehen« und »das Meer Okian« zu entdecken. Die Kosakeneinheit befand sich am Ufer des Aldan. In der Ferne drohten die Gipfel der Küstengebirge, die noch zwischen dem kleinen Häufchen der Eroberer und dem sagenhaften, unbekannten Ozean lagen.

Mit zwanzig Tomsker und elf Krasnojarsker Kosaken folgte Moskwitin acht Tage lang dem Aldan. Dann bog er in die Maja ein und fuhr sieben Wochen lang flußaufwärts.

»Vom Majaflusse aus fuhren wir sechs Tage auf einem kleinen Flüßchen mit den Barken bis an den Wolok heran, und über den Wolok gingen wir einen Marschtag und zogen an den Fluß Ulja, und jenem Fluß Ulja folgten wir abwärts, mit der Barke fuhren wir acht Tage«, berichtet der Schreiber Moskwitins, ein Kosak namens Kolobow.

An einem Tage überschritten die Kosaken also den Wolok, die Wasserscheide des Dschugschur-Gebirges. Ihre Barken schleppten sie mit und errichteten am Oberlauf der Ulja ein Lager. Dann folgten sie dem Fluß, ohne zu ahnen, daß er im Meer endet. Geschickt umschifften sie acht Tage lang alle Felsen und Engpässe des reißenden Gebirgsflusses, ehe die Barken – an einem Wasserfall – zerstört wurden. »Und auf jenem Flusse Ulja fuhren wir, nachdem wir eine Lodia gemacht hatten, bis ans Meer, bis zur Mündung jenes Flusses Ulja, wo er ins Meer fällt, fünf Tage«, heißt es bei Kolobow weiter. Auch die Lodia, die nach dem Schiffbruch gebaut wurde, ist ein kielloses Segelboot mit wenig Tiefgang, allerdings etwas stärker und größer als eine Barke.

An der Ulja-Mündung fanden die Kosaken eine große Tungusen-Siedlung und gingen sofort daran, den Jassak einzuziehen. Aber die »wilden Menschen« hatten wenig Verständnis für die Tributwünsche eines »großen Zaren« weit im Westen, jenseits ihrer Vorstellungskraft und außerhalb ihrer Steinzeitwelt. Einige hundert Eingeborene rotteten sich zusammen und fielen mit ihren knöchernen Lanzen und Pfeilen über die Eindringlinge her. Wie fast immer in der Geschichte der Eroberung Sibiriens setzte sich die waffentechnische Überlegenheit der Russen durch, obgleich das Kräfteverhältnis etwa eins zu zehn betrug.

Fast ein Jahr hielten sich Moskwitins Kosaken am Ochotskischen Meer auf, das damals noch Lamskisches Meer hieß, nach der tungusischen Bezeichnung für Ozean: »Lama«. Sie bauten einen Ostrog, in dem sie vor den Überfällen der Tungusen einigermaßen sicher waren, und unternahmen mehrere Küstenfahrten. Moskwitin selbst fuhr nach Süden, um den sagenhaften Amur zu erreichen, von dem ihm die Eingeborenen erzählt hatten. Er erreichte vermutlich nur die Uda-Bucht und sichtete die Schantar-Inseln. An der Mündung der Uda wurde angeblich noch die »Uda-Festung« angelegt. Dann zwang Hunger die Kosaken zur Umkehr. Moskwitin erzählte dem Jakutsker Woiwoden Golowin nach seiner Rückkehr im Jahre 1642, sie seien hinter der Uda-Bucht noch einmal gelandet und hätten einen Tungusen verhört, der ihnen von einem Fluß Schilka erzählt habe. Dort solle es viel Korn geben. Die tungusischen Rentierzüchter wollten außerdem am Amur Zobelfelle gegen Silber und große Kupferkessel eingetauscht haben.

Den Woiwoden Golowin veranlaßten die verlockenden Nachrichten über das Land Daurien und den Amur, umgehend eine neue, stärkere Abteilung zur Erkundung auf den Weg zu schicken. An die Spitze stellte er den erfahrenen Ataman und Schriftführer Wassili Pojarkow . . .

Jener Pojarkow näherte sich nun mit seinen letzten 60 Mann der Ulja-Mündung und fand den fast unversehrten Ostrog Moskwitins, obwohl seit dessen Abmarsch fast drei Jahre vergangen waren. Er setzte sich gegen die Tungusen durch, zog während seiner dritten Überwinterung den Jassak ein und folgte im Frühjahr 1646 der Route, die er aus den Berichten Moskwitins gekannt haben muß. Im Ulja-Ostrog ließ er allerdings siebzehn Kosaken unter Führung eines Jermil Wassiljew zurück.

Im Juni erreichte Pojarkow mit dem Rest seiner Mannschaft Jakutsk und überreichte Golowin fast 500 Zobelfelle, sechs Zobelpelzmäntel und einige Gefangene. Trotz seiner Beute und der wertvollen Nachrichten fiel der Ataman in Ungnade. Überlebende Kosaken beschwerten sich über seine Grausamkeit und klagten über Entbehrungen, denen sie während der drei Jahre ausgesetzt gewesen seien. Pojarkow wurde abgesetzt und nach Moskau geschickt. Hier verliert sich seine Spur, und es ist durchaus wahrscheinlich, daß sein Ende unrühmlich gewesen ist. Denn Mitte des 17. Jahrhunderts galt bereits der zaristische Befehl, daß die Eingeborenen Sibiriens freundlich behandelt werden sollten. Es sind zahlreiche Fälle bekannt, in denen Kosaken grausam bestraft wurden, weil sie gegen dieses Gesetz verstoßen hatten. Vielleicht ging es auch dem Entdecker und Erforscher des Amur so, obgleich die Fahrt zum »Schwarzen Fluß« und vor allem die erfolgreiche Rückkehr über Ulja und Maja ohne einen Führer mit fast unmenschlicher Willenskraft und starkem Durchsetzungsvermögen nicht möglich gewesen wäre.

Eine Stadt am Amur trägt heute den Namen Pojarkows. Von den namenlosen Helden, die unterwegs verhungerten oder erschlagen wurden, spricht niemand mehr.

Noch im Sommer 1646 wurde von Jakutsk aus eine neue Kosakenabteilung an das Lamskische Meer geschickt. Die 40 Mann unter dem Ataman Schelkownik folgten der gleichen Route, die Moskwitin beschrieben hatte, erreichten im Herbst das sumpfige Tal der Ulja und überwinterten an ihrem Oberlauf.

Im nächsten Frühjahr bauten sie neue Boote und scheiterten mit ihnen an der gleichen Stelle wie Moskwitin. In einem Bericht empfahl später der Kosak Jepischew, der an der Expedition Schelkowniks teilnahm, die Kotschen oder Lodias erst hinter den gefährlichen Ulja-Stromschnellen zu bauen.

Am 16. Mai 1647 sichteten Schelkowniks Kosaken den Ostrog an der Ulja-Mündung und trafen die Leute Pojarkows, also Jermil Wassiljew mit seinen Kosaken und Jägern.

Schelkownik blieb nicht an der Ulja. Nach gründlichen Vorbereitungen stach er am 16. Juni mit 53 Gefolgsleuten – vier waren im letzten Winter gestorben – in See und segelte mit Hilfe des Südost-Sommermonsuns nach Norden.

Am 23. Juni liefen die Russen in die Ochota-Mündung ein und erkannten offenbar sofort die günstige Lage dieses Küstenabschnitts. Hier mündeten gleich mehrere Flüsse auf engstem Raum ins Meer, und in der Laichzeit schwammen riesige Lachsschwärme flußaufwärts. »Fußtungusen«, die nicht wie die übrigen Stämme ihres Volkes Rentiere züchteten, fingen diese Fische mit Harpunen.

Das Gebiet war für damalige Verhältnisse dicht besiedelt, also »jassak-trächtig«. Aber die Eingeborenen waren sehr kriegerisch. Deshalb gelang es erst nach jahrelangen Kämpfen, den ersten Ostrog, den Schelkownik noch im Sommer 1647 errichten ließ, zum Mittelpunkt einer neuen Stadt auszubauen. Diese Stadt heißt heute Ochotsk – und der »Lamskische Ozean« heißt »Ochotskisches Meer«.

Viel wichtiger als die Entdeckung des Ochotskischen Meeres und die Erschließung und Kolonisierung seiner Küsten war der Entschluß des Jakutsker Woiwoden, das Amurbecken zu erobern. Weder Golowin noch sein Nachfolger Franzbekow, der diese Aufgabe schließlich in Angriff nahm, ahnten freilich, wie entscheidend sie die Weichen für die große Weltpolitik in Ostasien stellten. Vor allem Franzbekow, ein Deutscher aus Livland, der zum russisch-orthodoxen Glauben übergetreten war, dürfte die ersten Vorstöße in Richtung Amur, die langfristig zu einem enormen Gebiets- und Machtzuwachs für das russische Weltreich führten, eher aus privaten Gründen organisiert haben. Wie die meisten Woiwoden des 17. und 18. Jahrhunderts, die sich in Sibirien bereicherten, hatte er kaum staatspolitische Interessen. Und noch während seiner Anreise nach Jakutsk traf er den kongenialen Partner, der seinen Absichten mit sehr verlockenden Plänen entgegenkam: Jemofej Pawlowitsch Chabarow.

Chabarow war Ende der vierziger Jahre kein einfacher Kosak mehr. Als Händler hatte er in Westsibirien und Mangaseja bereits ein Vermögen verdient, bevor er an die Lena kam. In Ostsibirien scheffelte er zunächst Geld mit Salzsiedereien und einer Mühle. Aber dann hatte er Ärger mit dem Woiwoden Golowin, der die Besitzungen Chabarows mit einem Federstrich einzog. Vermutlich war der Grund schlechte Behandlung der Angestellten und Eingeborenen.

Als der neue Woiwode Franzbekow im Jahre 1648 nach Jakutsk kam, machte ihm Chabarow den Vorschlag, auf eigene Kosten eine Expedition zum Amur auszurüsten. Der Woiwode sollte Waffen und Vorräte liefern, Chabarow wollte geeignete Männer anwerben. Das Geschäft kam zustande. Mit 70 Abenteurern fuhr der ehemalige Kosak und Mühlenbesitzer im März 1649 die Lena aufwärts und bog dann mit seinen Kotschen in die Oljokma ein. Er wollte einen neuen, besseren Weg zum »Schwarzen Drachen« finden. Das muß gelungen sein. Man weiß zwar nicht viel über diesen ersten Feldzug, aber Chabarow kehrte im Mai 1650 zurück und brachte als Beweis für die Schätze, die es in Daurien zu heben galt, einen Getreidevorrat mit.

Franzbekow, dem der Zar doch nicht recht getraut hatte, war inzwischen abgesetzt worden. Aber Chabarow kam auch mit dem Nachfolger sofort ins Geschäft. Die zweite Expedition wurde noch besser ausgerüstet. Mit Pferden, Kanonen und rund 140 Söldnern, darunter 21 Kronkosaken, kehrte der Eroberer, der bald einen ähnlich legendären Ruf genoß wie Jermak, an den Amur zurück und vertrieb den Eingeborenen-Fürsten Lawkai, der am linken Flußufer im eigentlichen Daurien regierte. Die Kosaken erbeuteten riesige Vorräte, errichteten den Ostrog Albasin und überwinterten.

Im nächsten Frühjahr ließ Chabarow Boote bauen und fuhr den »Schwarzen Fluß« abwärts. Ein Dorf nach dem anderen wurde dem Erdboden gleichgemacht. Hunderte von Eingeborenen fielen unter den Säbelhieben der Kosaken, die selbst kaum Verluste hatten. Chabarow notierte:

»Nach heftigem Kampf eroberten wir drei Befestigungen der Fürsten Olgemsa, Gugudar und Latodi; dabei kamen 661 Daurier ums Leben; 243 Weiber und Jungfrauen, 118 Kinder, 237 Pferde und 113 Rinder wurden erbeutet.«

Eigene Verluste: Vier Tote und 45 Verwundete.

Im gleichen Jahr wurde in der Nähe der Ussuri-Mündung sogar eine Abteilung regulärer chinesischer Truppen geschlagen. Die Kosaken erbeuteten Kanonen, Musketen, fast tausend Pferde und viel Proviant. Euphorie machte sich breit – nicht nur am Amur, sondern in ganz Sibirien und sogar in Moskau. Von Jenissei und Lena strömten Jäger und Händler, »Läuflinge« und Deserteure in Scharen nach Daurien. Hier war es wärmer als im rauhen Norden, keine Obrigkeit störte die Ausrottung von Eingeborenen und Pelztieren – kurz: Chabarow schien das Land der unbegrenzten Möglichkeiten gefunden zu haben.

Mit den Nachrichten über Chabarows Heldentaten drangen auch Gerüchte über seine Grausamkeit nach Moskau. Der Zar schickte den Adligen Sinowjew mit regulären Truppen an den Amur und ließ den »Eroberer« absetzen. Neuer Kommandant wurde der zaristische Lehnsmann Stepanow.

Chabarow selbst unterwarf sich seinem Schicksal ohne Widerstand. Er wurde nach Moskau gebracht, angeklagt, schließlich aber begnadigt. Für seine Verdienste erhielt er später sogar einige Dörfer als Lehen.

Der merkwürdig widerspruchslose Abgang eines Mannes, der bis zu diesem Zeitpunkt als grausam und herrisch galt und einen Ruf als großer Entdecker und Eroberer zu verteidigen hatte, verführte manche Historiker zu der These, Chabarow habe gewußt, daß die entscheidenden Auseinandersetzungen im Fernen Osten erst noch bevorstanden und daß die Russen einer ernsthaften Kraftprobe mit den Chinesen am Amur nicht gewachsen waren.

In der Tat spricht vieles dafür, daß der kluge, immer gut informierte Entdecker, nach dem später die Stadt Chabarowsk an der Mündung des Ussuri in den Amur benannt wurde, die Stärke der Mandschu erkannt und rechtzeitig das Schlachtfeld geräumt hatte. Die ersten Rückschläge im

Kampf um das Amurbecken erlebten jedenfalls erst seine Nachfolger.

Es ist Zeit, einen Blick auf die historische Landkarte Asiens im 17. Jahrhundert zu werfen.

Genau zu dem Zeitpunkt, als die Kosaken sich anschickten, das »Land des schwarzen Drachen« zu erobern, hatte in China ein entscheidender Umschwung stattgefunden. Das Land war aus seiner Stagnation unter der Ming-Dynastie erwacht und schickte sich an, unter der neuen Dynastie der Mandschu, die bis 1912 regieren sollte, sehr selbstbewußt wieder die Rolle einer führenden Großmacht in Asien zu übernehmen. Zunächst hatte Khan Nurhaci (1559–1626) das mandschurische Reich vom Amur bis zur Großen Mauer ausgedehnt, sein Sohn Abahai (1626–1643) hatte Nordchina erobert, die Mandschu- oder Ch'ing-Dynastie proklamiert, und schließlich war 1644 Shun-chih zum ersten mandschurischen Kaiser über China ausgerufen worden.

Die Mandschuren galten schon immer als kriegerischer Volksstamm, und auch im 17. Jahrhundert gingen sie energisch daran, ihre Macht auszudehnen. Zunächst wurden neue Festungen gebaut und das Heer modernisiert. Vor allem Musketen und Kanonen sollten dabei helfen, die räuberischen Nomadenstämme in ihrer Nachbarschaft in Schach zu halten.

Die neuen Mandschu-Kaiser kannten sich in der Geschichte des chinesischen Reiches aus. Sie erinnerten sich, daß die Mandschurei schon zweimal von den Mongolen überrollt worden war, zuletzt vor fast fünfhundert Jahren, als Dschingis-Khan sein Weltreich erobert und sein Enkel Kubilai die »dunkle Periode« der mongolischen Dynastien in China eröffnet hatte. Die Nordwest-Grenze wurde also besonders sorgfältig beobachtet.

Wie berechtigt die chinesische Vorsicht war, beweist die Entwicklung der Machtverhältnisse in Zentralasien: Östlich vom Balchasch-See, in den Steppen des Tarbagatai-Gebietes, hatte sich Khan Batur aufgemacht, die westmongolischen oder oiratischen Stämme zu vereinen und das Erbe

Dschingis-Khans anzutreten. Anfang der vierziger Jahre im 17. Jahrhundert begannen jene Nomaden bis in die Kasachensteppen vorzudringen, und schon 1643 eroberte Batur das fruchtbare Siebenstromland. Sein Sohn Galdan, ein fähiger Feldherr, verfügte seit den sechziger Jahren über ein Heer von mehr als hunderttausend Reitern. Die Zehntausendschaften unterwarfen Kaschgarien und Moghulistan. Sogar Taschkent wurde geplündert. In den achtziger Jahren richtete Galdan seinen Blick immer häufiger nach Osten, denn für einen Mongolen bestand die größte Leistung der Dschingis-Khaniden immer darin, China besiegt zu haben. Also unterwarf der Oirat auch die Ostmongolen und ließ sein Heer an der Großen Mauer aufmarschieren.

Die Mandschu-Kaiser beobachteten diese Entwicklung mit Sorge. Besonders alarmiert wurden sie, als im Süden ihres Reiches ein Abenteurer namens Cheng Ch'eng-kung als Rächer der Ming-Dynastie auftrat, sich zum König von Formosa ausrufen ließ und von seiner Insel aus die Festlandsküste angriff.

Kein Wunder, daß die Vorstöße der Kosaken, die bisher nur wie Nadelstiche gewirkt hatten, den Mandschu-Kaiser dazu veranlaßten, starke Truppen an seine Nordwestgrenze zu werfen. Chabarows Nachfolger Stepanow und seine Kosaken sahen sich plötzlich dem Ansturm gut ausgerüsteter und zahlenmäßig weit überlegener Elite-Einheiten ausgesetzt. Schon beim ersten Gefecht am Sungari (Ussuri) wurden sie zurückgeworfen und konnten sich nur mit Mühe in einen eilig gebauten Ostrog retten. Aber die Chinesen machten nun ernst: Als Stepanow zwei Jahre später auf der Suche nach Vorräten den Amur abwärts zog, wurde er an der Mündung des Sungari gestellt und vernichtet. Anschließend – man schrieb das Jahr 1658 – brannten Mandschu-Krieger die Festung Albasin nieder und trieben die letzten Kosaken bis zur Festung Nertschinsk zurück, die 1656 von dem Woiwoden Paschkow an der Nertscha gebaut worden war.

Mit dieser russischen Niederlage war der Kampf um den Amur noch nicht entschieden. Schon 1666 wurde Albasin von dem polnischen Abenteurer Tschernigowsky wieder aufgebaut. Bauern siedelten sich an und bestellten die fruchtbaren Äcker. Orthodoxe Priester gründeten sogar ein Kloster. Die Chinesen schienen den Amur aufgegeben zu haben. 1674 wagte es der Zar deshalb, einen offiziellen Woiwoden einzusetzen, und Alexei Tolbusin herrschte mehr als zehn Jahre ohne größere Zwischenfälle.

Dann bereitete der energische Kaiser K'ang-hsi (1667 bis 1722) der Kosakenherrschaft ein Ende: Er baute in der Mandschurei Festungen, unter anderen Aigun auf dem linken Ufer des Amur, das die Russen eigentlich schon als Territorium des Zaren betrachtet hatten. Von Aigun aus marschierte eine chinesische Armee nach Albasin und belagerte die Festung. Tolbusin konnte dem konzentrierten Feuer der Belagerungsgeschütze nicht standhalten, kapitulierte und durfte mit allen Waffen nach Nertschinsk abmarschieren.

Das war im Juni. Schon im August des gleichen Jahres kehrte Tolbusin mit seinen Truppen und einem Kosakenregiment als Verstärkung zurück. Offenbar nahm er einen Feind nicht ernst, der seinen besiegten Gegner nicht erbarmungslos abschlachtete, wie die Kosaken das gewöhnlich zu tun pflegten. Der niedergebrannte Ostrog wurde mit stärkeren Mauern als je zuvor wieder aufgebaut. Auch die Bauern kehrten zurück und brachten ihre Ernte auf den unversehrten Feldern ein. Und als die chinesische Armee, fast 10000 Mann stark, aus Aigun, das inzwischen auf das rechte Amurufer verlegt worden war, erneut anrückte, um Albasin zu belagern, verteidigten sich die rund 800 Kosaken so hartnäkkig, daß die Soldaten des K'ang-hsi unverrichteterdinge abziehen mußten.

Trotzdem stand es schlecht um die Chancen der Russen. Auf lange Sicht konnten sie dem Druck der Chinesen nicht standhalten. Zu dünn war Sibirien besiedelt. 10000 Kilometer lange Nachschublinien durch sumpfige Taiga und über Steppen, die von kriegerischen Nomaden bevölkert wurden, ließen sich einfach nicht bewältigen. Selbst mehr als zweihundert Jahre später, während des russisch-japanischen Krieges, konnte dieses Problem nicht gelöst werden.

Der Zar und seine Ratgeber sahen das ein. Sie hatten ohnehin im europäischen Teil ihres Riesenreiches genug Sorgen: Angriffe der Polen und Türken mußten abgewehrt, Bauernaufstände niedergeschlagen werden. Seit 1670, als der Kosak Milowanow mit vier Begleitern erstmals am Hof des großen Kaisers in Peking empfangen worden war, versuchten die Russen deshalb hartnäckig, mit dem Reich der Mitte ins Geschäft zu kommen. Gesandte reisten hin und her, und schon während der letzten Belagerung Albasins hatte der Zar den Fürsten Golowin mit einem starken Kontingent Strelitzen und Kosaken auf den Weg geschickt, um mit den Chinesen einen günstigen Friedensvertrag auszuhandeln.

Unterwegs wurde Golowin von aufständischen Mongolenstämmen in schwere Gefechte verwickelt, so daß er nicht, wie geplant, in Albasin mit den chinesischen Unterhändlern zusammentreffen konnte, sondern gerade die Schilka erreichte, als der Mandschure Songgotu mit einem Heer von 15000 Mann bereits vor Nertschinsk stand.

Am 12. August 1689 trafen sich die Gesandten in einem Zelt, das zwischen Nertschinsk und der Schilka aufgebaut worden war. Wie die Jesuiten Jean François Gerbillon und Thomas Pereira berichteten, die auf chinesischer Seite als Dolmetscher und Berater an den Verhandlungen teilnahmen, gaben sich Golowin und der Mandschu-Prinz sehr würdevoll und verkündeten zunächst ihre Maximalforderungen: Der Russe schlug den Amur als Grenze vor, während Songgotu die Grenze an den Baikalsee verlegen wollte. Kaltblütig nutzte der Chinese seine strategischen Vorteile und forderte nicht weniger als die Abtretung aller russischen Eroberungen in Ostsibirien und Transbaikalien.

Wochenlang zogen sich die Verhandlungen hin. Unter dem Einfluß der Jesuiten vergaßen die Chinesen zwar den Baikalsee als Grenze. Aber im Amurbecken wollten sie in Zukunft keinen Russen mehr sehen.

Als sich Golowin weigerte, Albasin zu räumen, umzingelten die Mandschu-Truppen Nertschinsk. Kurz danach stieß ein Heer verbündeter Mongolen zu den Chinesen, und am

27. August 1689 kapitulierte der russische Fürst vor dieser Übermacht.

Der Vertrag von Nertschinsk wurde in russischer, lateinischer, mongolischer, chinesischer und mandschurischer Schrift ausgefertigt und unterschrieben. Er enthielt nur eine klare Bestimmung: Das gesamte Amurbecken würde chinesisch bleiben. Golowin mußte auch die Festung Albasin niederreißen lassen. Die Grenzen im Osten und Westen blieben so nebulos wie die geographischen Vorstellungen der Russen und Chinesen von jenen Gebieten. Die Besitzverhältnisse zwischen Uda, Dschagdy-Gebirge und Ochotskischem Meer sollten später geklärt werden. Die Russen behielten alle sibirischen Gebiete nördlich vom Kamm des Stanowoi-Gebirges. Weiter westlich galt als Grenze eine Linie, die vom Rand des Stanowoi-Gebirges südlich bis zum Zusammenfluß von Schilka und Argun und entlang der Schilka bis kurz vor Nertschinsk verlief.

Rußland hatte den Kampf um den »Schwarzen Drachen« vorläufig verloren. Selbst die Amur-Mündung blieb chinesisches Einflußgebiet. Aber der Verlust ließ sich verschmerzen. Viel wichtiger als weiterer Landgewinn war für den Zaren der Abschluß eines Handelsabkommens mit China. Das europäische Rußland und Sibirien brauchten dringend Gold und chinesische Waren, während das riesige Reich der Mitte als ideales Absatzgebiet für sibirische Erzeugnisse, vor allem für Pelze, lockte.

Obgleich schon im Vertrag von Nertschinsk der freie Verkehr von Kaufleuten über die russisch-chinesische Grenze hinweg vereinbart worden war, dauerte es noch bis zum 14. Juni 1728, ehe ein geordneter Handelsaustausch einsetzte. Im Generalvertrag von Kjachta wurde endlich festgelegt, daß alle drei Jahre zweihundert Kaufleute aus Sibirien nach Peking reisen durften. In Kjachta und Nertschinsk, den russischen Städten in der Nähe der chinesischen Grenze, entwickelte sich ein zentraler Markt für den ständigen Handelsaustausch.

Schon nach wenigen Jahren wurde Sibirien von chinesischen Fertigwaren überschwemmt. Besonders Seide und andere Stoffe, Tee, Tabak und Tusche, Porzellan und Holzgeschirr, Lacke und chinesischer Zucker fanden sich in fast jedem russischen Haushalt.

Kein Zweifel: Nach jahrhundertelangem vergeblichem Bemühen war die Verbindung zu dem größten asiatischen Kulturvolk, das den »barbarischen« Russen auch im 17. und 18. Jahrhundert technologisch und kulturell noch weit überlegen war, wiederhergestellt. Der erste Vertrag zwischen einem chinesischen und einem europäischen Herrscher überhaupt war unterzeichnet worden. Kosaken wie Pojarkow und Eroberer wie Chabarow hatten an diesem Erfolg durch ihre ersten mutigen Vorstöße großen Anteil.

Der Preis für einen erweiterten Handel, der den Russen wirtschaftlich mehr nutzte als den Chinesen, bestand in der genauen Markierung der Grenze zwischen dem russischen Transbaikalien und der Mongolei. Dadurch war der Expansion der Russen in Sibirien zum erstenmal über Tausende von Kilometern eine Grenze gesetzt. Der Vorstoß zaristischer Truppen in die verlockend dünn besiedelten mongolischen Steppengebiete unterblieb für mehr als hundertfünfzig Jahre.

Langfristig wirkte sich auch der Vertrag von Kjachta günstig auf die russische Kolonialpolitik in Zentral- und Ostasien aus:

Kaiser K'ang-hsi hatte bereits in den neunziger Jahren des 17. Jahrhunderts die Angriffe der Oiraten abgewehrt und den Khan Galdan 1696 südlich von Urga entscheidend geschlagen. Schon hier machte sich die Überlegenheit der chinesischen Artillerie gegenüber den nomadischen Reiterheeren bemerkbar. Die Schlacht bei Urga brachte zwar noch nicht das Ende des Oiratenreiches, aber sie beschleunigte eine politische Klimaveränderung auf zwei Ebenen.

Zunächst wandten sich die oiratischen Truppen wieder nach Westen und verheerten in mehreren blutigen Feldzügen die Kasachensteppen. Die Nomadenstämme zwischen Balchasch-See, Irtysch, Ischim und Aral-See, die nach Kutschums Ende den Russen energisch Widerstand geleistet hatten, suchten nun Schutz bei den zaristischen Woiwoden.

Die Russen nutzten die Schwäche der Kasachen-Khane und schoben ihre Forts immer weiter nach Süden vor. 1716 entstand Omsk, 1718 Semipalatinsk und ein Jahr später Ust-Kamenogorsk. Stark befestigte Verteidigungslinien schirmten die Wasserstraßen Irtysch und Ischim ab.

Als die Oiraten von den Mandschu-Heeren im Jahre 1758 endgültig vernichtet wurden, wobei die Chinesen mehr als eine Million Mongolen niedermetzelten, konnten sich die Kasachen dem russischen Einfluß nicht mehr entziehen. Kaum der Gefahr aus dem Osten entronnen, begann ein verzweifelter Kampf ums Überleben gegen Kosaken und slawische Siedler. Seit dem Ende des 18. Jahrhunderts schickte der Zar unter dem Schutz seiner Truppen Hunderttausende von Bauern in die fruchtbaren Steppen. Die Nomaden wurden von ihren Weiden vertrieben und verarmten.

Nach vielen Aufständen, die teilweise als Heilige Kriege der Mohammedaner gegen die orthodoxen Russen geführt und blutig niedergeschlagen wurden, mußten sich die Kasachen nach der Oktoberrevolution endgültig der russischen Herrschaft unterwerfen: Eine Hungersnot im Jahre 1921 und die zwangsweise Seßhaftmachung ab 1926 kosteten Millionen Menschenleben und bedeuteten die endgültige Russifizierung des riesigen Gebietes. Heute leben in der »Kasachischen Sozialistischen Sowjetrepublik« noch rund 3,5 Millionen Kasachen. Sie stellen nur etwa ein Viertel der Gesamtbevölkerung dar.

Auch in der Mongolei arbeitete die Zeit für Rußland: Nach ihrem Sieg über die Oiraten dehnten die Chinesen ihre Herrschaft über Tibet und die Dsungarei bis ins Tarimbekken aus und zwangen die Mongolen unter ein – kaum spürbares – Protektorat. Im 18. und 19. Jahrhundert wurde aus der nominellen Mandschu-Herrschaft ein drückendes Kolonialverhältnis. Chinesische Siedler und Kaufleute strömten ins Land und kontrollierten bald die gesamte mongolische Wirtschaft. Starke antichinesische Gefühle verbreiteten sich in der Äußeren Mongolei. Das führte im 19. Jahrhundert und vor allem während der Bürgerkriegswirren nach der

Oktoberrevolution zu einer Annäherung der Nomadenstämme an die Russen. Heute steht die »Mongolische Volksrepublik« stark unter sowjetischem Einfluß, während die »Innere Mongolei« zu China gehört.

Das Amurbecken fiel schließlich ebenfalls an Rußland. Knapp zweihundert Jahre nach dem Vertrag von Nertschinsk, den die Chinesen durch eine militärische Demonstration vorteilhaft gestalten konnten, drehte der Generalgouverneur von Ostsibirien, Nikolai Murawjow, unter völlig veränderten Voraussetzungen den Spieß um. Murawjow, von dem der russische Schriftsteller Alexander Herzen behauptete, er sei »allein soviel wert wie ein Ministerkabinett«, nutzte eine günstige weltpolitische Situation: In Europa starrten die Großmächte in den fünfziger Jahren des vorigen Jahrhunderts gebannt auf das Schwarze Meer, wo sich der Krimkrieg anbahnte. Niemand würde von Ereignissen Notiz nehmen, die sich 10000 Kilometer entfernt abspielten und das Kräfteverhältnis in Europa nicht veränderten.

Die Mandschu-Kaiser selbst waren durch den ersten Opiumkrieg im Jahre 1842 und durch den Aufstand der T'ai-p'ing-Sekte geschwächt, die 1853 Nanking erobert und zur Hauptstadt ihres »Himmlischen Reiches des allgemeinen Friedens« ausgerufen hatte. An der Küste warteten französische und englische Interventionstruppen auf eine günstige Gelegenheit, ihre Brückenköpfe, die sie im Vertrag von Nanking erzwungen hatten, auszuweiten.

Murawjow schickte zunächst den Marineoffizier Newelskoi als Kundschafter den Amur abwärts. Unbehindert erreichte das russische Boot die Mündung, und seine Besatzung gründete den Ort Mariisk. Dann umrundete Newelskoi die Insel Sachalin und erklärte sie zu russischem Besitz, nachdem er eine japanische Fischerflotte verjagt hatte. Die Häfen Alexandrowsk und Korsakow wurden angelegt.

Nach diesem Test wurde der Generalgouverneur von Irkutsk mutiger: Er ließ ein Dampfschiff bauen und bestückte es mit Kanonen. Während der Krimkrieg tobte, verteilte er rund tausend Soldaten auf Barken und Flöße, behauptete,

Man schrieb das Jahr 1219, als Dschingis-Khan, der »große Töter«, mit 200 000 Reitern nach Westen aufbrach. Nach den Skythen, Sarmaten und Hunnen hatten sich in den Hochebenen Asiens die Mongolen gesammelt, um die Reiche der Mohammedaner und Christen zu zerstören.

Die Stärke der asiatischen Nomadenvölker lag in ihrer Mobilität. Tausende von Meilen, Wüsten und Gebirge, überwanden sie mit ihren ausdauernden Steppenpferden. Die mittelalterlichen Burgen und Festungen wurden schnell überrannt.

Jurten dienten als Unterkunft, Steppentiere als Proviant. Mit den berühmten Mongolenbögen konnte ein guter Schützè bis zu 2 Kilometer weit schießen.

Später übernahmen vor allem die Saporoger Kosaken die wilde kriegerische Lebensart der Mongolen.

Im »Wilden Feld« zwischen Don und Dnjepr kam es zu ersten Zusammenstößen zwischen russischen Siedlern und Nomaden. Wenig später vereinigten die Kosaken als besonders kampfstarke Grenzbevölkerung die besten Eigenschaften slawischer Trapper und tatarischer Steppenreiter.

Während die ersten »Handrohre« noch sehr ungenau schossen, verschob sich im 16. und 17. Jh. durch die Verbesserung der Artillerie (oben rechts mit einem Saporoger Hetman) das Kräfteverhältnis zugunsten der Kosaken. Immer häufiger wurden die nomadischen Bogenschützen besiegt.

I. J. Repin, Saporoger Kosaken schreiben einen Brief an den türkischen Sultan.

Während im 16. Jahrhundert Moskau zur Perle des aufstrebenden russischen Reiches wurde (links der Zarenpalast, Iwan der Schreckliche und die Jerusalemkirche), lebte die russische und sibirische Bevölkerung zwar malerisch, aber recht ärmlich.

Von der Ostküste Kamtschatkas starteten die Segelschiffe Berings nach Alaska. Heute weiß man, daß schon vor einigen tausend Jahren sibirische Völker nach Nordamerika auswanderten. Die Ähnlichkeit der Ostjaken, Tschuktschen und Kamtschadalen mit Indianern ist unverkennbar.

An Grausamkeit standen die Kosaken den Tataren nicht nach. In den Freiheitskriegen Stenka Rasins und Chmelnickijs, aber auch im Dienst des Zaren waren sie wegen ihrer Ausschreitungen berüchtigt. Heute äußert sich »Kosakentum« nur noch in farbenprächtiger Folklore.

die Festung Petropawlowsk auf Kamtschatka gegen eine französisch-britische Flotte verteidigen zu müssen, und fuhr, am chinesischen Stützpunkt Aigun vorbei, ostwärts. Im Juni 1854 kam der Geleitzug in Mariisk an, und bald darauf fuhren die nächsten Schiffskonvois ab, die außer Soldaten auch die ersten Siedler an die Amurmündung brachten. Kosaken und Bauern bauten sofort Dörfer und legten Felder an.

Nach dem verlorenen Krimkrieg wußte Alexander II. von Rußland die Initiative in Fernost zu schätzen. Er erhob Murawjow in den Grafenstand und erlaubte ihm, seinem Familiennamen die Bezeichnung »Amurski« zuzufügen. Mit dem Befehl, die Eroberungen diplomatisch abzusichern, kehrte der Graf im Jahre 1858 an den Amur zurück.

Noch im Mai des gleichen Jahres zwang er den Oberbefehlshaber der chinesischen Truppen in Aigun, einen tatarischen General, den »Küstengau Ostsibirien«, den der Zar mit einem Federstrich geschaffen hatte und der das gesamte linke Amurufer umfaßte, vertraglich anzuerkennen. Von sich aus fügte Murawjow noch das gesamte Gebiet hinzu, das sich östlich von Amur und Ussuri bis an den Pazifik erstreckte, und forderte das Recht auf freie Schiffahrt für alle Nebenflüsse des Amur.

Der sogenannte Vertrag von Aigun wurde durch die Verhandlungen der russischen Diplomaten in China, Admiral Graf Putjatin und General Ignatjew, bestätigt, die sich geschickt aus der militärischen Intervention der Engländer und Franzosen gegen den Mandschu-Kaiser heraushielten, nach dem Fall Pekings aber aus dem halbkolonialen Zustand des chinesischen Reiches den größten Nutzen zogen. Als Lord Elgin, der Befehlshaber der britischen Truppen, den Pekinger Sommerpalast des Kaisers in Brand setzte, wurden die Flammen zum Symbol für die Demütigung eines großen Kulturvolkes und zum Signal für einen gewaltigen Landgewinn der Russen. Im Vertrag von Peking traten die Chinesen ihr gesamtes Gebiet links des Amur sowie zwischen dem Ussuri und der koreanischen Grenze an Rußland ab. In Zentralasien überließen sie dem Zaren fast das gesamte Turkestan.

Murawjow fühlte sich im Fernen Osten so sicher, daß er bereits 1858, noch ehe der Vertrag von Peking unterzeichnet war, vollendete Tatsachen schuf und das Amurheer gründete, eines jener administrativ eingesetzten Kosakenheere, die an den Grenzen des riesigen russischen Reiches »mit der Sichel und dem Säbel in der Hand« einen Wall aus Wehrbauern bildeten.

Allein 1859 siedelten sich rund 200000 Kosaken am Amur an. Kavallerieregimenter, ältere Soldaten mit ihren Familien und Bauernsippen aus der Ukraine wurden abkommandiert, angeworben oder einfach verschickt. Freiwillige Siedler kamen zum Teil auf Schiffen vom Schwarzen Meer nach Wladiwostok, das 1860 gegründet wurde. Sie erhielten als Starthilfe Mehl für ein Jahr, Geld für die Einrichtung und Ausstattung eines Hofes, Balken zum Hausbau, einen Hektar Land, zwei Arbeitspferde und vier Räder. Wehrpflichtige Kosaken wurden einige Jahre vom Dienst befreit.

Eine ähnliche Siedlungsperiode erlebte wenig später das Land am Ussuri. Neue Städte, Dörfer und militärische Befestigungen entstanden. Außer Bauern und Kosaken wurden wie am Amur und im übrigen Sibirien auch Verbannte angesiedelt. Dazu gehörten neben politischen Häftlingen auch Strafgefangene. Auf Massenhochzeiten verheiratete man ganze Strafbataillone mit »verschickten« Prostituierten.

Wie Zentralasien wurde auch der Ferne Osten konsequent »russifiziert«. Das »weiße Asien« formierte sich, legitimiert durch zweifelhafte Verträge, gestützt auf die Kosakensäbel der Kolonialmacht Rußland. Da diese Kolonialpolitik auch nach der Oktoberrevolution konsequent fortgesetzt wurde, ist es nicht verwunderlich, daß seit einigen Jahrzehnten der wieder erstarkte »schwarze Drachen« seine Feuerpfeile über Amur und Ussuri speit. Die Schatten der Vergangenheit liegen über einigen tausend Kilometern asiatischer Grenzen, an denen Sowjets und Chinesen, die roten Erben Dschingis-Khans, einander unversöhnlich gegenüberstehen. Aber das ist ein Kapitel der Weltgeschichte, das nicht mehr von Kosaken geschrieben wird.

6
Von der Ostsee zum Pazifik

Die Verträge von Nertschinsk und Kjachta sicherten die Südgrenze Sibiriens, verhinderten eine weitere Expansion in die mongolischen Steppen und in das Amurbecken und lenkten den Tatendrang der Kosaken wieder nach Norden und nach Osten. Besonders seit 1689, als Peter der Große im fernen Moskau den Thron bestiegen hatte, wurde die Erschließung des riesigen Kontinents konsequent fortgeführt.

Zwei Hauptaufgaben stellten sich den russischen Entdekkern und Geographen.

Als erstes mußten alle Inseln und Kontinente, die bei klarem Wetter vor der sibirischen Ostküste deutlich zu erkennen waren, genauer lokalisiert und in Besitz genommen werden. Dabei ging es nicht zuletzt auch um eine Standortbestimmung des russischen Imperiums auf der nördlichen Hemisphäre, deren weiße Flecken auf der Landkarte noch manches Rätsel aufgaben.

Vor allem mußte die Frage, ob Sibirien im Nordosten an Amerika grenzt oder durch eine Meeresstraße von Alaska getrennt wird, offiziell beantwortet werden. Die Expedition Popows war zwar registriert worden und in einer »Skizze des Sibirischen Landes« aus dem Jahre 1667 ist das Meer zwischen Lena- und Amurmündung völlig frei eingezeichnet. Aber noch Ende des 17. Jahrhunderts galt das als Spekulation, und die Entdeckungsfahrt der kühnen Kaufleute und Kosaken gehörte bereits in das Reich der Legenden. Die Berichte Deschnjews verstaubten in den Archiven der sibirischen Verwaltung.

Noch einmal mußten also Kotschen und Schaluppen die Küsten Asiens hinter sich lassen und russische und erfahrene ausländische Seeleute den Kampf mit tückischen Eisbergen im heutigen Beringmeer, mit Taifunen im Stillen Ozean aufnehmen. Weit am Horizont lockten Amerika und Japan.

Die zweite Aufgabe knüpfte an die Ideen Gerassimows aus dem 16. Jahrhundert an, die seit mehr als hundertfünfzig Jahren europäische Staatsmänner, Philosophen und Wissenschaftler beschäftigt hatten: Parallel zu den Bemühungen des russischen Zaren um ein Handelsabkommen mit den Chinesen und damit um die Sicherung des Landweges von Moskau nach Peking liefen Vorbereitungen zum Durchbruch in der Nord-Ost-Passage, zur Entdeckung eines schnelleren, bequemeren und billigeren Wasserweges nach Ostasien. Nachdem alle Schiffe und Expeditionen der Russen und anderer nordeuropäischer Nationen im 16. und 17. Jahrhundert an den Eisbergen der arktischen Meere gescheitert waren, sollten nun die sibirischen Nordküsten genau vermessen werden.

Ehe in der ersten Hälfte des 18. Jahrhunderts russische und ausländische Forscher an die Bewältigung dieser Aufgaben herangingen und damit ein neues Expansions-Zeitalter einleiteten, das die Fahne des Zaren bis nach Kalifornien und weit in den Pazifik hinein tragen sollte, waren es noch einmal Kosaken, die Entdeckern, Wissenschaftlern und Weltumseglern wie Bering, Tschirikow oder Krusenstern den Weg ebneten. Sie eroberten Kamtschatka und erschlossen damit die letzten noch unbekannten Küsten im Osten Sibiriens.

Bekannt und relativ genau skizziert waren bisher nur die Küsten des Ochotskischen und teilweise des Beringmeeres. Wir erinnern uns: In den vierzig Jahren des 17. Jahrhunderts hatte zunächst Moskwitin die Mündung der Ulja am Ochotskischen Meer erreicht und die ersten Erkundungsfahrten nach Süden unternommen. Dann segelte Pojarkow vom Amur nordwärts und erreichte ebenfalls die Ulja. 1646 errichtete Schelkownik einen Ostrog an der Ochota, und wenig später warfen heftige Stürme den Kosaken Deschnjew vermutlich am Kap Oljutorski an Land. Sein Rivale im Kampf um die Pfründe am Anadyr, der Abenteurer und Kosakenführer Staduchin, der auf dem Landweg von der Kolyma aus den Anadyr erreicht hatte, marschierte auf Schneeschuhen bis zum Penschina-Fluß und segelte dann an der Küste entlang bis nach Ochotsk.

Seitdem kamen den zaristischen Verwaltern und Jägern immer wieder Nachrichten und Gerüchte über ein pelzreiches Land südlich des Anadyr zu Ohren, aber die kriegerischen Korjaken, die das Gebiet zwischen Penschina und Beringmeer als ihre Jagdgründe betrachteten, verwehrten den russischen Trappern und Händlern das Vordringen nach Kamtschatka.

Erst Wladimir Atlassow, ein Fünfzigschaftsführer im Ostrog Anadyrsk und – wie es sein Amt erwarten läßt – gleichzeitig Pelzhändler, Jäger, Soldat, brutaler Leuteschinder und Desperado, machte der Ungewißheit ein Ende. Im Jahre 1696 schickte er einen seiner Unterführer, den Kosaken Luka Morosko, mit einem guten Dutzend erfahrener Landfahrer und Haudegen an die Opuka, die im Gebiet der Korjaken in das Beringmeer mündet. Er sollte das unbekannte Gebiet erkunden und möglichst auch Pelze mitbringen.

Morosko wurde wenig behelligt, kam aber von der Route ab und drang dadurch weit nach Süden auf die Halbinsel vor. Er erreichte den Tigil und kehrte mit reicher Beute nach Anadyrsk zurück.

Die Erzählungen seines Kosaken-Leutnants müssen Atlassow von den Vorzügen und Reichtümern Kamtschatkas so überzeugt haben, daß er sofort eine eigene Expedition organisierte. Schon Anfang 1697, also mitten im Winter, spannten 60 Kosaken und 60 Eingeborene ihre Rentiere vor die Schlitten und fuhren an der Penschina südwärts. Von der Westküste Kamtschatkas aus durchquerten sie die Halbinsel und erreichten die Oljutora. Dort siedelten Korjakenstämme, aber es kam nicht zum Kampf.

Erst als Atlassow seine Truppe teilte und Morosko die Ostküste zuwies, während er selbst zur Penschina-Bucht zurückkehrte und am Ochotskischen Meer südwärts zog, begannen die Schwierigkeiten. Am Fluß Pallana erhoben sich die Jukagiren, die an der Expedition teilnahmen, erschlugen drei Kosaken und verwundeten Atlassow durch mehrere Messerstiche. Der »Pjatidesjatnik« (Fünfzigschaftsführer) ließ die verräterischen Eingeborenen niederhauen und zog weiter nach Süden.

Am Tigil vereinigten sich die Gruppen wieder. Die Kosaken kassierten an den Flüssen Napan, Kigil, Itscha, Sintsche und Harusow den Jassak und befreiten dabei auch einen Japaner namens Denbei, der auf Kamtschatka gestrandet war.

Am Kamtschatka-Fluß ließ Atlassow einen Ostrog bauen und besetzte ihn mit 15 Kosaken unter Führung Sirukows. Wie er später in seinem sehr ausführlichen Bericht behauptete, drang die Expedition sogar bis zu den Kurilen vor, die am Fluß Golyginaia, südlich des heutigen Bolscherezk, lebten. Von der Mündung dieses Flusses aus konnte man Alaid, die nördlichste der Kurilen-Inseln, erkennen.

Am 2. Juli 1699 kehrte Atlassow nach Anadyrsk zurück, ein Jahr später passierte er Jakutsk, und nach weiteren zwölf Monaten erreichte er Moskau. Seine Beute und die Nachrichten über Kamtschatka beeindruckten den Zaren und die Moskauer Beamten. Atlassow überreichte insgesamt 3200 Zobelfelle, zehn Seebiberpelze, sieben Biberhäute, vier Otterfelle, zehn Graufüchse und 191 Rotfüchse. 440 Zobel durfte er auf eigene Rechnung in Rubel umsetzen – ein kleines Vermögen.

Am interessantesten aber scheint für Peter den Großen der gefangene Japaner gewesen zu sein. Historiker und Chronisten berichten übereinstimmend, daß der Zar den schlitzäugigen Denbei wochenlang über seine Heimat ausfragte und einigen Studenten befahl, von ihm Japanisch zu lernen. Der Gefangene blieb bis an sein Lebensende in Moskau und trat sogar zum orthodoxen Glauben über. Er war sehr beliebt, erhielt reichlich Unterhalt und lebte nicht schlecht. Aber niemand konnte seinen Wunsch erfüllen, wieder nach Japan zurückzukehren. Noch kannte niemand den richtigen Kurs. Selbst der Japaner konnte sich nicht erinnern, in welche Ecken des großen Ozeans ihn der Taifun getrieben hatte, bevor das Schiff nach sechsmonatiger Irrfahrt an ein unbekanntes Ufer geworfen worden war.

Auf jeden Fall haben die Erzählungen von dem geheimnisvollen Land in Ostasien den Zaren dazu animiert, in Sibirien aktiver zu werden. Zunächst wurde Atlassow zum Obristen befördert und erhielt den Befehl, die russische Neuerwerbung Kamtschatka zu sichern. Die Woiwoden von Tobolsk, Jenisseisk und Jakutsk sollten ihm hundert Kosaken mitgeben und die Truppe mit Kanonen, Waffen, Munition, Fahnen und Trommeln ausrüsten.

Trotz dieser Unterstützung wurde aber aus der zweiten Atlassow-Expedition vorläufig nichts, denn der »Obrist« war immer noch der alte Desperado: Auf dem Weg nach Jakutsk plünderte er den Kaufmann Logan Dobrini aus, der mit einer Schiffsladung chinesischer Waren auf der Tunguska segelte. Die Beute war beträchtlich, aber Atlassow konnte sich über seinen Erfolg nicht lange freuen. In Jakutsk wurde er verhaftet und mit zehn seiner Unterführer ins Gefängnis geworfen. Erst vier Jahre später gelang es ihm, mit dem Jakutsker Woiwoden ins Geschäft zu kommen. Als Führer einer starken Kosakentruppe kehrte er nach Kamtschatka zurück, befleckte seinen »Entdecker«-Namen mit einer Serie brutaler Aktionen gegen Eingeborene und eigene Leute und wurde schließlich bei einem der vielen Aufstände ebenso erbarmungslos wie brutal niedergemacht.

Die ersten Jahrzehnte des 18. Jahrhunderts sind als eine Epoche des blutigen Terrors in die Geschichte Kamtschatkas eingegangen. An der Spitze der barbarischen Kosakenhaufen ließen habgierige, rücksichtslose Atamane und zaristische Beamte, religiöse Fanatiker, Psychopathen und Mystiker während der russischen Okkupation beispiellose Gemetzel veranstalten. Wie eine mordgierige Bande von Desperados durchkämmten die Kosaken das Land und erschlugen die Eingeborenen, wo immer sie Kamtschadalen, Korjaken oder Kurilen ohne den begehrten Jassak antrafen.

Zwei Wissenschaftler, die während der ersten Bering-Expedition die Halbinsel Kamtschatka erforschten und dabei noch einige Überlebende jener Massaker antrafen, berichteten ausführlich über den tragischen Untergang ganzer Volksstämme. Als Georg Wilhelm Steller, ein deutscher Naturwissenschaftler, Ende September 1740 nach Kamtschatka kam, fand er am Großen Fluß noch 25 Ureinwohner vor. Bei der Okkupation – also nur vierzig Jahre früher – hatten hier 800 Kamtschadalen gelebt.

Steller bedauert, »daß man in den Archiven auf Kamtschatka nicht die geringste Nachricht antrifft von allem, was die Besetzung des Landes sowie die Art und Weise der Bezwingung einer so zahlreichen Nation anbelangt. Auch findet sich kein Verzeichnis alles dessen, was vorgegangen ist, wie ein Ort nach dem anderen genommen wurde und was für Rebellionen und Scharmützel von Zeit zu Zeit vorgefallen sind.

Diejenigen Schriften, die man noch hat, besonders am Bolschaja Reka (Großer Fluß), sind in Ermangelung des Papiers auf Birkenrinde mit chinesischer Tinte geschrieben, in feuchten Ambaren ohne Aufsicht aufbewahrt worden, zum Teil verfault, zum Teil ganz erloschen und unleserlich.«

Trotzdem haben Steller und Kraschennikow, ein russischer Student, der sich fast vier Jahre auf Kamtschatka aufhielt, viel Material zusammengetragen. Steller erzählt die Geschichte von einem mächtigen Kamtschadalen-Häuptling, der das Gebiet am Großen Fluß beherrschte und eines Tages von Fremden hörte, die über das Meer gekommen seien. Er »ließ einige der Kosaken zu sich kommen und fragte sie durch eine korjakische Dolmetscherin, was sie haben wollten und woher und warum sie zu ihnen gekommen wären. Diese antworteten, sie kämen von dem großen und mächtigen Beherrscher, dem alles Land zu Gebote stünde und dem sie jährlich einen Jassak oder Zobel dafür zum Geschenk geben sollten, daß sie auf seinem Land wohnten.

Obwohl ihnen nun dies sehr verwunderlich vorkam, daß sie nicht in ihrem, sondern in einem anderen Lande wohnen sollten, von dem sie noch nie etwas gehört hatten, berief Häuptling Iwar eine Versammlung ein. Er schlug vor, weil diese starken, großen und beherzten Leute, an der Zahl vier, sich unterstünden, unter einen solchen Haufen Volks zu treten und den Jassak so frei für ihren Gebieter zu fordern, so käme ihm vor, es müsse ein mächtiges Volk und dabei sehr klug sein, was man an ihren Kleidern und eisernen Instrumenten sehen könne. Außerdem brächten sie allerhand nützliche Eisenwaren zu ihnen und nähmen nur Füchse und Zobelfelle dafür. Daher hielte er dafür, man sollte ihnen nichts zuleide tun, und da sie so viele Tiere hätten, in ihr Begehren willigen und um einer solchen Kleinigkeit wegen sich diese Leute nicht zu Feinden machen. Sie könnten, wenn man sie auch tot schlüge, in größeren Haufen wiederkommen und ihre Brüder rächen . . .

Als nun die Russen wieder vorgelassen wurden, warf man ihnen mehr Zobel zu, als sie sich versehen hatten. Sie hingegen beschenkten die Leute mit Messern, und dieser Iwar hat sein erstes Messer zum Andenken fast bis an sein Ende gebraucht. Darauf wurden sie wieder unter hartem Verbot, ihnen ein Leid zuzufügen, mit ihren Zobeln nach Bolschaja Reka geleitet, mit der Empfehlung, sie täten sehr wohl daran, wenn sie künftig nicht wiederkommen wollten.«

Natürlich kamen die Kosaken wieder. So günstig wie auf Kamtschatka konnten sie in keinem Gebiet Sibiriens mehr Felle eintauschen, als Jassak einsammeln oder einfach rauben. Selbst wenn in den ersten Jahren einige Trupps von den Korjaken oder Kamtschadalen überfallen und erschlagen wurden, lohnte sich das Risiko. Außerdem setzten sich bald die überlegenen Waffen der Russen durch.

Während die Eingeborenen mit Bogen, Pfeilen und Spießen aus Holz und Knochen kämpften oder »Keulen des Membri genitalis von Walrossen, welches ein sehr harter und fester Knochen ist«, schwangen, hatten die Feuerwaffen der Kosaken im 18. Jahrhundert bereits eine verheerende Wirkung. So kam es, daß selbst eine zehnfache Übermacht den Eingeborenen wenig nützte. Steller faßt die barbarischen Methoden während der Okkupation so zusammen:

»Den Männern nahmen sie die Weiber und Töchter, die Söhne zu Diensten, die Schlitten und Hunde zu ihrem Bedürfnis, Zobel, Füchse, Proviant von den Balaganen. Darauf beredeten sich die Eingeborenen in den nächsten Gegenden, gegen den Ostrog vorzugehen und ihn gänzlich zu ruinieren, auch keine Seele leben zu lassen. Weil aber die Kosaken allezeit die Intrige gebraucht haben, daß sie einige verschlagene Itelmen (Kamtschadalen) in ihrer Freundschaft erhielten, so erfuhren sie durch diese und die Mädchen, welche sie scharenweise zur Unzucht gebrauchten, allezeit von allen drohenden Unternehmungen der Itelmen und setzten sich dagegen zur Wehr. Man kann sich nicht genug über die Tapferkeit und die listigen Streiche der Kosaken verwundern, welche eine Handvoll meist verlaufener Leute waren, die der Justiz entweder entlaufen oder hierher aus Rußland allerhand verübter Bubenstücke wegen geschickt worden waren; und dies sind die tüchtigsten Leute zu solchen zweifelhaften Unternehmungen.

Die Itelmen kamen das erstemal zu Lande mit einem so großen Haufen an, daß man sie nicht übersehen konnte, ließen sich auch vernehmen, wie sie mit ihren Mützen die Kosaken erschlagen und verschlingen wollten. Die Kosaken, in allem ungefähr siebzig Mann, fielen ihnen aus dem Ostrog entgegen und verjagten sie gleich anfangs; dabei erschlugen sie so viele, als nur möglich war. Das andere Mal kamen sie auf dem Bolschaja Reka in Kähnen in solcher Menge an, daß auch die Kosaken schon allen Mut sinken ließen. Dennoch aber zersplitterten die Kosaken ihre Macht und verhinderten, daß sie einander zu Hilfe kamen, wodurch abermals der größte Teil, der den Kugeln und Kopien entrann, im Wasser ertrinken mußte. Dies war der andere Sieg.

Diejenigen, die damals gefangen wurden, wurden alle ohne Gnade mit Riemen und Stöcken zu Tode geschlagen, einige nackend ausgezogen, jung und alt mit stinkenden Fischen beschmiert und hungrigen Hunden lebendig zum Zerreißen vorgeworfen.

Überhaupt, als die Kosaken sahen, daß diese Nation zu zahlreich war und sie mit ihnen unmöglich fertig werden, noch sich eines beständigen Besitzes versichern konnten, gaben sie ihnen durch unüberwindliche Beleidigungen nur Gelegenheit anzufangen, schlugen dann von Alten und Erwachsenen alles tot, was ihnen vorkam, machten ihre Weiber und Kinder zu Sklaven und ihre Güter zur Beute. So haben sie binnen vierzig Jahren die Zahl der Einwohner bis auf den zwölften oder fünfzehnten Teil reduziert.«

Auch als die Kamtschadalen längst »befriedet« waren, ging die erbarmungslose Ausrottung weiter. Während bei einer Volkszählung im Jahre 1744 noch rund 20000 Itelmen registriert wurden, hatte sich ihre Zahl bis 1823 auf 2760 und bis 1850 auf 1951 vermindert.

7
Die zweite Entdeckung Amerikas

Als Kolumbus einen Seeweg nach Indien suchen wollte, hatte er keine Ahnung, wann er wo – falls überhaupt – auf Land stoßen würde. Reiner Entdeckerdrang trieb ihn in die Weite des Ozeans, auch der Mut des Ahnungslosen, der die Angst, vielleicht zu einer Reise ohne Wiederkehr aufgebrochen zu sein, ins Unterbewußtsein verdrängte. Kolumbus entdeckte Amerika, wurde zum »Glücksfall für Spanien« und präsidiert seitdem wohl unumstritten in der Galerie der großen Entdecker.

Ganz anders verhält es sich mit dem Mann, der Nordamerika von Westen erreichte und dessen Name auf der Landkarte Ostasiens mehrmals verewigt wurde. Bering-Meer. Bering-Straße. Bering-Insel. Das flößt Respekt ein und läßt vermuten, daß der Name des dänischen Seemanns von den Historikern und Geographen in einem Atemzug mit Magellan, Vasco da Gama oder eben Kolumbus genannt wird.

Weit gefehlt. Besonders russische Historiker und Schriftsteller haben das Denkmal Berings schon mehr als einmal zum Einsturz gebracht. Bering – der große Zauderer! Bering – der unbegabte Seemann! Bering – der Überängstliche, von Peter dem Großen aus seiner trostlosen Mittelmäßigkeit zur Unsterblichkeit Gezwungene! – Selten ist eine relativ bekannte Figur der Weltgeschichte so erbarmungslos auf dem Schachbrett der nationalen Eitelkeiten und subjektiven Deutungen hin und her geschoben worden. Selten auch wurde eine Nebenfigur so unverhohlen aus dem Schatten des Entdeckers in das Licht geschichtlichen Ruhmes gerückt. Springer schlägt Dame! War es nur nationale Eitelkeit, waren es Minderwertigkeitskomplexe, die im Zeitalter erwachenden Nationalbewußtseins russische Geschichtsschreiber dazu veranlaßten, einen »begabten« russischen Marineleutnant namens Alexei Tschirikow dem vermeintlich glanzlosen »Helden« Bering vorzuziehen? Oder war Vitus (Veit) Bering, der Däne aus Horsens, tatsächlich die glanzloseste Figur in der Geschichte der Entdeckungen?

Bering leitete zwei Expeditionen: die Kamtschatka-Expedition von 1725 bis 1730 und die »Große Nordische Expedition« von 1733 bis 1741. Das erste Unternehmen ging noch auf die Initiative von Peter dem Großen zurück, der 1725 starb.

Der Zar hatte sich seit Beginn des 18. Jahrhunderts sehr intensiv mit den Problemen der sibirischen Ostgrenze auseinandergesetzt. Besonders der Kontakt mit dem deutschen Philosophen Leibniz, den er zwischen 1711 und 1716 mehrmals in den Kurorten Karlsbad, Teplitz und Bad Pyrmont traf, brachte Peter I. dazu, nach dem Vorbild der Preußischen Akademie in Berlin, die erst nach intensiven Bemühungen des Philosophen entstanden war, in Petersburg ebenfalls eine Akademie zu gründen und mit der Vorbereitung einer Ostasien-Expedition zu beauftragen.

Ziel dieser Expedition sollte die Tschuktschen-Halbinsel sein, denn wieder einmal ging es um die Eröffnung eines Seeweges nach China und Indien und in diesem Zusammenhang um die Frage: »Gibt es zwischen den Kontinenten Asien und Amerika eine passierbare Meeresstraße?«

Am 26. Januar 1725 erhielt Vitus Bering den Befehl, mit dem dänischen Leutnant Martin Spanberg und dem russischen Leutnant Alexei Tschirikow nach Kamtschatka zu reisen, dort ein seetüchtiges Schiff zu bauen und damit so weit nach Norden zu fahren wie nötig, um festzustellen, wo sich Asien und Amerika treffen.

Schon hier, zu Beginn des Unternehmens, setzt die Kritik der russischen Geschichtsschreiber ein. Unverhohlen fragt Sabelin in seinem Buch *Der hohe Norden lockte* (Originaltitel: *Begegnungen, die nie stattfanden*):

»Warum fiel bei der Suche nach einem Chef für die Erste Kamtschatka-Expedition die Wahl des Admiralitätskollegiums auf einen Mann, der sich weder durch besondere Talente noch durch besondere Tapferkeit ausgezeichnet hatte, kurz, auf einen völlig mittelmäßigen Seeoffizier?«

Diese Beurteilung Berings, die bereits einer Verurteilung gleicht, stützt sich bei Sabelin auf einige Akademieakten, die bereits verschiedene Schreiber vor ihm zu psychologischen Gutachten herausgefordert hatten. So wird Alexander Sokolow, ein »Chronist der russischen Flotte«, zitiert, der Bering in seinem 1851 erschienenen Buch *Die nordische Expedition* als kenntnisreichen und eifrigen Mann beschrieb, »gutherzig, ehrlich und fromm, aber äußerst vorsichtig und unentschlossen«.

»Er geriet leicht unter den Einfluß seiner Untergebenen«, meinte Sokolow, »und war daher wenig geeignet, eine Expedition zu leiten, besonders in einem so rauhen Zeitalter und in einem so unorganisierten Land, wie es Ostsibirien zu Anfang des 18. Jahrhunderts war.«

Bering war also »eifrig, aber nicht aktiv genug«. Und der bekannte Geograph L. S. Berg, der sich ebenfalls stark auf das Urteil Sokolows stützte, fügte noch hinzu:

»Er war übertrieben vorsichtig und hielt sich allzusehr an die Regel: Wenn du kein Spielball des Windes werden willst, dann sei auf der Hut. Dazu zeigte er für wissenschaftliche Fragen keinerlei Interesse.«

Noch weiter geht Sabelin, der sich nun auf Sokolow und Berg stützt und den Beweis für die Unfähigkeit Berings schon in dessen Laufbahn findet:

Vitus Bering, 1681 in Dänemark geboren, fuhr schon als Zwanzigjähriger auf einem holländischen Segler bis nach Ostindien. 1703 ließ er sich in Amsterdam für die russische Flotte anwerben, die gerade erst richtig aufgebaut werden sollte. Im Dienste Peters des Großen befehligte er ein Patrouillenboot, nahm am Krieg gegen Schweden teil und war an dessen Ende Kapitän eines Kriegsschiffes mit immerhin neunzig Kanonen.

»Offenbar hat er seinen Dienst gewissenhaft versehen«, befindet Sabelin, um dann fortzufahren:

»Aber über seine Verdienste und persönlichen Qualitäten mag man an Hand folgender Tatsachen urteilen: Nach Beendigung des Nordischen Krieges wurde er im Gegensatz zu vielen anderen Offizieren nicht befördert.«

Bering reichte ein Abschiedsgesuch ein, das im März 1724 angenommen wurde. Trotzdem blieb er noch einige Monate in Rußland. Warum?

Sabelin: »Wohl doch, weil sein Abschiedsgesuch im Grunde nur ein diplomatischer Schachzug war, den er zu dem Zweck unternommen hatte, seine Beförderung durchzusetzen . . . Darum blieb er weiter in Petersburg sitzen, in der Hoffnung, durch Freunde wenigstens eine Wiedereinstellung in die Flotte zu erreichen.

Im August erinnerte jemand den Zaren an Bering, und dieser bot Bering an, in seinem früheren Rang wieder in die Flotte einzutreten. Bering war sogleich einverstanden. Er war sogar mit seiner Versetzung auf ein Schiff mit sechzig Kanonen einverstanden, obwohl er drei Jahre vorher eines mit neunzig Kanonen befehligt hatte.«

So wertet man einen »kenntnisreichen und eifrigen« Mann ab, der für russische Verhältnisse offenbar zu »gutherzig, ehrlich und fromm« war, um Karriere zu machen. Vorsicht, Zurückhaltung und Menschlichkeit – im »Wilden Osten« waren das wenig gefragte Eigenschaften! Und über Beförderungen wurde am ränkereichen russischen Hof, den selbst Peter der Große nur oberflächlich säubern konnte, oder in der Admiralität, die durchaus nicht immer gerne ausländische Söldner in den Schlüsselpositionen der Flotte sah, nach Maßstäben befunden, die Bering keineswegs gerecht werden konnten.

Dagegen Tschirikow! Sokolow schreibt – und besonders die sowjetischen Schriftsteller und Historiker übernehmen sein Urteil mit viel Vergnügen:

»Alexei Tschirikow war der beste Offizier seiner Zeit, die Zierde und Hoffnung der Flotte, klug, gebildet, bescheiden und fest, ein Mann, in dem ›der Seedienst das fühlende Herz nicht verhärten konnte‹. Nachdem er die Marineakademie absolviert hatte (1721), war er sofort Unterleutnant geworden, hatte also den Grad eines Fähnrichs zur See übersprungen. Er wurde erst in der Flotte, dann in der Akademie zur

Ausbildung der Seekadetten eingesetzt. Dann schlug man ihn Peter dem Großen zur Abordnung in die Erste Expedition vor, zusammen mit vier anderen Offizieren (Spanberg, Swerew, Kossenkow und Laptew), denen ›diese Expedition dienlich‹ sei. Er wurde damals zusammen mit Spanberg dem Kommando Berings unterstellt und bei dieser Gelegenheit zur Auszeichnung und wieder außer der Reihe zum Leutnant befördert. In dieser Expedition bewies er bereits eine einsichtsvolle Standhaftigkeit in seinen Ratschlägen und wurde nach seiner Rückkehr 1730 mit dem nächstfolgenden Rang, dem eines Kapitänleutnants, belohnt.«

Ein glänzendes Zeugnis für einen jungen und daher unbekümmerten, begabten, aber eben unerfahrenen Seeoffizier. Der Charakter und die berufliche Qualifikation Tschirikows sind zwar über jeden Zweifel erhaben – andererseits mußte man in einem Rußland, das gerade verzweifelt versuchte, seine enorme technologische Rückständigkeit auf fast allen Gebieten durch die »Einfuhr« von Tausenden ausländischer Fachkräfte zu überwinden, kaum über außergewöhnliche Eigenschaften verfügen, um schnell befördert zu werden. Wirtschaft, Heer und besonders Peters Marine suchten mit dem Fernglas nach begabten Russen, die eine der neuen Hochschulen und Militärakademien absolviert hatten. Schließlich hatten durchaus nicht alle Ausländer die Absicht, sich endgültig in Rußland niederzulassen und den Rest ihres Lebens in einem Lande zu verbringen, das für Deutsche und Dänen, für Holländer und Engländer zur europäischen Provinz zählte.

Es mag sein, daß Bering nicht begeistert war von Peters Befehl, am Ende der Welt Rußland und der Wissenschaft zu dienen. Denn Sibirien war nicht nur das gelobte Land für Flüchtlinge, Leibeigene und Kriminelle, das Dorado für Kaufleute und Kosaken. Sibirien war ein Inferno aus Strapazen und Gefahren, ein eisiges Grab für Bauern und Verbannte. Sibirien bedeutete: das Ende der Zivilisation und der Beginn einer Welt, in der die Gesetze des Dschungels herrschten. Das war keine Welt für einen »gutherzigen, ehrlichen und frommen« Mann.

Trotzdem verließ Bering Anfang 1725, gleich nach dem Tode des Zaren, Petersburg, die neue Metropole eines aufstrebenden russischen Reiches, das sich den Zugang zur Ostsee erkämpft hatte, und machte sich mit der Expeditionsausrüstung auf den Weg nach Ochotsk. Zahlreiche Kreuze säumten damals schon den »Trakt«, die berühmte sibirische Postroute, die über Tausende von Kilometern nach Jakutsk an der Lena führte. Kreuze über den Gräbern von Bauern, die auf dem Weg in neue Siedlungsräume verhungert waren. Kreuze über den Massengräbern der Verbannten, die der Frost in einer notdürftigen Schneekuhle überrascht und in Eisklumpen verwandelt hatte. Kreuze über zerschundenen Sträflingskörpern, aus denen die Nagaikas der kosakischen Wachtposten schon lange vor dem letzten Atemzug jeden Willen zum Überleben herausgeprügelt hatten. Kreuze schließlich für tote Kosaken und Soldaten, niedergemacht von den Knochenpfeilen aufständischer Stämme, die sich noch einmal gegen ihre Versklavung und Ausrottung auflehnten.

Auf diesem Trakt der Hoffnungen und Tragödien bewegte sich Bering vorwärts, Kilometer um Kilometer durch knietiefen Schlamm im Frühsommer, durch Schneeverwehungen und eisige Stürme in acht bis neun Monaten des Jahres. Besser ausgerüstet zweifellos als Bauern oder Verbannte, privilegiert durch die schriftlichen Befehle des Zaren – und trotzdem den Intrigen und Verfolgungen selbstherrlicher und bestechlicher Provinzfürsten ausgesetzt, die – je weiter von Petersburg entfernt sie residierten – desto unwilliger Quartiere und Eskorten bereitstellten, Postpferde wechselten, Boote oder Schlitten ausrüsteten.

Ende 1726, durchaus planmäßig, erreichte Bering Ochotsk. Hier warteten nicht etwa auf ihn – wie fast zweihundertfünfzig Jahre früher auf Kolumbus – zwei oder drei gut ausgerüstete Karavellen, mit denen er seine Expedition hätte beginnen können. Es mußte zunächst eine »Lodia« gebaut werden, um Mannschaft und Ausrüstung nach Kamtschatka zu transportieren.

Die »Fortuna«, im nächsten Jahr von russischen Seeleuten und Kosaken eilig zusammengezimmert, kann auf Bering, der an westeuropäische Wertarbeit gewöhnt war, nicht besonders seetüchtig gewirkt haben. Es war eher ein größerer Lastkahn mit Mast und Segel, der beim ersten Unwetter in Seenot geraten mußte.

Vitus Bering lehnte es deshalb ab, mit diesem Schiff die Halbinsel Kamtschatka zu umfahren und den Ausgangspunkt der Expedition an der Ostküste anzulaufen. Er entschied sich für einen etwas sichereren Weg und segelte nur bis nach Bolscherezk, einem Hafen an der Westküste der Halbinsel. Von dort aus ließ er die wertvolle Ausrüstung, die unter so viel Schwierigkeiten glücklich bis nach Ochotsk gelangt war, auf Hundeschlitten nach Nischne-Kamtschatsk transportieren.

»Wir wünschten sehr, um die Spitze Kamtschatkas herum zu fahren, aber wegen der herbstlichen Jahreszeit und der heftigen Winde habe ich auf einem solchen Kurs nicht zu fahren gewagt, damit nicht irgendein Unglück geschehe und für die Expedition nicht ein großes Hindernis entstehe«, schrieb Bering an das Admiralitätskollegium.

Freilich war auch der 900 Kilometer lange Landweg von Bolscherezk nach Nischne-Kamtschatsk noch gefährlich und strapaziös genug. Der Däne berichtet:

»Jeden Abend gruben wir uns unterwegs für die Nacht Lager in den Schnee und deckten sie oben ab, weil es schwere Schneestürme gab, die dort Purga genannt werden. Wer vom Schneesturm auf freier Strecke überrascht wird und sich nicht rechtzeitig ein Lager gemacht hat, der wird vom Schnee zugeweht und geht zugrunde.«

Der sowjetische Historiker und Geograph Berg, einer der besten Kenner der Geschichte Sibiriens, zieht daraus den kühnen, Bering stark abwertenden Schluß:

»Für die unglücklichen Kamtschadalen bedeutete die Expedition Berings eine wahre Katastrophe. Aus allen Siedlungen wurden die Hunde abgezogen, so daß die Bevölkerung ohne Transportmittel blieb. Außerdem versäumten die Kamtschadalen, die beim Hinüberschaffen der Lasten beschäftigt waren, die für den Pelztierfang günstige Winterzeit.

Ein großer Teil der abgelieferten Hunde kam um, so daß ihre Eigentümer auch für die Zukunft ruiniert waren.«

Berg geht sogar so weit, Bering für den Aufstand der Kamtschadalen von 1731, der grausam niedergeschlagen wurde, verantwortlich zu machen. Das ist für einen Wissenschaftler eine zumindest sehr eigenwillige Argumentation, die fast den Vorwurf der Geschichtsfälschung provozieren könnte. Wir wollen es ganz klar aussprechen: Der Aufstand der Kamtschadalen und ihre anschließende Ausrottung hat absolut nichts mit dem Dutzend Schlittengespanne zu tun, die Bering anforderte. Das letzte Aufbäumen der Kamtschadalen, Korjaken und später auch der Kurilen war die Reaktion auf eine der brutalsten Russifizierungs-Aktionen, die jemals in Sibirien und Zentralasien durchgeführt wurden. Es war die Reaktion auf das gnadenlose Gemetzel durch kriminelle Kosaken und Händler, die auf Kamtschatka wie die Vandalen hausten. Ich werde noch in dem Kapitel »Die Henker im wilden Osten« ausführlich auf den Untergang der sibirischen Völker zurückkommen, der jeden Vergleich mit dem Unrecht aushält, das afrikanischen Negern und amerikanischen Indianern widerfahren ist.

Auch die leichtfertige Umdeutung der Vorsicht Berings in Feigheit ist nichts als ein weiterer Versuch, nachträglich russische Seeleute zu den wahren Helden und Entdeckern im »Wilden Osten« zu stempeln. Die Tatsache, daß der russische Seemann Moschkow mit der »Fortuna« im nächsten Sommer, also in einer weniger gefährlichen Jahreszeit, von Bolscherezk nach Nischne-Kamtschatsk segelte, ist kein Beweis dafür, daß Berings Zurückhaltung gegenüber dem unbekümmerten Vorwärtsdrang kosakischer Landfahrer und junger Seeoffiziere unberechtigt war.

Am 13. Juli 1728 verließ die »St. Gabriel«, ein seetüchtiger Segler, die Mündung des Flusses Kamtschatka. Einen Monat später erreichte die Expedition den nordöstlichsten Punkt der Tschuktschen-Halbinsel und segelte nach Norden weiter, passierte also die heutige Bering-Straße. Genau auf 67 Grad 18′ nördlicher Breite wendete die »St. Gabriel«, weil Vitus Bering seinen Auftrag offenbar als erfüllt ansah.

Bis weit in den Norden lag die Tschuktschen-See frei hinter ihnen. Von der amerikanischen Küste war überhaupt nichts zu sehen, während das asiatische Festland gleich hinter dem heutigen Kap Deschnjew nach Nordwesten, also von Alaska weg, verläuft.

Der Beweis, daß die Kontinente Asien und Amerika nicht miteinander verbunden waren, genügte dem dänischen Kapitän. Es war ein Tatbestand, an den Bering lange vor der Expedition geglaubt hatte. Schon im Sommer 1725 hatte er aus Jenisseisk geschrieben, daß es wesentlich billiger gewesen wäre, von der Kolyma aus zum Anadyr zu fahren. »Es sei durchaus möglich, dort durchzufahren, was die neuen Asienkarten bezeugen; auch die Bewohner erzählen, daß dieser Weg vordem befahren worden sei.«

Nun gab es in der Tat seit 1562 Landkarten, auf denen die Durchfahrt zwischen Alaska und der Tschuktschen-Halbinsel eingezeichnet ist. Aber sie gingen fast alle auf den italienischen Kartographen Gastaldi zurück – und der hatte sich die »Anianskische Meerenge« einfach nur ausgedacht.

Erst die Angaben im Remesowschen Atlas, der 1701 gezeichnet wurde und in dem ein freier Seeweg von der Kolyma bis zum Amur eingetragen ist, scheinen auf Berichte sibirischer Landfahrer zurückzugehen. Und der Schwede Strahlenberg, der dreizehn Jahre in Sibirien lebte und auch Peter dem Großen eine seiner Karten überreicht hatte, wußte, daß Russen von der Indigirka aus ein Meer überquert hatten, »das durch Eis versperrt ist, welches vom Nordwind zum Ufer hin, vom Südwind jedoch wieder zurück getrieben wird, und haben mit unermeßlicher Mühe und unter Lebensgefahr das Gebiet von Kamtschatka erreicht«.

Erinnerungen an die Fahrten Popows und Deschnjews, dessen Berichte man allerdings noch nicht gefunden hatte, waren also in Sibirien durchaus lebendig.

Peter I. erschienen diese Angaben unglaubhaft, zumindest viel zu ungenau. Deshalb hatte er Bering in den Fernen Osten geschickt, und die Historiker haben natürlich nicht ganz unrecht, wenn sie behaupten, der Däne hätte gar nichts Neues entdeckt. Er hat bereits Entdecktes lediglich offiziell bestätigt, auf einer Karte festgehalten und die Zweifel des Admiralitätskollegiums damit beseitigt.

Kritiker warfen Bering, auch damals in Petersburg, immer wieder vor, er habe es versäumt, den Weg zur Kolyma oder nach Nordamerika zu finden. Beide Versuche hätten zu einer Überwinterung in völlig unbekanntem Gebiet mit unzulänglichen Mitteln geführt. Der dänische Kapitän wußte von Eingeborenen, die am Anadyr lebten, daß man zwar zur Kolyma fahren könne, daß aber schon zu dieser Jahreszeit Eisberge eine Durchfahrt sehr erschwerten, wenn nicht verhinderten. Außerdem gäbe es im Norden weder Häfen noch andere geeignete Orte zum Überwintern, und die sehr kriegerischen Tschuktschen bildeten eine weitere Gefahr. Das Schicksal des Dänen Lassinius, das oben beschrieben wurde, und die traurigen Erfahrungen, die Bering selbst und Tschirikow während der zweiten Expedition machen mußten, bestätigen, wie vernünftig der Entschluß war, rechtzeitig vor Einbruch des Winters nach Kamtschatka zurückzukehren.

Auch in Petersburg beruhigten sich die hohen Akademiemitglieder bald über den »halben Mißerfolg« ihrer Kamtschatka-Expedition. Als Bering, dem man »keinerlei wissenschaftliches Interesse« und eine »Abneigung gegen Expeditionen nach Sibirien« nachgesagt hat, neue Vorschläge zur Erforschung der amerikanischen Küste machte, wurde er zum Leiter der »Großen Nordischen Expedition« ernannt, eines gewaltigen Unternehmens, an dem nicht weniger als 570 Geographen, Wissenschaftler, Seeoffiziere und Mannschaften teilnahmen.

Offenbar dachte niemand daran, Alexei Tschirikow, der während der Kamtschatka-Expedition eine Überwinterung in Amerika vorgeschlagen hatte, mehr Verantwortung zu übertragen. Er wurde – ebenso wie Spanberg – Bering wieder unterstellt.

Sabelin begründet die Ernennung Berings einfach mit der Tatsache, daß der Däne als Jüngling schon einmal in Ostindien gewesen sei und die Hauptaufgabe der Expeditionen eben in der Eröffnung eines Handelsweges nach China und Indien bestand. Wenn das stimmt, hätte es auch genügt, Bering als Berater einem russischen Expeditionsleiter zu unterstellen.

Im Februar 1733 verließen die ersten Gruppen Petersburg. Bering und Tschirikow hatten die Aufgabe erhalten, in Ochotsk oder auf Kamtschatka zwei Schiffe zu bauen, die Küste Amerikas zu suchen und festzustellen, »was für Völker dort leben, wie diese Länder genannt werden und ob es wirklich die amerikanische Küste ist«.

Spanberg sollte mit drei Schiffen von Kamtschatka aus die Kurilen erforschen, einen Weg nach Japan finden und freundliche Beziehungen mit diesem ostasiatischen Land herstellen.

Die Gesamtdauer der Expedition war auf sechs Jahre veranschlagt worden – viel zuwenig, wie sich erweisen sollte, für die Fülle der Aufgaben und die Schwierigkeiten, die überwunden werden mußten. Allein der Transport der riesigen Mengen an Proviant und Ausrüstung stellte Bering und Tschirikow vor fast unlösbare Probleme. Hinzu kamen die ewigen Auseinandersetzungen mit korrupten, uninteressierten Behörden in Sibirien und nicht zuletzt Intrigen und Eifersüchteleien zwischen den Wissenschaftlern und Offizieren der Expedition.

Sabelin schreibt: »Überhaupt kann man sich kaum ein größeres Nest von Ränken, Denunziationen, Klatsch, Beschwerden und Schmutz vorstellen als die Zweite Kamtschatka-Expedition.« Und auch Sokolow konstatiert, »daß sich schändliche Szenen abspielten«. Selbst Tschirikow reichte 1738 resigniert ein Entlassungsgesuch ein, blieb aber schließlich in Ochotsk, wo er mit Bering im Sommer 1737 angekommen war.

Erst am 4. Juni 1741 stachen zwei Paketboote aus Petropawlowsk, dem neuen Hafen an der Ostküste von Kamtschatka, in See. Bering kommandierte die »St. Peter«, Tschirikow die »St. Paul«. Man hatte beschlossen, zunächst das geheimnisvolle Gama-Land zu suchen, das auf einer Karte des französischen Astronomen Joseph Nicolas Delisle verzeichnet war. Aber schon nach wenigen Tagen brach Bering die Suche ab und beschloß, nach Alaska zu segeln, das irgendwo im Osten oder Nordosten liegen mußte. Am 20. Juni verloren sich die Schiffe in den Weiten des Pazifik. Ihr weiteres Schicksal brachte wieder die russischen Beckmesser auf den Plan. Hämisch konstatiert Sabelin:

»Tschirikow steuerte auf den unbekannten Kontinent zu und hielt fest und sicher Kurs. Völlig anders verhielt sich Bering. Auf sich allein angewiesen, bekam er Angst, sein Vorgehen könnte dem Buchstaben der Instruktion zuwiderlaufen, und drehte abermals nach Süden ab. Danach führte er das Paketboot wieder nach Osten, wechselte jedoch noch häufig und unmotiviert den Kurs . . .«

Offenbar stützt er sich wieder auf Sokolow, der geschrieben hatte:

»Nachdem sie auf diese Weise mit unschlüssig gewechseltem Kurs umhergeirrt waren und die Fahrt noch durch unangebrachte Vorsicht verzögert hatten, erblickten sie endlich nach anderthalbmonatiger, im übrigen glücklich verlaufener Fahrt ungefähr am Mittwoch dem 16. Juli im Norden eine hohe Bergkuppe und hohe, schneebedeckte Gebirgskämme. Es war der Berg, der später den Namen St. Elias erhielt, einer der höchsten auf dem amerikanischen Kontinent.«

Bering fuhr langsam auf die Küste zu und erreichte am 20. Juli die Insel Kayak.

»Jedermann kann sich leicht vorstellen«, erinnerte sich später der deutsche Wissenschaftler Georg Wilhelm Steller, der sich an Bord der »St. Peter« befand, »wie groß unser aller Freude war, als wir endlich Land sahen! Von allen Seiten wurden dem Kapitän Glückwünsche dargebracht, dem ja die Ehre der Entdeckung als erstem zukam. Der Kapitän hörte diese Glückwünsche nicht nur überaus gleichgültig an, sondern zuckte, indem er das Ufer betrachtete, sogar mit den Schultern . . . Als er sich dann mit mir und Plenisner in der Kajüte befand, äußerte er sich wie folgt: ›Wir bilden uns jetzt ein, wir hätten alles entdeckt, und bauen Luftschlösser. Aber niemand denkt daran, wo wir diese Küste gefunden haben. Woher wissen wir, ob wir nicht durch Passatwinde aufgehalten werden? Die Küste ist uns unbekannt, fremd. Der Proviant reicht nicht für eine Überwinterung!‹«

Unbegründete Vorsicht? Unangebrachte Skepsis? – Oder: realistische Einschätzung der Gefahren, die am Ufer lauern konnten? Sorge um die glückliche Rückkehr über den unberechenbaren Ozean, vielleicht sogar eine Vorahnung vom nahen Ende für viele, die jetzt gerade an der Reling jubelten und nicht schnell genug das neu entdeckte Land betreten konnten?

Wir wissen heute, daß die Insel, auf der die Matrosen der »St. Peter« ihre Wasserfässer auffüllten, bewohnt war. Steller, der für zehn Stunden an Land durfte und dabei hundertsechzig Pflanzenarten sammelte, beschrieb einige menschliche Gebrauchsgegenstände, die er gefunden hatte. Berg vermutet, daß es sich um Ugalenen oder Ugachmüten handelte, also um ein Eskimovolk, das unter dem Einfluß der indianischen Tlinkit stand.

Woher sollte Bering wissen, ob die Eingeborenen, die sich hinter Felsen versteckt hielten, friedlich bleiben würden? Er konnte nicht voraussetzen, daß sie den russischen Besuchern – wie später auf den Aleuten – göttliche Ehren erweisen und sie mit Geschenken überhäufen würden.

Bering ließ die Anker am 21. Juli lichten, um vor Einbruch des Winters Petropawlowsk zu erreichen. Unterwegs entdeckte er noch mehrere Aleuten-Inseln und fuhr zwischen ihnen einige Schleifen. Auch hier war für ihn eine Lagebeurteilung nicht so einfach wie für die Besserwisser späterer Jahrhunderte, die bequem von der Landkarte ablesen konnten, wie die Küste Alaskas verläuft. Es war sogar ziemlich schwierig, abzuschätzen, ob er eine Insel oder Festland, eine Meeresstraße oder nur eine tiefe Bucht, noch Amerika oder schon wieder Asien vor sich hatte.

»Wie die Fahrt Berings endete, wissen wir bereits«, vermerkt Sabelin und haut in die gleiche Kerbe wie viele seiner sowjetischen Kollegen.

»In Schleifen und Windungen, bald nach Süden, bald nach Norden, irrte das Paketboot ›St. Peter‹ so lange auf dem Ozean umher, bis es auf die Insel stieß, in deren Erde bis heute die sterblichen Überreste des Kapitän-Kommandeurs ruhen.« Und dann triumphierend: »Ganz anders gestaltete sich das Schicksal der von Tschirikow geführten ›St. Paul‹.«

Den erfahrenen Navigator und Segler Vitus Bering scheinen demnach alle guten Geister der Seefahrt verlassen zu haben. Der Wahrheit etwas näher kommt immerhin schon Berg, wenn er schreibt:

»Im September und Oktober wurden unsere Seefahrer von schrecklichen Stürmen heimgesucht. Am 4. November erblickten sie endlich Land und sahen sich gezwungen, dort zu überwintern. Dies war die jetzige Bering-Insel. Hier verstarb Bering am 8. Dezember 1741 an Skorbut. Die Überlebenden kamen im August 1742 im Hafen von Petropawlowsk an.«

Schreckliche Stürme trieben also das anfällige, schwer zu manövrierende Schiff drei Monate kreuz und quer durch das Bering-Meer, ehe es die Kommandeurs-Inseln erreichte. Und es gibt andere Berichte, die behaupten, Bering habe sehr wohl gewußt, daß Kamtschatka nicht weit gewesen sei und die Weiterfahrt empfohlen. Meuterer dagegen hätten die »St. Peter« zum Stranden gebracht.

Nicht Feigheit, mangelndes wissenschaftliches Interesse oder übertriebene Vorsicht waren demnach die Ursachen für das Ende des Entdeckers Vitus Bering. Dem Dänen brach sein lauterer Charakter das Genick. Ihm fehlten die Autorität eines Jermak, die Skrupellosigkeit eines Pojarkow, der selbst vor Kannibalismus nicht zurückschreckte, und die Brutalität eines Atlassow, der schnell mit einer meuternden Mannschaft fertig geworden wäre.

Nicht umsonst konnten fast alle berühmten kosakischen Landfahrer des 16. und 17. Jahrhunderts, zum Teil auch noch später, mit dem Säbel ebensogut umgehen wie mit Segel und Kompaß. In ihren Adern floß nicht nur das Blut von Entdeckern und Abenteurern, sondern auch das von Desperados. Nie konnten sie ihre Herkunft verleugnen: das »Wilde Feld« – die Heimat von Piraten und Steppenräubern.

Glücklicher als bei Bering verlief die Fahrt Tschirikows mit seiner »St. Paul«. Der russische Kapitänleutnant hielt also »fest und sicher« seinen Kurs, den er gar nicht kannte, und ließ sich dabei auch nicht durch den Gedanken anfechten, daß er unter Umständen wochenlang parallel zur amerikanischen Küste segelte. Niemand wußte schließlich bis zu diesem Zeitpunkt, wo Alaska lag.

Am 15. Juli sichteten Matrosen das Kap Addington auf einer Insel westlich des Kaps Prince of Wales, also südlich von Alaska. Auf der Suche nach einem günstigen Landeplatz segelte das Schiff an der Küste entlang nordwärts. Am 17. Juli schickte Tschirikow eine Schaluppe mit zehn bewaffneten Seeleuten unter dem Kommando seines Steuermanns Dementjew an das Ufer. Er sah weder die Schaluppe noch seine Matrosen wieder. Nach einer Woche ließ er vier weitere Matrosen, die das letzte Ruderboot der »St. Paul« benutzten, nach den Vermißten suchen. Auch sie tauchten nie wieder auf. Dagegen näherten sich am nächsten Tag einige Kanus mit Tlinkit-Indianern, die den Russen Zeichen gaben.

»Daraus schloß Tschirikow, daß alle seine ans Ufer gesandten Leute entweder gefangen oder erschlagen waren«, schreibt Sabelin. Offenbar war Berings Vorsicht doch nicht ganz unbegründet.

Ohne Landungsboote konnte Tschirikow nichts mehr unternehmen. Er wagte es auch nicht, mit den Indianern zu verhandeln, sondern überließ seine Leute einem ungewissen Schicksal in Amerika und segelte nach Kamtschatka zurück. Am 9. Oktober ankerte die »St. Paul« wieder im Hafen von Petropawlowsk.

Obgleich man an dem mißglückten Landemanöver und am Verlust der fünfzehn Besatzungsmitglieder herummäkeln könnte, muß doch die Leistung Tschirikows anerkannt werden. Zweifelhaft bleibt allerdings das Urteil der russischen Historiker, die den mutigen und aller Ehren werten Offizier in ihrer Rangliste weit vor Bering setzen. Sokolow jubelt in einem enthusiastischen Ausbruch vaterländischer Gesinnung: »Tschirikow hatte also die amerikanische Küste anderthalb Tage früher und elf Längengrade weiter östlich entdeckt als Bering. Er hatte sie in einer Ausdehnung von drei Graden nach Norden hin untersucht und war fünf Tage länger geblieben. Nach Kamtschatka, das acht Grade westlicher als Berings letzte Zufluchtsstätte liegt, kehrte Tschirikow einen ganzen Monat eher zurück. Er hatte unterwegs ebenfalls die Aleuten entdeckt. Während der ganzen Zeit hat er die Segel nie eingezogen und nicht ein einziges Mal das Schiff voll Wasser gehabt. Er hat gleichfalls Stürme und Entbehrungen durchgemacht und Verluste an Menschenleben erlitten, die bei ihm übrigens stärker die Offiziere als die unteren Dienstgrade betrafen. Die Überlegenheit in jeder Hinsicht ist schlagend! Der Zeit entsprechend, ein wahrer Triumph seemännischen Könnens!«

Lassen wir uns von diesen Spekulationen und spitzfindigen Vergleichen, die leider oft von jüngeren Historikern übernommen werden, nicht täuschen – lassen wir einen unparteiischen Zeugen zu Worte kommen. Der amerikanische Kapitän Bertholf, der den Pazifik genau kannte und im Gebiet der Aleuten und der Küste von Alaska viel herumsegelte, beurteilt die Expedition Berings folgendermaßen:

»Die Reisen Berings und Tschirikows sind Ereignisse von gewaltiger Bedeutung. Diese beiden Seefahrer haben um den Preis schrecklicher Verluste und angesichts unbeschreiblicher Schwierigkeiten den Stillen Ozean überquert und die Nordwestküste Amerikas entdeckt. Der Seemann verfolgt diese Fahrten mit steigender Hochachtung und Begeisterung für die Leute, die mit so unzureichenden Mitteln ein so gewaltiges Werk vollbracht haben.«

Bering und Tschirikow hätte übrigens das Gerangel um die Ruhmes-Rangfolge am wenigsten interessiert, und die Ironie des Schicksals will es, daß beide nicht als Entdecker der amerikanischen Küste in Frage kommen. Der Initiator der wirklich ersten Fahrt in Richtung Alaska war wieder einmal ein Kosak: der Ataman Anastasij Schestakow.

In den zwanziger Jahren des 18. Jahrhunderts war es nicht gelungen, den Landweg von Anadyr nach Kamtschatka zu sichern, weil die kriegerischen Tschuktschen und Korjaken ein kosakisches Expeditionskorps nach dem anderen vernichteten. Deshalb hatte Schestakow den Befehl erhalten, die Eingeborenen zu unterwerfen. Er sammelte Freiwillige, zog mit ihnen nach Ochotsk und ließ die »Gabriel des Ostens« und die »Löwe« bauen. Dann übernahm er auch noch die »St. Gabriel« und die »Fortuna«, schiffte seine Leute ein und startete zu einem großen Rachefeldzug. Aber schon im Gebiet der Penschina-Mündung geriet er in einen Hinterhalt und wurde von einem Korjaken-Pfeil getötet. Das war im Frühjahr 1730.

Sein Nachfolger, Kapitän Pawluzki, konnte zwar die Tschuktschen, die schließlich bis ins 20. Jahrhundert hinein unabhängig blieben, auch nicht unterwerfen, aber er schickte im Herbst 1730 eine Expedition unter der Leitung des Steuermanns Iwan Fjodorow in das »Große Land«, das bei klarem Wetter von der sibirischen Küste aus zu erkennen war. Zusammen mit dem Geodäten Michail Gwosdjew landete Fjodorow im August 1732 in der Nähe des Kaps »Prince of Wales«, entdeckte also Alaska. Sein Bordtagebuch, in dem auch die Lage der Diomedes- und der heutigen Gwosdjew-Inseln eingetragen wurde, verschwand ebenso wie die Berichte Deschnjews in irgendeinem Archiv. Niemand nahm Notiz davon.

So blieb der Ruhm, Nordamerika von Westen aus entdeckt zu haben, an Bering und neuerdings an Tschirikow hängen. Die Arbeit der politischen Sicherung und wirtschaftlichen Erschließung leisteten in der zweiten Hälfte des 18. Jahrhunderts wieder Kaufleute und Kosaken, die sich von der reichen Tierwelt auf den Inseln zwischen Kamtschatka und Alaska Gewinne erhofften.

Schon Steller, der mit Bering zusammen auf den Kommandeurs-Inseln gestrandet war und den Winter überlebte, hatte nach seiner Rückkehr sehr genau Polarfüchse, Seebären, Seelöwen und Seeottern beschrieben, die diese Breiten in großen Scharen bevölkerten. Anlaß für die zahlreichen Jagdexpeditionen der russischen Fellhändler waren aber mehr die Erzählungen anderer Mitglieder der Bering-Expedition.

Nur wenige Matrosen, Offiziere und Wissenschaftler der »St. Peter« hatten Stürme, Kälte und Skorbut überlebt und im Frühjahr 1742 aus den Trümmern ihres gestrandeten Paketbootes ein kleines Segelschiff gebaut. Im August erreichten sie damit den Hafen Petropawlowsk und wurden stürmisch gefeiert. Vor allem chinesische Händler bewunderten die Felle, aus denen sich die Expeditionsteilnehmer primitive Kleidungsstücke angefertigt hatten. Es handelte sich um die Felle von Seeottern, die auf den Kommandeurs-Inseln zu Hunderten niedergemetzelt worden waren. Jetzt erzielten die Schiffbrüchigen für ihre Beute hohe Preise.

In den nächsten Jahrzehnten rotteten russische Jäger die Pelztiere auf den Inseln des Bering-Meeres systematisch aus. Keine einzige Seekuh überlebte das Gemetzel, das sich im übrigen nicht nur auf die Tierwelt beschränkte. Um das Risiko bei ihren Seefahrten möglichst auszuschalten und nicht in die furchtbaren Herbst- und Winterstürme zu geraten, mußten die Händler und Kosaken die kurze Zeit des Sommers nutzen. Viel Zeit für die Jagd blieb dabei nicht. Deshalb praktizierten skrupellose Kommandanten einen ebenso einfachen wie wirkungsvollen Trick: Man überfiel auf den Aleuten die Dörfer der Eingeborenen, raubte ihre Frauen und verlangte als Lösegeld eine hohe Zahl von Fellen. Das klappte meistens. Mußten die Schiffe wegen eines Sturmes vorzeitig die Anker lichten, warfen sie die Frauen und Mädchen einfach über Bord, nicht ohne sich zuvor ausgiebig mit ihnen vergnügt zu haben.

Aber es gibt auch viele andere Beispiele: Jemeljan Bassow aus Tobolsk überwinterte 1743/44 auf der Bering-Insel und brachte wertvolle geographische Berichte mit. Der Seefahrer Newodtschikow zeichnete ein Jahr später sogar eine Karte von den neu entdeckten Inseln Attu, Agattu und Semitschi. Seefahrer wie Adrian Tolstych, Stepan Glotow, Baschmakow und Betschewin entdeckten oder erforschten ganze Inselgruppen, und im Jahre 1767 konnte der Kaufmann Wassili Schilow dem Admiralitätskollegium in Petersburg eine genaue Karte von der gesamten Inselkette der Aleuten bis zur Insel Amlia im Osten vorlegen.

Schelechow schließlich ließ sich auf der Insel Kodjak nieder und begann damit, die Halbinsel Alaska zu erkunden. Die ersten Befestigungen auf dem Festland entstanden, und als im Jahre 1798 die Russisch-Amerikanische Kompanie geschaffen wurde, gab es zwischen den Inseln Kodiak und Sitka, die bereits weit im Süden vor der Küste von Alaska liegt, insgesamt dreizehn russische Handelsniederlassungen, die sibirischen Ostrogs glichen, weil sie gleichzeitig als Schutz gegen feindliche Indianer dienten. Südlichste russische Ansiedlung war die im Jahre 1812 gegründete Kolonie Ross. Sie lag bereits in der Nähe der San-Francisco-Bucht.

Aber dann wurde der Eroberungsdrang der Russen auch in Nordamerika gestoppt. An der Küste stieß man auf die Spanier, die von Kalifornien aus nach Norden vordrangen. Im Osten hatten die Engländer gerade Britisch-Kolumbien gegründet und grenzten die Territorien ihrer Pelz-Kompanien sorgfältig gegen die Russen ab. Schließlich schränkten die Amerikaner den Radius der englischen, russischen und spanischen Kaufleute energisch ein.

Trotzdem beherrschte die Russisch-Amerikanische Pelzkompanie einen ansehnlichen Teil von Alaska und behauptete ihn bis 1866. Als sehr schwierig erwies sich dabei die Versorgung der Niederlassungen mit Nahrungsmitteln, Waffen und anderem, dringend benötigtem Nachschub. Nur mit hohen Verlustquoten erreichten die Transporte über Ochotsk und Kamtschatka die amerikanische Küste. Das Problem eines billigeren Seeweges wurde immer akuter. Jetzt zeigte sich die ganze Dramatik des Kampfes um die sibirische Nordost-Passage, und das Scheitern der Bering-Expedition bei einer ihrer wichtigsten Aufgaben erwies sich als schweres Handicap.

8
Der nördliche Seeweg

Als die Große Nordische Expedition Berings im Jahre 1733 begonnen hatte, war als eines der wichtigsten Ziele die Erforschung und Vermessung der sibirischen Nordküste und der Mündungen der großen sibirischen Ströme festgelegt worden. Man wußte zwar in Petersburg, daß russische und ausländische Seefahrer schon im 15. und 16. Jahrhundert das nördliche Eismeer befahren und dabei die Ob- und sogar die Jenissei-Mündung erreicht hatten. Aber seit Mangaseja zerstört worden war und der Zar den direkten Nordhandel im 17. Jahrhundert verboten hatte, waren die nördlichen Routen durch das Weiße Meer und die Kara-See in Vergessenheit geraten. Jetzt ging es plötzlich darum, die alten Träume der Engländer und Holländer zu verwirklichen und nicht nur eine Seeverbindung zum Jenissei zu erschließen, sondern um die Taimyr-Halbinsel und das Tschuktschen-Kap herum den russischen Handel mit den Pazifik-Anrainern zu ermöglichen.

Bering ließ seine Wissenschaftler, Seeoffiziere und Kosaken an mehreren Punkten gleichzeitig ansetzen.

Von Archangelsk aus versuchten Murawjow und Pawlow in den Jahren 1734 und 1735, bis an die Ob-Mündung vorzudringen. Es gelang ihnen nicht, aber sie sammelten wertvolle geographische Daten in der Kara-See bis zur Halbinsel Jamal, so daß zwischen 1736 und 1739 die Seeleute Malygin und Skuratow den Ob erreichten und anschließend wohlbehalten in die Dwina-Bucht zurückkehrten.

Fast zur gleichen Zeit waren Expeditionen aus Jenisseisk und vom Ob aufgebrochen, um an der Küste weiter nach Osten vorzustoßen. Owzyn segelte vom Ob zum Jenissei, während zwischen 1738 und 1740 Minin und Sterlegow die

Westküste der Taimyr-Halbinsel erreichten. Aber schon das gelang ihnen zum Teil nur mit Schlitten auf dem Landwege, weil ihre Schiffe auf dem Wasser von dichtem Packeis aufgehalten wurden. Der Durchbruch zur Lena scheiterte also.

Noch wesentlich schwieriger und verlustreicher verliefen die Versuche einiger Expeditionsgruppen, die von Jakutsk aus die Lena abwärts segelten, während ein zweites Schiff die Tschuktschen-Halbinsel umrunden und den Anadyr erreichen und ein drittes nach Westen zum Jenissei fahren sollte. Den ersten Versuch, die Fahrt Popows und Deschnjews zu wiederholen, kennen wir. Von den 52 Mann, die sich auf der »Jakutsk« im Jahre 1735 auf die heutige Laptew-See wagten, kehrten nur acht zurück. Alle anderen, darunter der Kommandant Lassinius, starben während einer Überwinterung an Skorbut. Dichtes Treibeis hatte den Durchbruch zur Bering-Straße verhindert.

Erst später gelang es dem Nachfolger des Dänen Lassinius, Leutnant Dmitri Laptew, bis an den Anadyr vorzustoßen. Aber auch er mußte streckenweise auf den Landweg ausweichen. Die Aussichten auf einen regelmäßigen Schiffsverkehr von Archangelsk oder Petersburg nach Kamtschatka oder Nordamerika, ganz zu schweigen von Japan und Indien, standen schlecht!

Selbst wenn es die klimatischen Verhältnisse unter ganz besonders günstigen Umständen – und auch dann nur ein bis zwei Monate im Jahr – gestattet hätten, die Tschuktschen-Halbinsel zu umfahren – die Taimyr-Halbinsel zwischen Jenissei und Lena versperrte als unüberwindliches Hindernis eine durchgehende Seeverbindung zwischen Rußland und dem Bering-Meer. Das bewiesen die Expeditionen einiger mutiger Seeoffiziere, die ebenfalls in den dreißiger Jahren des 18. Jahrhunderts unter dem Oberbefehl Kapitän Berings an der sibirischen Nordküste weit nach Westen segelten und unter furchtbaren Strapazen bis zum Nordkap der Taimyr-Halbinsel, dem heutigen Kap Tscheljuskin, vordrangen.

Die erste Expedition startete im Juli 1735 mit einer Doppelschaluppe, »die ungemein leicht segelte«, und unter dem Kommando des Seeleutnants Prontschistschew stand. Am

25. August erreichte sie die Mündung des Olenjok, hatte aber schon auf dieser Strecke nur eine schmale Fahrrinne gefunden, die eisfrei war.

Der deutsche Wissenschaftler Gmelin, Teilnehmer der »Großen Nordischen Expedition«, hatte Einblick in die Bordbücher der russischen Seefahrer. Er schreibt über die Fahrt Prontschistschews:

»Die Kälte hatte sehr überhand genommen; alle Taue an dem Fahrzeug waren gefroren, das Fahrzeug selbst hatte schon solchen Schaden gelitten, daß es innerhalb einer Stunde zwei Zoll Wasser zog; es fehlte auch, wenn man es hätte wagen wollen, weiter westwärts zu gehen, an Leuten, die der Gegend kundig gewesen wären. Demnach wurde der Beschluß gefaßt, in die Mündung des Olenjoks einzulaufen.«

Merkwürdigerweise trafen die Seeleute nur wenige Kilometer flußaufwärts eine kleine Ansiedlung russischer Händler, Läuflinge vermutlich, die sich mit Frauen und Kindern in diese unwirtliche Gegend geflüchtet hatten.

Prontschistschew baute noch einige weitere Hütten und überwinterte mit seiner Mannschaft. Er schickte eine Botschaft nach Jakutsk und bat Bering um Anweisungen. Der Däne befahl, im nächsten Sommer weiter nach Westen zu fahren.

Obgleich er stark unter Skorbut litt, segelte Leutnant Prontschistschew, der von seiner Frau begleitet wurde, Anfang August 1736 bis zum Chatanga und schlängelte sich mit seinem wendigen Boot zwischen den Eisschollen bis zur Mündung des Taimyr-Flusses hindurch. Wenige Meilen weiter nördlich genau auf 77 Grad 25′ nördlicher Breite, trafen die mutigen Seefahrer auf eine geschlossene Eisdecke.

»Sie versuchten demungeachtet, noch weiter nach Norden zu gehen, und waren schon sechs italienische Meilen weit, als ihnen zuweilen ein starker Nebel das Gesicht völlig benahm, so daß sie nicht wissen konnten, was um sie herum war; und wenn der Nebel wieder verschwunden war, sahen sie vor sich und zu beiden Seiten nichts als Eis, wovon das gegen die See befindliche sich zwar bewegte, aber so dicht war, daß nicht ein Schifferkahn Platz gehabt hätte, durchzukommen; außerdem wurden sie, sosehr sie auch den Lauf des Schiffes nach Norden richteten, doch immer von dem Eise nach Nordosten getrieben.«

Soweit wieder Gmelin. Prontschistschew mußte befürchten, vom Eis eingeschlossen und zermalmt zu werden. Da seine Krankheit von Tag zu Tag schlimmer wurde, beschloß er, zum Olenjok zurückzukehren. Dort starb er am 9. September an Skorbut. Seine Frau folgte ihm am 22. September. Auf ihrem gemeinsamen Grab errichtete die Mannschaft ein Holzkreuz. Das Kommando übernahm der Steuermann Semjon Tscheljuskin.

Im nächsten Sommer wurde in Jakutsk der Leutnant Chariton Laptew, ein Vetter von Dmitri Laptew, auf die Reise geschickt, um das Werk Prontschistschews fortzusetzen. Er hatte den Befehl erhalten, notfalls auch auf dem Landweg die Nordspitze der Taimyr-Halbinsel zu erreichen.

Laptew versuchte zweimal, die Taimyr-Halbinsel zu umsegeln. Aber er kam mit seiner Doppelschaluppe nur bis zum Kap Faddei. Am Chatanga mußte er überwintern. Die letzten Kilometer bis zum Kap Tscheljuskin wurden im Schlitten und zu Fuß zurückgelegt. Am 19. Mai 1742 notierte Semjon Tscheljuskin in seinem Tagebuch:

»Dieses Kap ist steinig, schroff, von mittlerer Höhe; das Eis ist eben, und es gibt kein Packeis. Hier wurde dieses Kap von mir benannt: Nordostkap.«

Im 19. Jahrhundert schlug der Sibirienforscher Middendorf vor, das Kap nach Tscheljuskin umzubenennen. Und erst im Jahre 1878 gelang es dem Schweden Nordenskjöld während einer sorgfältig vorbereiteten und gut ausgerüsteten Expedition, mit einem Schiff bis zum nördlichsten Punkt Sibiriens vorzudringen.

Als die »Vega« am 19. August gegen 18 Uhr am Kap Tscheljuskin vor Anker ging, schrieb der Schwede triumphierend in sein Tagebuch, daß er glücklich sei, endlich das Ziel erreicht zu haben, »nach dem die Menschen jahrhundertelang vergeblich gestrebt haben. Zum erstenmal ist am nördlichsten Ausläufer der Alten Welt ein Schiff vor Anker gegangen. Es wird niemanden wundernehmen, daß wir dieses Ereignis durch Flaggenhissung und Kanonensalut und, als wir von unserem Ausflug ans Ufer zurückgekehrt waren, durch ein Festmahl mit Wein und Trinksprüchen gefeiert haben.«

Prontschistschew, Laptew und Tscheljuskin hatten bei ihren Expeditionen weder Proviant noch Zeit oder Gelegenheit für ein Festmahl. Manchmal mußten sie Holzkreuze zimmern für Skorbut-Opfer, manchmal in letzter Minute Ausrüstungsgegenstände von ihrer Doppelschaluppe retten, bevor sie vom Packeis zermalmt wurde. Zu Recht wurden ihre Namen deshalb in der Geographie Nordsibiriens verewigt: Kap Tscheljuskin, Laptew-See, Prontschistschew-Küste.

Aber auch die Leistung des Schweden Nordenskjöld sollte man nicht unterschätzen, selbst wenn er mit einem relativ modernen Dampfschiff vom Jenissei bis ins Bering-Meer fuhr. Gegenüber den modernen Eisbrechern, die heute auf der Route zwischen Leningrad und Kamtschatka verkehren, war seine »Vega« eine zerbrechliche Nußschale.

Die weitere Geschichte des »nördlichen Seeweges« beweist, welch starken Widerstand die arktischen Meere dem menschlichen Zugriff entgegensetzten, welche Gefahren und Strapazen bis weit in das 20. Jahrhundert hinein auf die russischen Seeleute lauerten.

Nach dem Triumph Nordenskjölds gründete man eine schwedisch-russische Gesellschaft und eine norwegisch-sibirische Handelsgesellschaft, die den »nördlichen Seeweg« regelmäßig befahren sollten. Aber die technischen Mittel reichten noch längst nicht aus, um der durch ständig wechselnde Winde ausgelösten »Eisdrift« auszuweichen und in jedem Sommer eisfreie Fahrtrinnen durch die Meerengen zwischen Nowaja Semlja und der Wrangel-Insel zu finden.

Zahlreiche Fahrten scheiterten tragisch. Erst in den Jahren 1914/15 gelang es dem Marineoffizier Boris Wilkitskij mit Hilfe starker Eisbrecher, die Route Nordenskjölds in umgekehrter Richtung zu durchfahren. Er startete in Wladiwostok, mußte auf halber Strecke überwintern und erreichte im zweiten Jahr Archangelsk.

Professor Otto Juljewitsch Schmidt, ein Pionier der sowjetischen Polarforschung, schaffte auf dem Eisbrecher »Sibirjakow« die Nord-Ost-Passage in einer einzigen Schiffahrts-Periode, also ohne Überwinterung. Das war im Jahre 1932. Schmidt brauchte für die Fahrt von Archangelsk nach Wladiwostok zwei Monate und vier Tage.

Heute ist die arktische Route für den Massenverkehr erschlossen. Geleitzüge mit atomgetriebenen Eisbrechern an der Spitze verkehren zwischen Wladiwostok und dem europäischen Teil der Sowjetunion. Eine Kette von Polarstationen, die mit Radar und Funk Verbindung zu den Schiffen halten, ständig Wettermeldungen durchgeben, Wind und Eis beobachten und von Flugzeugen aus die sichersten Durchfahrten ausfindig machen, haben die Zahl der Schiffskatastrophen auf ein Mindestmaß reduziert.

Trotz dieses Aufwandes, trotz des massiven Einsatzes der modernen Technik gilt der Dienst in der Arktis auch heute noch als harter Fronteinsatz, der durch Prämien und höhere Löhne honoriert wird. Um wieviel schwieriger war doch die Mission des Schweden Nordenskjöld, um wieviel gefährlicher waren die Expeditionen Laptews und Tscheljuskins, und wie sehr muß unsere Hochachtung steigen, wenn neuerdings Ausgrabungen beweisen, daß nicht jene Entdecker, Forscher und Seeleute den »nördlichen Seeweg« als erste bezwungen haben, sondern einfache russische Menschen des 16. und 17. Jahrhunderts, die auf primitiven Segelbooten die Kara-See durchquerten, die Mündungen von Ob und Jenissei anliefen und dann die Taimyr-Halbinsel umrundeten.

Gmelin schreibt in seinen Aufzeichnungen über die »Große Nordische Expedition«:

»Aus den neuesten Nachrichten, die Herr Professor Müller aus dem jakutskischen Archive bekam, ist überhaupt wohlbekannt, daß zu Ende des vorigen Jahrhunderts fast alle Jahre Seereisen von der Lena-Mündung nach der Kolyma, und zwar in den gewöhnlichen Dostschenniken und von gemeinen, der Schiffahrt gar nicht kundigen Leuten geschehen sind; doch findet man in ebendiesem Archive Nachrichten von vielen in den letzten Jahren dieser Schiffahrt geschehenen Unglücksfällen, welche vermutlich Ursache gewesen sind, daß sie in den neueren Zeiten gänzlich unterblieben ist.

Es sind sogar Spuren vorhanden, daß ein Kerl mit einem Schifflein, das nicht viel größer als ein Kahn gewesen, von der Kolyma am Tschuktschen-Kap vorbei und bis nach Kamtschatka gekommen sei.«

Das waren die Spuren von Popow und Deschnjew. Aber viel interessanter sind die Fahrten, die noch etwas früher von Nordrußland an die Ostküste der Taimyr-Halbinsel geführt und Spuren hinterlassen haben, die erst im 20. Jahrhundert entdeckt worden sind.

Im September 1940 ankerte der Schoner »Norden« vor der nördlichsten Faddei-Insel. An Bord befanden sich Geodäten und Topographen, die eine genaue Karte von der Taimyr-Halbinsel anfertigen sollten. Während eines Landganges entdeckten die Wissenschaftler zufällig einen oxydierten Kupferkessel, der fast ganz mit Erde bedeckt war. Als sie die Umgebung absuchten, kamen noch andere Gegenstände dazu: Pfannen und Töpfe, eine altertümliche Axt, eine Schere, halb verfaulte Pelze und ein Kamm aus Kupfer.

Über Funk wurde der geheimnisvolle Fund an die Hauptverwaltung des nördlichen Seeweges gemeldet. Die Einsatzgruppe erhielt die Anweisung, noch einmal auf der Insel zu landen und Ausgrabungen vorzunehmen. Das Ergebnis war äußerst überraschend: Unter einem Steinwall, der offensichtlich von Menschen aufgeschüttet worden war, stießen die Amateur-Archäologen auf Zinnteller und Kupferplatten, alte Ohr- und Fingerringe, Glas- und Bernsteinketten, kleine Münzen und auf eine zerbrochene Hakenbüchse.

Im Frühjahr 1941 fanden Topographen in der Simsa-Bucht, etwa hundert Kilometer südöstlich vom Kap Tscheljuskin, die Trümmer einer kleinen Blockhütte. Obgleich sie nur eine Ausdehnung von zweimal zwei Metern hat, ist durch eine Scheidewand eine Kammer abgetrennt. Mit ihrem Steinofen ähnelt die Hütte den Kochstellen, die von Jägern oder Forschern im hohen Norden oft gebaut werden.

Da der Boden gefroren war, konnten die Männer an der Hütte keine Ausgrabungen vornehmen. Erst im Sommer des gleichen Jahres fanden andere Topographen ein Feuerzeug mit Feuerstein und Zunder, eine alte Sonnenuhr, einen Kompaß, Kessel und wieder Münzen.

Alle Funde wurden an das landeskundliche Museum in Krasnojarsk geschickt. Da im Juni 1941 der Krieg mit Deutschland begann, mußten die Nachforschungen abgebrochen werden. Erst 1945 konnte sich der sowjetische Archäologe Okladnikow mit dem Problem intensiv befassen.

Inzwischen sind viele Spekulationen über die Benutzung des nördlichen Seeweges durch Russen im 17. Jahrhundert angestellt worden. Kann es möglich sein, daß Nordenskjölds »Vega« gar nicht als erstes Schiff das Kap Tscheljuskin umfahren hat? Ist es denkbar, daß russische Seeleute mit ihren zerbrechlichen Kotschen schon zu Zeiten Iwans des Schrecklichen oder Boris Godunows die arktischen Meere bezwungen haben?

Bereits nach einer ersten Untersuchung behauptete ein Mitarbeiter des Krasnojarsker Museums, die Gegenstände von der Faddei-Insel und aus der Simsa-Bucht hätten russischen Seeleuten gehört, die vermutlich um 1620 in einer einzigen Kotsche aus dem Westen gekommen seien.

Die Spezialisten stießen bei ihren Ausgrabungen auf weitere interessante Spuren: Knochen von Tieren und Menschen, Reste eines Bootes und insgesamt fast 3500 Geldstücke, die in Moskau, Pskow, Jaroslawl und Nowgorod geprägt worden waren, darunter Kopeken- und Halbkopekenstücke mit der Abbildung des Heiligen Georg, dem früheren Wappen des Fürstentums Moskau.

Ein Numismatiker aus Leningrad beendete schließlich alle Spekulationen und stellte fest, daß die russischen Seefahrer im Jahre 1617 zu ihrer kühnen Expedition aufgebrochen seien. Sie hatten außer einer ansehnlichen Geldsumme auch alle Tauschwaren an Bord, die im 17. Jahrhundert Eingeborene interessierten. Für Kessel, Glasperlen, Zinngeschirr und eiserne Nähnadeln erhielt man damals wertvolle Felle, und noch größere Profite konnte man mit verbotenen Gegenständen erzielen: mit Speer- und Pfeilspitzen aus Eisen, mit Messern und Äxten.

Für den eigenen Bedarf hatten die Russen, wie bei den Ausgrabungen festgestellt wurde, Bogen und Pfeile, Arkebusen, Schießpulver und Kugeln, Fangnetze und zum Zeitvertreib während der langen Schiffsfahrten und Überwinterungen sogar ein Schachspiel aus Mammutbein an Bord. Spuren deuten darauf hin, daß eine Frau an der Handelsexpedition teilgenommen hat. Die Seefahrer, Händler und Jäger, insgesamt zehn bis zwölf, starteten vermutlich in Nordrußland am Weißen Meer. Sie setzten das weiß-gegerbte Ledersegel auf ihrer einmastigen, flachen Kotsche, deren Planken mit hölzernen Nägeln und Weidenruten zusammengehalten wurden, umschifften die Halbinsel Kanin und steuerten durch die Petschora-See auf Nowaja Semlja zu.

Auch die Kara-See und die Jamal-Halbinsel müssen ihnen aus den Berichten anderer »Pomori« vertraut gewesen sein. Vielleicht hatte der Kaufmann, durch den die Expedition ausgerüstet worden war, einen Seemann zum Kommandanten ernannt, der die Gewässer aus eigener Anschauung kannte. Denn bis Mangaseja, dem Dorado Sibiriens, fuhren Anfang des 17. Jahrhunderts Hunderte von Schiffen in jedem Sommer. Heute ist aus Dokumenten sogar ersichtlich, daß in den Jahren 1609 und 1610 Seeleute namens Luka und Kurkin über den Jenissei hinaus nach Osten vordrangen und vermutlich die Taimyr-Halbinsel erreichten.

Ganz sicher wissen wir das von der Besatzung der Kotsche, deren Überreste auf der Faddei-Insel gefunden worden sind. Wahrscheinlich hatte das Boot schon im ersten Sommer den nördlichsten Punkt des asiatischen Festlandes umfahren. Für die Besatzung war das »Nordost-Kap« kein besonders auffälliger geographischer Punkt. Dahinter mußte man lediglich den Kurs ändern.

Mit dem Winter brach dann die lange Polar-Nacht herein und man beschloß, in der heutigen Simsa-Bucht zu bleiben.

Eine primitive Hütte wurde gebaut, die notdürftig Schutz gegen die eisige Kälte bot. Aus dem Steinofen stieg eine Rauchfahne in den trostlosen Schneehimmel, der tief über der endlosen Tundra hing. Fast menschenleer war dieses Land und unendlich fern von jeder Zivilisation. Monat für Monat drängten sie sich in einer Hütte von vier Quadratmetern zusammen, ernährten sich vom »unreinen« Fleisch der Steinfüchse und – spielten Schach.

Skorbut brach aus. Die Frau starb und auch zwei Männer, darunter der einzige, von dem wir den Namen wissen: Akaki Murag. Er hatte die Buchstaben auf den Griff seines Messers eingraviert. Das Messer blieb in der Hütte zurück und wurde später von den Topographen gefunden.

Auch die anderen Expeditions-Mitglieder überlebten Akaki Murag nicht lange. Im nächsten Frühjahr verließen sie die Simsa-Bucht und segelten nach Südosten weiter. Ein Sturm warf schließlich die Kotsche auf die Faddei-Insel. Das Schiff zerschellte, ließ sich nicht mehr reparieren – das Todesurteil über die russischen Jäger war gesprochen.

So muß sich die Tragödie abgespielt haben, und niemand weiß, ob es nur eine von vielen war. Riskierten auch andere Kaufleute eine Fahrt über den nördlichen Seeweg? Kehrten Kotschen mit reicher Beute von ihrer abenteuerlichen Reise zurück? Oder verschloß allmählich ein unüberwindlicher Riegel aus Packeis die letzten Fahrtrinnen und geriet im Laufe der Jahrzehnte das Wissen um Länder und Meere des arktischen Nordens in Vergessenheit?

Manches Geheimnis dürfte unter dem hartgefrorenen Boden Nordsibiriens auf seine Enthüllung warten. Manche Spur – wenn auch von Eis und Schnee fast bis zur Unkenntlichkeit abgeschliffen – wird Forscher und Wissenschaftler in die Vergangenheit zurückführen. Die Planke einer Kotsche. Mit Grünspan überzogenes Kochgeschirr. Vielleicht wieder der Name eines russischen Seemannes, mit kyrillischen Buchstaben liebevoll in die Scheide eines Jagdmessers eingraviert. Es sind Fingerzeige der Geschichte, Spuren, die Stoff für neue Heldenlieder abgeben werden . . .

Die Tatsache, daß es Bering und seinen Seeoffizieren

nicht gelungen war, die Nordost-Passage zu erschließen, geschweige denn für den Massenverkehr zu öffnen, hatte weitreichende Folgen.

Auf die Dauer war es zu schwierig und zu teuer, die nordamerikanischen Besitzungen auf dem Landwege zu versorgen. Russische Seeleute und berühmte Ausländer erhielten daher Anfang des 19. Jahrhunderts vom Zaren immer wieder den Auftrag, andere Seeverbindungen ausfindig zu machen. Das führte zu einer Reihe kühner Weltumseglungen und interessanter Entdeckungen.

Schon zwischen 1803 und 1806 segelten Krusenstern und Lisjanski mit ihren Schiffen »Nadeschda« und »Newa« von Petersburg nach Kamtschatka. Sie machten dabei auch auf den Hawaii-Inseln Station. Ihre Berichte animierten den Leiter der Russisch-Amerikanischen Kompanie, Baranow, dazu, Hawaii für Rußland in Besitz zu nehmen. Am 21. Mai 1816 erkannte der König der Insel Kauai die Oberherrschaft des Zaren an. Im Hafen von Ganalai entstanden das Alexander-, das Elisabeth- und das Barclay-Fort.

Doch als die Amerikaner gegen die Kolonisierung protestierten, räumten die Kosaken nach einem Jahr ihre Stützpunkte. Zu weit lag Hawaii vom russischen Mutterland entfernt. Viel zu weit wären die Verbindungswege bei einem Konflikt gewesen. Zwar hätten auch die Vereinigten Staaten kaum im Pazifik intervenieren können – aber vielleicht in Alaska!

1814 entdeckte Leutnant Lasarew, der später als Admiral zu einem der berühmtesten russischen Seefahrer werden sollte, mit der »Suworow« eine Inselgruppe östlich von Samoa. Er benannte sie nach seinem Schiff.

Ein Jahr später lichtete die Brigg »Rurik« in der Ostsee den Anker und nahm Kurs auf Kopenhagen. Kommandant war der Seefahrer O. J. Kotzebue, der schon unter Krusenstern an der Weltumseglung der »Nadeschda« teilgenommen hatte. In der dänischen Hauptstadt ging der Dichter und Naturforscher Adalbert von Chamisso an Bord.

Die »Rurik« umrundete Kap Hoorn und lief in den Stillen Ozean ein. Im März 1816 wurden die Osterinseln gesichtet.

Dann entdeckte Kotzebue einige Inseln, die später von Frankreich annektiert wurden. Im Sommer erreichte das Schiff die Bering-See, vermaß die Diomedes-Inseln und die nördlichen Küsten von Alaska.

Auf der Rückfahrt nahm Kotzebue Kurs auf die Marshall-Inseln. Dabei entdeckte man neben anderen die Neujahrsinsel, die Rumjanzow-Insel, die Krusenstern-Inseln und die Hayden-Inseln. Keine der Inseln wurde für Rußland in Besitz genommen. Dagegen füllten die Reisebeschreibungen Kotzebues und Chamissos mehrere Bände. Es sind Informationen und Beobachtungen von unschätzbarem Wert.

Russische Schiffe unter Bellinghausen und Lasarew segelten 1819/20 sogar in die Antarktis. Dabei wurden Dutzende von Inseln entdeckt und in die Karten eingezeichnet.

Kotzebue startete 1823 mit einem Kriegsschiff zu einer neuen Weltreise. Diesmal begleitete ihn der deutsche Physiker Emil Lenz, der ozeanographische Forschungen durchführte. Lenz konstruierte das erste Bathometer, ein Instrument, mit dem man die Wassertemperatur in großen Tiefen messen kann.

Auch Gebiete auf Neu-Guinea, die 1884 Deutschland zugeschrieben wurden, entdeckten und beschrieben zunächst russische Seeleute.

Aber alle Entdeckungen und Erfolge russischer Marineoffiziere fielen in einen Zeitraum, in dem sich Rußland noch nicht als Seemacht verstand, in dem überseeische Interessen eine völlig untergeordnete Rolle spielten. Selbst Alaska schien keiner Anstrengung wert, denn durch die Ausrottung der Tierwelt ging das Pelzgeschäft der Russisch-Amerikanischen Kompanie stark zurück. Die russischen Angriffskeile waren auf Zentralasien gerichtet, und in Fernost lockten der Amur, die Mandschurei, Korea und damit eisfreie Häfen am Japanischen Meer.

Der russische Botschafter in den Vereinigten Staaten, von Stoeckl, erhielt deshalb den Auftrag, Alaska an den meistbietenden Interessenten zu verkaufen. 5 Millionen Dollar sollte der Preis betragen – für ein Gebiet, das viermal größer als Frankreich ist, aber nur von 30000 Menschen bewohnt wird.

Von Stoeckl war ein guter Kaufmann. Er trieb den Preis auf 7,2 Millionen Dollar hoch. Ein glänzendes Geschäft für die Russen? – Der amerikanische Unterhändler Seward wurde öffentlich verhöhnt. »Sewards Narrenstück«, urteilte die Presse. Und doch sollten die Vereinigten Staaten ihrem Staatssekretär bald dankbar sein: In Alaska wurden ungeahnte Schätze entdeckt. Der Goldrausch brach aus. Amerikas Aufstieg zur Weltmacht begann – die strategische Bedeutung Alaskas wuchs. Was zählten da 7,2 Millionen Dollar?

9
Die Henker im Wilden Osten

»In einer Familie aß die Mutter ihre Tochter auf, dann erteilte sie ihren Söhnen den Befehl, einen unter ihnen zu ermorden; die Familie nährte sich einige Tage von seinem Fleische; schließlich wurde ein zweiter Sohn verspeist. Als nun wiederum das Fleisch ausgegangen war und der Hungertod drohte, befahl die Mutter erneut einem der zurückgebliebenen Söhne, daß er den anderen erschlagen sollte; erzürnt durch seine Weigerung stürzte sie auf ihn mit einem Messer los, aber die Brüder erschlugen ihre Mutter mit einem Beil und nährten sich nun mehrere Tage von ihrem Fleische. Schließlich streiften sie durch die Tundra, suchten dort nach Leichen und lebenden Menschen. Sie fanden die Leiche eines Ostjaken und verspeisten sie.«

Diese makabre Geschichte, die sich Anfang des 19. Jahrhunderts in der Nähe von Turuchansk am Jenissei abgespielt haben soll, wurde von dem Sibirien-Forscher Jadrinzew überliefert. Verglichen mit der Katastrophe, die sich drei Jahrhunderte lang in Sibirien ereignet hat, ist sie nur eine kleine Episode.

Die Chronisten des Untergangs der nordasiatischen Völker malen mit düsteren Farben:

Dem Gemetzel der Kosaken und »Promyschlenniki« folgten zunächst die Epidemien. Furchtbar wüteten Pocken, Typhus und Lepra. Einer einzigen Blattern-Seuche fielen fast 20000 Kamtschadalen zum Opfer. Läuflinge, Verbannte und Strafbataillone verbreiteten die Syphilis. Bei ärztlichen Untersuchungen, die lediglich von einigen Forschern zu statistischen Zwecken durchgeführt wurden, stellte sich heraus, daß sich in ganzen Stämmen und Dörfern kein einziger Gesunder mehr fand. In manchen Gegenden

Sibiriens vereinigten sich Syphilis, Rheumatismus und Skorbut zu einer grauenhaften Geißel.

Lepra hatte sich schon im 18. Jahrhundert im gesamten Nordosten ausgebreitet. Prostitution und Trunksucht höhlten dann die letzte Widerstandskraft der Eingeborenen aus, so daß sich ihre Zahl im 19. Jahrhundert erschreckend verringert hatte. Dutzende von Stämmen waren spurlos verschwunden. In einigen Fällen fanden die Jassak-Kommissionen, die sich in regelmäßigen Abständen auch in abgelegene Tundra- und Taigagebiete verirrten, nur noch von wilden Tieren abgenagte Skelette vor. Mitte des 19. Jahrhunderts wurde man an die Omoken, die nach der Überlieferung an der Indigirka »so zahlreich wie die Sterne am Himmel« gelebt hatten, nur noch durch Reste ihrer Wohnstätten erinnert.

Vom Volk der Arinzen existierten im Jahre 1608 noch 300 Familien. 1753 trafen die Forscher Gmelin und Müller den letzten Eingeborenen, der arinzisch sprach. Von rund 20000 Kamtschadalen aus dem Jahre 1744 lebten 1823 noch 2760. Die Wogulen verringerten sich von einer Volkszählung zur anderen um 50 Prozent. Ausgestorben waren schon Ende des 18. Jahrhunderts die Kotten, Choidanen, Schelagen, Anjuiten, Matoren und Assanen. An andere Völker erinnerte sich schon nach wenigen Jahrzehnten niemand mehr – sie waren spurlos in der Wildnis untergegangen.

Wie konnte es zu dieser Katastrophe kommen? Was waren das für Völker, die gegen den Ansturm der »abendländischen« Russen sowenig Widerstandskraft mobilisierten?

Völkerkundler unterscheiden in Nordasien, das fast völlig von Sibirien ausgefüllt wird, drei Kulturbereiche: die arktische Zone, die Steppenländer der Viehnomaden, die tief nach Zentralasien hineinreichen, und das Amurbecken mit seinen eigenartigen Sonderformen.

Im Westen zählen zum nordasiatischen Völkerring, der sich immerhin über 30 Breiten- und 175 Längengrade erstreckt, auch europäische Samojeden, Esten und Lappen.

Zusammen mit den sibirischen Wogulen und Ostjaken gehören sie zur finnisch-ugrischen Sprachgruppe.

Weitere Sprachgruppen in Sibirien sind: die samojedische mit verschiedenen Samojedenstämmen, zum Beispiel den Nenzen, den Jenissei- und den Ostjaksamojeden.

Die tungusische Sprachgruppe umfaßt die heutigen Ewenken, die Golden und Lamuten, die tschuktschische außer den Tschuktschen selbst auch die Korjaken und Kamtschadalen. Kleinere Völker bilden die giljakische, jukagirische, eskimoisch-aleutische, ozeanische (Ainu) und indochinesische (Keto oder Jenisseier) Sprachgruppe.

Viele der insgesamt rund fünfzig Völker, die heute noch existieren, zählen nur noch wenige tausend oder einige hundert Menschen. Zahlenmäßig am stärksten sind die mongolischen und türkischen Völker Sibiriens, die Tataren, Altaier, Jakuten und Burjaten. Allein in der Autonomen Sowjetrepublik Jakutien leben heute noch ungefähr 400 000 Nachkommen der Ureinwohner, die sich inzwischen allerdings stark mit den Russen vermischt haben. Fast ebenso viele Burjaten bilden die Bevölkerung der Autonomen Burjatischen Sowjetrepublik.

Nahezu alle sibirischen Völker wirkten auf die vordringenden Europäer leicht bis stark mongolisch. Aber abgesehen von den Burjaten, Tungusen, Jakuten und Tataren fehlen die typischen Merkmale der mongolischen Rasse, die Mongolenfalte und die schrägen Augenspalten. Die meisten Stämme zählen daher zu den Sibiriden, einer Zwischenform zwischen Mongoliden und Europiden.

Während die breiten Jochbögen und die weit auseinanderstehenden Augen das Gesicht flach erscheinen lassen und einen asiatischen Einschlag bewirken, stellten die Völkerkundler zu ihrer größten Überraschung fest, daß 30 bis 40 Prozent der Sibiriden helle, also blaue oder graue Augen haben. Einige zeigten sogar die leicht rötliche Hautfarbe der Nordeuropiden, und auch braunes, gewelltes Haar war gar nicht so selten.

Im Gegensatz dazu erinnerten besonders die Jenisseier oder Keto und die Jenissei-Ostjaken mit ihren ausgeprägten

Hakennasen und langen, glatten, blau-schwarzen Haaren stark an manche Indianer Nordamerikas.

Die meisten Eingeborenen wirkten relativ klein und nicht besonders kräftig. Sie bevorzugten vor allem drei Wirtschaftsformen: Jagd, Fischfang und Rentierzucht. Die Rinder- und Pferdezucht, sonst von den mongolischen und türkischen Steppenvölkern betrieben, verlagerten nur die Jakuten weit nach Norden, als sie von den Burjaten vermutlich noch vor der Zeit Dschingis-Khans an die Ufer der Lena abgedrängt wurden. Bis zur russischen Invasion hatten sich die meisten Jakuten aber den veränderten Umweltbedingungen angepaßt und sich ebenfalls auf Jagd und Fischfang umgestellt. So waren fast alle positiven Eigenschaften, die den russischen Kosaken und Händlern an den Eingeborenen auffielen, von ihrer Lebensform geprägt.

An den Tungusen zum Beispiel rühmte man die scharfen Augen. »Als einst ein Reisender in Sibirien die Verfinsterung des Jupiters mit Hilfe eines Teleskopes beobachtete«, berichtet Jadrinzew, »konnte der Eingeborene den gleichen Vorgang mit unbewaffnetem Auge erkennen und erklärte, daß ein großer Stern einen kleinen verschluckt und wieder ausgespien habe.«

Georgi, einer der bekanntesten Sibirienforscher, schreibt über die Tungusen:

»Gesicht und Gehör sind fast unglaublich scharf, Gefühl und Geruch aber auch desto mehr abgehärtet und stumpf . . . Sie sind geschickte Reiter, Jäger und Bogenschützen. Im Gebiet ihrer Züge kennen sie fast jeden Baum, Stein usw. Sie erkennen die Spuren des Wildes an niedergedrücktem Moos, Gras oder Zeichen auf bloßer Erde, wo kein anderer das geringste unterscheidet. Wenn sie sich an anderen Orten treffen wollen, wissen sie die Orte so genau zu beschreiben oder zeichnen auch mit dem Finger in Schnee oder Erde eine Karte, daß sie sich nicht verfehlen.«

Der Kosak Kandin, der jahrelang mit Tungusen durch die Taiga zog, bewunderte ebenfalls ihre Jagdeigenschaften. Er erzählte:

»Jeder kaum bemerkbare Pfad im Walde ist ihnen geläufig; sie erkennen die Spur eines Schneeschuhs, eines Wolfes, eines Eichhörnchens. Nach der Spur, wie sie im Erdreich oder im Schnee von den Fußknöcheln des Bären oder des Wolfes eingedrückt ist, erkennen sie, ob der Bär gereizt war oder nicht, ob er gefährlich sei für ihre Rentiere, ob er schlau sei. Sie erkennen die Ihrigen an verschiedenen Merkzeichen, welche die Schneeschuhe hinterlassen, nach dem Ausschreiten der Beine, nach den Kreisen im Schnee, nach den geknickten Zweigen an den Bäumen oder nach Ästen, welche auf den Weg gestreut sind. Ein jedes Weib kennt die Spuren der Schneeschuhe ihres Mannes. Es gibt Tungusen von so scharfem Gesicht, daß sie weithin von Berg zu Berg, von Stein zu Stein auf über sieben Kilometer hinaus schauen, eine Herde wilder Rentiere zählen und ohne zu fehlen ihr Wild erlegen.«

Hungersnöte waren in der vorrussischen Zeit unbekannt. Die Wälder wimmelten von Eichhörnchen und Zobeln, die mit Fallen, Netzen oder mit Pfeil und Bogen gejagt wurden. Bären griffen die Eingeborenen mit Spieß und Messer an. Hasen und Hermeline, Waldhühner und Enten, dazu die fischreichen Flüsse sorgten für ausreichende Abwechslung auf der Speisekarte.

Die wichtigsten Fleischlieferanten waren Elche und Rentiere. Vom Stamm der Keto, der an der steinigen Tunguska lebte, werden drei Arten der Elchjagd überliefert: Im Frühling erlegte man viele Tiere, wenn sie die Flüsse durchquerten. Im Herbst wurden tiefe Gruben angelegt und geschickt mit Zweigen und Blättern getarnt. Im Winter jagte man die Tiere auf Schneeschuhen zu Tode.

Ähnlich verlief auch die Jagd auf Rentiere. Früher müssen die Herden zu Tausenden durch das Land gezogen sein. Es gibt Erzählungen, nach denen sich eine Herde in Gruppen zu 200 oder 300 Tieren auf 50 oder 60 Kilometer verteilte. Die reichsten Jagdgründe scheinen an den Ufern des Großen und Kleinen Anjui gelegen zu haben. Hier lauerten die Eingeborenen den Herden auf, wenn sie die Flüsse durchschwimmen mußten. Von Booten aus töteten die Jäger manchmal 100 bis 150 Rentiere in einer Stunde.

Rentiere wurden auch gezüchtet. Man verwendete sie als Zug- und Reittiere, trank auch die dicke Milch direkt aus dem Euter. Das Verbreitungsgebiet der Rentierzüchter erstreckte sich praktisch ohne Unterbrechung von den finnischen Lappen bis zu den sibirischen Tschuktschen.

Von den Bewohnern der Ostküste oder der Inseln der Bering-See wurden auch Wale und Seehunde gejagt. Georg Wilhelm Steller hat während seines Aufenthaltes auf Kamtschatka den Walfang der Eingeborenen miterlebt. Er hielt seine »unglaublichen und verwunderlichen Beobachtungen« fest:

»Um Lopatka und die kurilischen Eilande fahren die Einwohner mit Baidaren in die See, suchen solche Orte auf, wo Wale zu schlafen pflegen, und so viele Tiere sie antreffen, so viele schießen sie mit vergifteten Pfeilen an, davon sie gleich aufschwellen, schrecklich wüten und toben und in die See gehen. Es geschieht zuweilen, daß einer oder mehrere, bisweilen auch gar keiner bei ihnen an den Strand geworfen wird.

Die Oljutoren haben eine andere Art, Walfische zu fangen: Sie machen Netze von Walroßhäuten, die vorher lange Zeit im Rauch hängen, daß die so fest wie ein Stein werden. Diese Häute schneiden sie alsdann in Stücke und Riemen und flechten sehr große und sehr dicke Netze daraus. Jeder Riemen ist so dick wie eines starken Mannes Arm; diese Netze setzen sie innerhalb des Oljutorischen Meerbusens gegen die Mündung des Seebusens und beschweren das eine Ende davon mit entsetzlich vielen und großen Steinen. Wenn die Walfische aus und ein gehen, verwirren sie sich mit dem Schwanze darinnen in kurzer Zeit zu Tode; darauf fahren die Oljutoren mit Baidaren nach ihm, befestigen ihn mit Riemen und bugsieren ihn an das Ufer. Ehe sie aber mit ihm fortrudern, wird vorher in den Baidaren über ihn schamant; während der Zeit, da sie nach dem Lande rudern, stehen die Jungfern, Weiber, Kinder und überhaupt jung und alt am Ufer, singen, schreien, tanzen und springen und gratulieren ihren Männern zur Beute.

Wenn der Walfisch am Lande ist, so ziehen sie alle ihre besten Kleider und Zierate an, bringen einen geschnitzten hölzernen Walfisch, zwei Schuh lang, . . . zünden eine Lampe an, bestellen einen Wächter dabei, der darauf achthaben muß, daß die Lampe vom Frühling bis in den Herbst, solange der Fang währet, nicht verlöschen möge. Alsdann gehen sie insgesamt, schneiden den Walfisch in Stücke und präparieren ihn als ihren vornehmsten Proviant für das ganze Jahr.«

Die geschicktesten Waljäger waren die Tschuktschen, die ihr Gewerbe auf europäische Art betrieben: Sie fuhren mit Baidaren aufs Meer hinaus und harpunierten die Tiere. An den Spießen waren lange Riemen und eine Blase befestigt, mit deren Hilfe sich leicht der Standort des getroffenen und wegtauchenden Wales bestimmen ließ.

Der Walfang scheint für die Wirtschaft der Kamtschatka-Völker, der Tschuktschen, Kurilen und Aleuten von überragender Bedeutung gewesen zu sein. Wie heute in den schwimmenden Walfabriken vor allem der russischen Fänger wurden schon viele Jahrhunderte vor der russischen Eroberung die riesigen Tiere bis zur letzten Schwanzflosse verarbeitet. Steller beobachtete das sehr genau:

»Aus der Haut machen sie Sohlen, Leder und Riemen. Das Fett wird gegessen und gebrannt; das Fleisch dient zur Speise. Mit dem Fischbein fügen sie ihre Baidare zusammen und machen Fischernetze, Fuchsfallen und Wassereimer daraus. Aus den zwei Knochen der Unterkiefer machen sie Schlittenläufe, Messerhefte, allerhand Ringe und Riegel zu ihren Hundegeschirren. Aus den Gedärmen machen sie allerhand Blasen und Gefäße, um flüssige Dinge darin zu halten, aus den Sehnen die elastischen Sehnen zu ihren Fuchsfallen; dieser bedienen sie sich auch anstatt des Bindfadens zum Befestigen von allerhand Dingen, die eine Festigkeit vonnöten haben.«

Kein Wunder, daß vom Beginn bis zum erfolgreichen Abschluß der Fangsaison die Schamanen eine dominierende Rolle spielten. Die »Werkzeuge der Geister« beherrschten bis ins 20. Jahrhundert hinein souverän ihre Sippen. Neben dem Ältesten, manchmal auch neben den besten Jägern oder Kriegern bestimmten sie den gesamten Lebensrhythmus. Sie waren nicht nur die Werkzeuge der Geister, sondern sollten im Gegenzug die Naturgewalten beschwören, beschwichtigen, lenken.

Fische und Jagdtiere, Wälder und Winde, Krankheiten und Lustbarkeiten hatten für die Eingeborenen ihre »Besitzgeister«, mit denen verhandelt, denen geopfert werden mußte.

Der Priester bestimmte den Zeitpunkt und die Richtung des jährlich stattfindenden Jagdzuges. Er besänftigte durch seine Zeremonien die Seele des Bären, der als der Urahn des Menschen galt.

Lamuten töteten einen Bären erst, nachdem sie bestimmte Lieder gesungen hatten. Jakuten weckten das Tier, bevor sie ihm den Spieß ins Herz stießen.

Selbst beim Verspeisen des Bärenbratens, dem besondere Kräfte zugeschrieben wurden, betrachtete man das Tier noch als Gast. Der Tod spielte keine Rolle, denn man glaubte an eine Seelenwanderung. Trotzdem aß bei den Giljaken ein Blutsverwandter der Sippe, die das Tier erlegt hatte, niemals einen Bissen davon. Das Fleisch des Bären blieb den angeheirateten Mitgliedern der Großfamilie vorbehalten.

Bei Tschuktschen, Korjaken und manchmal auch bei den Kamtschadalen wurden sogar alle getöteten Jagdtiere als Gäste angesehen und nach dem Mahl durch eine magische Zeremonie des Schamanen wieder ins Leben zurückgerufen.

Entsprechend der exponierten Stellung innerhalb der Sippe durfte nur Schaman werden, wer schon unter seinen Vorfahren einen »Auserwählten« hatte. Hans Findeisen präzisiert: »Jeder junge Schaman hat ein besonderes Berufungserlebnis gehabt, das sich in Träumen kundtut, in denen der schamanistische Ahnengeist den Betroffenen auffordert, Schaman zu werden. Im gesamten nordasiatischen Bereich wird in dieser Berufung keineswegs etwas Auszeichnendes oder gar Erstrebenswertes gesehen; im Gegenteil, sowohl die Verwandten als auch der Schamanenkandidat selbst versuchen alles nur mögliche, um dem schweren Schicksal, Schaman zu werden, zu entgehen . . . Fast in allen Fällen zwingen aber im nordasiatischen Bereich die Geister den von ihnen Erwählten dennoch durch Krankheit oder andere Unglücksfälle, den Ruf anzunehmen und sich zu unterwerfen. Ist dieser Zeitpunkt gekommen – und es dauert manchmal Jahre, bis sich ein junger Mann oder ein Mädchen endgültig dazu durchgerungen haben, ihr Leben auf ›Reisen‹ in die Ober- und Unterwelt zuzubringen –, so wird die Ausübung schamanistischer Zeremonien, die sich als Dichtung, Tanz und musikalisches Schaffen, vielfach verbunden mit Weissagung, äußert, als Gesundungsprozeß empfunden.«

Trotz ihrer Schamanen hatten manche sibirischen Stämme durchaus eine Vorstellung von einem höchsten Gott, der die Erde, die Menschen und die Tiere erschaffen hat. Bei den Keto hieß dieser Gott Ees. Er mußte durch ständige Neuschöpfungen das Wirken seiner ehemaligen Frau, der Todesgöttin, neutralisieren. Das änderte allerdings nichts daran, daß alles Lebendige ihr eines Tages rettungslos verfiel. Der Ausweg aus diesem Dilemma hieß: Seelenwanderung.

Erkenntnisse über das religiöse Leben, die soziale Struktur und über künstlerische Äußerungen der sibirischen Völker sind noch sehr jung. Kosaken, Kaufleute und Beamte des Zaren kümmerten sich wenig um die Mythen und Heldensagen der Ostjaken oder Jakuten, um die Götter der Tungusen und die Stammesstrukturen bei Kamtschadalen oder Tschuktschen. Sie interessierten sich für den Jassak, für Düfte, die von den großen Gemeinschafts-Kochtöpfen aufstiegen, und für die Frauen und Töchter der Eingeborenen, deren exotische Schönheit oder oft auch nur deren bloße Existenz Tausende von Russen zur Ehe verlockte.

Aus der Anfangsphase der Sibirienliteratur überwiegen Beschreibungen der äußeren Lebensumstände dieser neuen, exotischen Völker, ihrer Lebensgewohnheiten, die manchen Europäer abschreckten, und der Ausschweifungen, denen sich Eingeborene und »abendländische« Eroberer am Rande der Zivilisation hingaben.

Über die Hütten der Ostjaken, die gewöhnlich mit einem Ofen, einem Herd und Schlafbänken eingerichtet waren, mokierte sich Georgi:

»Die Sauerei und der Gestank in denselben von Kindern, die nicht leicht herausgehen, Hunden, Fischen, Holz-, Tabak- und Tranrauch, Ungeziefer etc. übertrifft alle Vorstellung.«

Die Ostjaken, früher eines der zahlreichsten sibirischen Völker, werden als phlegmatisch, furchtsam, abergläubisch, faul, säuisch, aber folgsam und gutherzig beschrieben. Die jungen Frauen sahen teilweise sehr gut aus, aber nach dem ersten Wochenbett wurden sie runzlig und häßlich.

Während die Männer Netze und Reusen herstellten, Kähne, Schlitten und Schneeschuhe bauten sowie Bögen und allerlei Hausrat bastelten, bestand die Aufgabe der Frauen darin, Fische zu trocknen, Tran zu kochen, Pelze zu gerben und zu Kleidungsstücken zu vernähen. Die Ostjakinnen verstanden es auch, aus Nesseln grobes Leinen zu weben und aus Aschenlauge und Tran Seife zu kochen.

Obgleich die Ostjaken viel jagten, zogen ihre Frauen – teilweise an der eigenen Brust – junge Füchse auf. Da magere Tiere bessere Pelze hatten, brach man den ausgewachsenen Füchsen ein Bein, kurz bevor sie erwürgt wurden. Durch den Schmerz verloren sie viel Gewicht.

Auch bei den Ostjaken spielte der Bär eine wichtige Rolle als Fetischtier: Wer etwas beschwören mußte, trat auf eine Bärenhaut, auf der ein Beil lag. Dann reichte man ihm einen Bissen Brot und er hatte auszurufen: »Schwöre ich falsch, so soll mich der Bär zerreißen, das Beil töten und das Brot ersticken!«

Schamanismus und Geisterbeschwörungen waren stark verbreitet. Der Zauberer »Toteba« konnte Träume deuten, weissagen, Kranke heilen und Teufel bannen. Jede Sippe hatte in der Taiga einen heiligen Berg, auf dem Geister standen. Aus diesem »Heiligen Hain« durfte weder Holz noch Wasser benutzt werden.

Bei allen wichtigen Anlässen schlug der Schaman die Zaubertrommel, und zum Klang der Tumbra, einem Saiteninstrument, wurden sonderbare pantomimische Tänze aufgeführt, bei denen sich die Tänzer verkleideten und mit großem Talent Tiere nachahmten.

Auf Hochzeiten tanzten zwei Männer und zwei Frauen eine Art Reigen, wobei sie erotische Bewegungen und Gesten bis zur Ekstase steigerten.

Reiche Ostjaken konnten sich mehrere Frauen kaufen. Jede Braut kostete zehn bis hundert Rentiere. War das Mädchen noch Jungfrau, erhielt die Schwiegermutter als Bonus ein Tier extra – andernfalls zog der Bräutigam ein Rentier vom Kaufpreis ab.

Bei festlichen Anlässen pflegten sich die Ostjaken an einem Sud aus Fliegenschwämmen zu berauschen, was nicht selten direkt zum Totenmahl überleitete. Dabei durften Männer nur von Männern, Frauen nur von Frauen begraben werden. Man zog den Toten ihre besten Kleider an und ließ sie von einem Rentier auf den Totenacker ziehen. Dort wurde das Ren für das Totenmahl geschlachtet. Die Leiche legte man mit dem Kopf nach Norden und gab ihr Waffen und Hausrat mit auf den Weg ins Jenseits.

Schauder und Entsetzen schüttelte manche Russen, vor allem die zivilisierten Beamten und Forscher, wenn sie die rauhen, »säuischen« Sitten der Ostjaken miterlebten. Über die Eßgewohnheiten schreibt Georgi:

»Die Zurichtung ist säuisch. In einem Kessel kochen sie alles und wischen ihn höchstens mit einem Pelzlappen aus. Es fallen auch Läuse genug in die Speisen, die aber den Appetit desto weniger verderben, da sie sie, wenn sie sich untereinander lausen, ohnehin verschlingen.«

Wenn ein Jakute Vater wurde, kochte er die Nachgeburt und verzehrte sie mit seinen besten Freunden aus Freude über die Vermehrung der Familie.

Im Gegensatz zu den Tataren, die schon bei den Russen als »übertrieben reinlich« galten, weil sie sich mehrmals am Tage wuschen oder badeten, hatten die meisten sibirischen Völker eine sehr robuste Einstellung zur Sauberkeit, was die Kosaken und »Promyschlenniki« allerdings am wenigsten störte. Besonders die Kamtschadalen galten als schmutzig. Sie wuschen sich weder Hände noch Gesicht und aßen aus einer Schüssel mit den Hunden. Auch die Schüssel wurde nie gereinigt, damit keine Essensreste verlorengingen.

Stepan Kraschennikow, Student aus Petersburg, der einige der genauesten Beschreibungen der Völker und der Natur Kamtschatkas im 18. Jahrhundert hinterlassen hat, beobachtete:

»Sie kämmen ihre Haare nie, sondern sowohl Männer als auch Weiber pflegen sie nur in zwei Locken zu legen und die Enden mit dünnen Schnüren zu binden . . . Durch diese Unreinlichkeit ziehen sie sich so viel Läuse zu, daß sie ganze Hände voll davon abschrappen und säuisch genug sind, sie sogar zu essen. Diejenigen, die nicht natürliches Haar genug haben, tragen falsches, das zuweilen zehn Pfund wiegt, daher ihr Kopf aussieht wie ein Heuschober.«

Die Kamtschadalen schienen sich mit ihrer »säuischen« Lebensart vor der Invasion der Kosaken wohl gefühlt zu haben. Sie lebten bequem von der Jagd, vom Fischfang und vom Handel mit den Korjaken, ihren nördlichen Nachbarn. »Ihr größtes Vergnügen besteht im faulen Müßiggang und in der Befriedigung ihrer natürlichen Lüste und Begierden«, notierten dann auch die ersten Kamtschatka-Forscher. Begriffe wie »Ruhm und Ehre, Reichtum, Ehrgeiz, Stolz oder Geiz« schienen völlig unbekannt zu sein. Die Eingeborenen lebten in den Tag hinein und genossen ihre zahlreichen Feste und Zeremonien.

Üblich waren sogenannte »Schmaus-Duelle«, das heißt sehr üppige Freß- und Sauforgien. Der Wirt und sein Gast zogen sich in der Hütte nackt aus und ließen sich inmitten ungeheurer Nahrungsberge nieder. Dann wurde der Raum in eine Sauna verwandelt, in dem man immer wieder Wasser auf glühendheiße Steine goß. Unerträgliche Hitze breitete sich aus, während die Esser stundenlang Speisen in sich hineinstopften. Der Sinn dieser Orgie bestand darin, daß der Wirt seinen Gast dazu bringen mußte, sich über die Hitze zu beschweren und weitere Speisen dankend abzulehnen.

»Bei solchen Schmäusen überfressen sie sich so sehr, daß sie nach drei Tagen den Anblick von Speisen nicht mehr ertragen und wegen der gewaltigen Überfüllung sich kaum regen können. Wenn der Gast nun fast ersticken will, so erkauft er die Erlaubnis, Abschied zu nehmen, mit einem

Geschenk von Hunden, Kleidungsstücken und anderen Geräten, die seinem Wirte angenehm sind, und empfängt dafür nichts weiter als einige Lumpen!«

Nach einiger Zeit holte sich der Wirt seine Sachen oder andere, die ihm gefielen, wieder zurück, indem er sich zu einem Gegenbesuch einladen ließ.

Bei Hochzeiten oder anderen festlichen Anlässen wurde viel getanzt. Man sang Liebeslieder und erzählte einander handfeste erotische Geschichten. Da die Kamtschadalen ebenso wie die meisten anderen sibirischen Völker keine Schriftsprache kannten, wurden alle Erzählungen, Heldenlieder und Geschichten von Göttern und Geistern mündlich überliefert.

Ein Kamtschadale durfte zwei oder drei Frauen haben. Manchmal baute er für jede Braut eine neue Hütte, meistens lebte er aber mit seinen Frauen in einem Raum. Einer Hochzeit ging immer eine ziemlich umständliche und zeitraubende Zeremonie voraus. Der Bräutigam mußte wochen- und monatelang für die Familie seiner künftigen Frau arbeiten, ehe er einen Heiratsantrag stellen durfte.

Leichter war es, eine Witwe zu freien. Hier mußten sich nur die beiden Partner einig sein. Ein Hindernis stand aber auch diesen Verbindungen im Wege: Die Witwe durfte erst heiraten, wenn sie von ihren Sünden befreit war. Eine Absolution erhielt sie nur, wenn sie mit einem Fremden schlief. Weil für die Kamtschadalen selbst die »Reinigung« einer Witwe als schimpflich galt, war das eine schwer zu erfüllende Bedingung.

»Die Witwen waren also sehr übel daran, ehe unsere Kosaken ankamen, nach welcher Zeit kein Mangel an Fremden ist, die einer hübschen jungen Witwe ihre Sünde gerne abnehmen«, meinte Georgi.

Noch weiter mit ihrer sexuellen Großzügigkeit gingen die seßhaften Korjaken und die Tschuktschen. Sie sahen es als das schönste Zeichen der Gastfreundschaft an, Fremden ihre Frauen oder Töchter ins Bett zu legen. Eine Ablehnung dieser großzügigen Offerte galt als Beleidigung, die nicht selten zur Ermordung des Gastes führte. Einige Kosaken und Reisende mußten das am eigenen Leibe erfahren, bevor sich die Sitten des Landes herumgesprochen hatten.

Es war manchmal gar nicht so einfach, Handel und Verwaltung in freundlicher Atmosphäre abzuwickeln und sich dann der Gastfreundschaft der Eingeborenen ohne Komplikationen zu entziehen. Denn nicht jedes Korjakenmädchen und nicht jede Tschuktschenfrau ließ die freizügigen Sitten angenehm erscheinen.

Die korjakischen Frauen putzten sich zwar gerne heraus, wenn Gäste erwartet wurden. Sie bemalten ihre Gesichter, trugen ausnahmsweise saubere Kleider und legten Schmuck an. Aber in den überheizten Hütten pflegten sie dann völlig nackt herumzusitzen. Sie genierten sich auch vor Fremden nicht. Der Sibirienforscher Müller berichtet sogar: »Die Weibsperson überreichte dem Gast eine Schale mit frischem, in seiner Gegenwart gelassenem Urin, womit er seinen Mund auszuspülen verbunden ist. Schlägt er den Antrag aus, so hält sie ihn für ihren Feind, dagegen ist aus der Annahme desselben auf seine aufrichtige Freundschaft zu schließen.«

Man kann sich vorstellen, wie häufig allein durch diese Sitte Freundschaften zwischen Russen und Eingeborenen in die Brüche gingen. Auch Urteile wie das von Georgi lassen sich erklären. Er schrieb:

»Das ganze Volk ist roh, voll Leidenschaften, rachgierig und grausam.«

Das ist richtig, wenn man Leidenschaften mit Wollust übersetzt. Aber auf der anderen Seite war bei den Kamtschadalen die sogenannte Liebesseuche, die so verheerende Folgen hatte, vor der Ankunft der Russen unbekannt.

Auch Grausamkeiten ließen sich beobachten. Dieben pflegten die Eingeborenen eine Hand abzubrennen. Und die Behandlung ihrer Toten stieß zivilisierte Menschen ab: Man band den Leichen einen Strick um den Hals und schleifte sie vor die Hütte. Dort lagen sie dann als Fraß für die Hunde herum, damit sie in der anderen Welt die schönsten Hunde vor ihren Schlitten spannen konnten.

Aber die Völkerkundler konstatierten auch bemerkenswerte Fähigkeiten: Die meisten Eingeborenen waren handwerklich sehr geschickt. Kamtschadalen fertigten aus einem grünlichen Bergkristall und hölzernen Handgriffen Messer an, zimmerten seetüchtige Kähne, und schnitzten aus Zobelknochen Nähnadeln. Kraschennikow fand sogar eine Kette aus Walfischknochen, die so fein gearbeitet war, daß sie wie gedrechselt wirkte.

Die Kirgisen galten als besonders phantasievoll, hatten viel Humor und ein besonders ausgeprägtes Gefühl für Musik und Poesie. Jakuten und Burjaten wirkten geistig sehr rege und aufgeschlossen. Sie waren nicht nur geschickte Handwerker, sondern wußten auch klug zu verhandeln. Der Sibirienforscher Middendorf verglich die Jakuten »mit ihrer schlauen Findigkeit und Frechheit« mit russischen Juden.

Es bestand also durchaus kein Anlaß, mit den Namen der sibirischen Völker die Vorstellung von barbarischer Kulturlosigkeit oder gar von geistiger Stupidität zu verbinden. Im Gegenteil: Die Geschichte der Eroberung und Kolonisation Sibiriens zeigt, daß oft die einwandernden Russen die Barbaren waren und viele Wirtschaftsformen, Sitten und Gebräuche von den Eingeborenen übernahmen. Bei der Vermischung mit den sibirischen »Barbaren« übte die slawische Rasse nur einen sehr schwachen Einfluß aus. Die Ursachen sowohl für die Katastrophe, die sich beim Zusammenprall der slawischen Eroberer mit den asiatischen Ureinwohnern ergab, als auch für den Kulturverfall bei den häufigen Assimilationen sind bei der zaristischen Kolonisationspolitik zu suchen.

10
Der Weg nach Osten

Nach dem Zuge Jermaks und den Eroberungen der zaristischen Woiwoden, die mit ihren Kosaken- und Strelitzenverbänden eine Kette von Ostrogs nach Osten vorgeschoben hatten, blieb Sibirien etwa ein Jahrhundert lang »offenes Land«.

Tausende von Abenteurern strömten über den Ural, um die Ernte auf dem »goldenen Boden« einzubringen. Niemand kümmerte sich um ökonomische oder ökologische Gesetze. Die Reichtümer des unendlich großen Landes verlockten zum Raubbau am fruchtbaren Steppen-Boden, zur hemmungslosen Jagd auf Tiere. Niemand reglementierte zunächst Handel und Gewerbe. Mühelos wurde man in Sibirien satt, manchmal sogar reich.

So brachen sie also in »unser Peru und Mexiko« auf, wie russische Staatsmänner im 18. Jahrhundert enthusiastisch schwärmten: Bauern, im europäischen Rußland an die Sklaverei der Leibeigenschaft gewöhnt, gedemütigt von zaristischen Beamten und gekettet an Äcker, die ihnen nicht gehörten, warfen ihre Fesseln ab und wurden selbst zu freien Unternehmern.

Kosaken, deren eigenartiger Steppenkommunismus im 17. Jahrhundert immer mehr ausgehöhlt und deren freiheitliche Lebensform durch die Großmächte am Rande des »Wilden Feldes« immer mehr eingeengt wurde, verlegten das Beutegewerbe nach Osten und fingen ihre Sklaven nun in den südsibirischen Steppen oder auf Kamtschatka.

Räuber und Mörder, gehetzt und in die Enge getrieben von den Dragonern des Zaren, entwichen in die undurchdringliche Taiga, bauten Blockhütten oder ganze Dörfer, die oft erst nach Jahrzehnten zufällig entdeckt wurden.

Aus seßhaften Knechten wurden freie, vagabundierende Abenteurer, die jedem Gerücht über neu entdeckte »Dorados« nachjagten, die sich voller Unternehmungslust auf die natürlichen Reichtümer stürzten, immer mobil, energisch, ohne Hemmungen und Skrupel.

Aber jede Kolonisation gewinnt erst staatspolitische Endgültigkeit, wenn der militärischen Okkupation die bäuerliche Landnahme folgt, wenn eine Trapperphase durch die Trecks der Siedler beendet und das erste Korn in die Erde versenkt worden ist.

Die sibirische Landnahme hatte daher von Anfang an einen doppelten Charakter: Parallel zur selbständigen, vom Volke ausgehenden Auswanderung, die das Resultat ökonomischer und soziologischer Entwicklungen im europäischen Teil des riesigen russischen Reiches war, lief die offizielle Kolonisation durch die zaristische Regierung.

Schon aus dem Jahre 1590 stammt die erste Verordnung des Zaren, aus dem Gebiet von Solwytschegodsk 30 Bauern mit ihren Familien zur Übersiedlung nach Sibirien »auszumustern«. Jede Familie mußte ausgestattet sein mit drei Pferden, drei Kühen, zwei Ziegen, drei Schweinen, fünf Schafen, zwei Gänsen, fünf Hühnern, zwei Enten, mit Getreide für ein Jahr, einem Pflug, einem Bauernwagen, dem Schlitten und allerlei kleinerem Arbeitsgerät. Durch eine Abgabe der zurückbleibenden Bevölkerung erhielten die Auswanderer zusätzlich noch eine Starthilfe von 25 Rubel.

Ein anderes Aktenstück bezieht sich auf das Gebiet von Pelym in Westsibirien. Hier wurden 50 Kosaken und 100 Strelitzen angesiedelt, die neben ihrem militärischen Wachdienst auch Äcker bestellen mußten. Zusätzlich wurden aus Moskau, Kargopol, Perm und Wjatka Bauern nach Pelym transportiert und auf »Kronsland« angesiedelt. Sie sollten die Region von Getreidelieferungen aus dem Mutterland unabhängig machen.

In Westsibirien – am Anfang der Heeresstraße, die vom Ural über Tobolsk, Tara und Jenisseisk bis nach Jakutsk und später bis nach Ochotsk und Kamtschatka führte – gelang die

Kolonisation noch ziemlich schnell. Schon 1593 war die Postroute zwischen Werchnjaja Tura, dem Tor nach Sibirien am Oberlauf des Flüßchens Tura, und Tobolsk durch Ansiedlungen gesichert und dadurch ein relativ regelmäßiger Postdienst, bei dem in jeder Station die Pferde gewechselt werden konnten, organisiert. Bis 1637 konnte diese Route nach Tara am Irtysch verlängert werden.

Übertroffen wurde die Zahl der zwangsumgesiedelten Kronsbauern, die sich in Sibirien oft der staatlichen Kontrolle entzogen, indem sie »auseinandergingen«, das heißt: in die Wildnis flüchteten und sich auf eigene Faust Siedlungsland suchten, bei weitem von freien Siedlern und Flüchtlingen, die sich abseits der Heerstraße, also auch unbehelligt von Verwaltung und Steuerlasten, in den »freien« Gebieten hinter dem Ural niederließen.

Zunächst folgten sie den großen Flußsystemen Ob und Irtysch, weil das die besten Transportwege waren, drangen dann bis zum Oberlauf der Nebenflüsse vor und griffen manchmal sogar der militärischen Kolonisation vor. Im 18. und 19. Jahrhundert wurden zahlreiche Siedlungen im Altai-Gebiet, in den Kasachensteppen und sogar in der Mongolei gefunden, die bei ihrer Gründung eindeutig auf ausländischem Territorium gelegen haben müssen.

Meistens handelte es sich bei diesen »schwarzen« Siedlern um »Läuflinge«, also um Bauern, die aus der Leibeigenschaft entflohen waren, um entkommene Strafgefangene oder Verbannte. Schon im 17., besonders nachdrücklich aber im 18. Jahrhundert, versuchte die zaristische Verwaltung, diesen unkontrollierten Siedlerstrom zu unterbinden bzw. durch Suchtrupps wilde Ansiedler aufzuspüren und auf den »Zehnten« setzen zu lassen.

Aber die Belastung mit Abgaben und Ackerzins war nicht das Schlimmste, was illegale Siedler treffen konnte. Es gab in den verschiedenen Gouvernements Sibiriens Woiwoden, die ihre Kosakentrupps mit der Anweisung auf Patrouille schickten, Flüchtlinge zu verhaften und streng zu bestrafen. In zahlreichen Fällen wurden die entdeckten Dörfer und Felder rücksichtslos niedergebrannt. Gefangene verkamen in sibirischen Gefängnissen oder starben an den grausamen Mißhandlungen durch Kosaken und Dragoner.

Diese Verfolgungen wurden immer dann angeordnet, wenn die Auswanderung von Bauern, die Flucht von Leibeigenen oder Rekruten aus dem europäischen Rußland überhandnahm und zu wirtschaftlichen Schwierigkeiten führte. Nach den großen Bauernunruhen des 17. und 18. Jahrhunderts beispielsweise sickerten Aufständische, die dem Gegenterror der zaristischen Truppen entkommen waren, zu Tausenden über die Grenze nach Sibirien, und das trotz strenger Kontrollen auf den Heerstraßen sowie an den Toren der Festungen und Städte. Die illegalen Auswanderer suchten sich ihren Weg abseits des sibirischen »Traktes«, auf versteckten Waldpfaden, die bis an die Grenzen des Reiches oder bis tief in die Taiga hineinführten.

Nicht viel weniger Schwierigkeiten zu überwinden, Strapazen zu erleiden und Opfer zu bringen hatten Auswanderer, denen eine Übersiedlung nach Sibirien erlaubt worden war. Meistens handelte es sich um relativ freie Bauern, die bisher auf einer Staatsdomäne gearbeitet hatten. Diese Staatsbauern konnten sich von ihren Gemeinden freikaufen, wenn sie ihre Steuern für mehrere Jahre im voraus bezahlten. Nach diesem Aderlaß und vielen anderen Abgaben, Gebühren und Bestechungsgeldern blieb gewöhnlich kaum noch Geld für die lange Reise bzw. für den Start in der neuen Heimat übrig. Lange Elendszüge schleppten sich daher über die Landstraßen nach Sibirien.

»Auf der von einem elenden Gaul gezogenen ›Telega‹, dem in Rußland üblichen vierräderigen Bauernwagen, liegt unter einem zum Schutze gegen das Unwetter errichteten Dache aus Matten oder aus Stroh, mit Leinwand überzogen, sämtliches Hab und Gut, das der Bauer mitführt«, schildert ein Historiker eine jener Auswandererkolonnen. »Seine Kinder und die Frau sitzen auch hie und da auf. Der Bauer selbst schreitet neben dem Gaul . . . Der Auswanderer sucht sich mit seiner Familie ›im Namen Christi‹ durch Bettel durchzuschlagen. Zwar bettelt der Bauer selber nicht, es ist dies das Amt der Frau und der Kinder, der Mann schaut nur ernst darein, wenn der ›Name Christi‹ angerufen wird; aber auch er nimmt Almosen und Nahrungsmittel, denn letzteres ist die Hauptunterstützung, die den Auswanderern in den Dörfern gespendet wird, gern entgegen . . . Auf der sibirischen Route wurde von alten ansässigen Bauern erzählt, daß sie sich unter all den zahlreichen Karawanen der Auswanderer nur zweier erinnern können, welche nicht bettelten.«

Eine solche entbehrungsreiche Reise dauerte oft zwei oder drei Jahre. Manchmal starben zwei Drittel der Familienmitglieder. Trotzdem sorgte ein rückständiges, ungerechtes Steuersystem dafür, daß der Bauer weiterhin für alle Seelen, die bei der letzten Revision registriert worden waren, Steuern bezahlen mußte. Entkräftet, krank, verschuldet kamen viele Auswanderer in ihrer neuen Heimat an, wo neue Lasten auf sie warteten. Hausbau, die notdürftigste Ausstattung für die Landwirtschaft, Saatgut . . . Ein Dasein als ewiger Steuerschuldner war diesen armen Bauern auch in Sibirien sicher. Dennoch zogen die meisten dieses mühselige, ärmliche Leben in relativer Freiheit der Leibeigenschaft im »alten« Rußland vor. In Sibirien hat es Leibeigenschaft nie gegeben.

Trotz des ständig fließenden Auswandererstromes blieb Sibirien äußerst dünn besiedelt. Im Jahre 1622 waren knapp 80000 Russen registriert worden. Bei der Volkszählung von 1709 hatte sich die Zahl der »Seelen« auf rund 230000 erhöht, und hundert Jahre später bevölkerten nicht mehr als zwei Millionen Russen ein Gebiet, das selbst in seinen fruchtbaren und klimatisch günstigen Landstrichen Raum und Existenzmöglichkeit für mindestens 50 Millionen Menschen bietet.

Sehr früh begannen die Zaren damit, politische Häftlinge, religiöse Sektierer und Kriminelle in die unwirtlichsten Gegenden Sibiriens abzuschieben. Bis 1622, dem Jahr der ersten Volkszählung in Sibirien, hatten die Behörden bereits 7400 Personen deportiert. Während die Verbannung als Strafmaß im 16. Jahrhundert noch relativ selten war, säuberte man im 17. und 18. Jahrhundert regelmäßig die Festungen und Gefängnisse durch Deportationen. Nach einem Ukas von 1653 wurde sogar die Todesstrafe für Diebe und Räuber in Zwangsarbeit umgewandelt. Ende des 17. Jahrhunderts verurteilte man Vagabunden, die von der Moskauer Polizei ohne Papiere aufgegriffen wurden, zu einer Geldstrafe. Konnten sie die Summe nicht bezahlen, was die Regel war, reihte man sie in die nächste Sträflingskolonne ein, die mit lautem Kettengeklirr über die »Straße der Tränen« nach Osten zog.

Genaue Zahlen über Deportationen im 17. und 18. Jahrhundert liegen kaum vor. Keine Statistik gibt darüber Auskunft, wieviel Verbannte unterwegs vor Entkräftung zusammenbrachen, in den mörderischen Schneestürmen erfroren oder von Wachmannschaften auf der Flucht erschossen wurden. Niemand weiß, wieviel Gefangenen es gelang, in der Wildnis unterzutauchen, sich unter die Siedler, Jäger oder Händler zu mischen. Manche zogen später als Vagabunden ruhelos durch das Land und gehörten zum Kreis der »Vergeßlichen«, die sich angeblich nicht mehr an ihren Namen und Heimatort erinnern konnten.

Anfang des 19. Jahrhunderts wurde die Zahl der Deportierten mit rund 2000 jährlich angegeben. Bis zum Jahre 1823 steigerte sich das Kontingent auf knapp 7000 pro Jahr. 1827 waren es 11000 Verbannte, darunter viele Offiziere und Adlige, die sich am berühmten Dekabristenaufstand gegen den Zaren beteiligt hatten. Politische Gefangene machten seitdem einen großen Prozentsatz der Zwangsverschickten aus, 10000 im Durchschnitt pro Jahr! Anfang des 20. Jahrhunderts war jeder vierte »Sibirjak« ein Deportierter oder stammte von einem Deportierten ab. Und die »Politischen« vor allem waren es, die einen Hauch von Kultur nach Sibirien brachten, die in einem barbarischen Land Oasen der Zivilisation schufen.

Denn Anfang des 19. Jahrhunderts war aus dem »gelobten Land« im Bewußtsein vieler Europäer längst ein Vorhof der Hölle geworden. Der Schrecken der Deportationen, Nachrichten über Hungersnöte, Gerüchte über die Mißwirtschaft grausamer und habgieriger Provinzfürsten, Rückschläge bei der Kolonisation, Aufstände vor allem der Nomadenvölker in den südsibirischen Steppen, die nun auch hier ihre Weidegründe durch die russischen Siedler bedroht sahen – das waren die ersten Anzeichen dafür, daß sich die großen Hoffnungen, die mit dem Namen Sibirien verknüpft waren, nicht erfüllt hatten.

Auch wirtschaftlich blieben die Erfolge bescheiden: Nur in Westsibirien gelang es, eine rentable Landwirtschaft aufzubauen, genügend Bauern seßhaft zu machen und dadurch die eigene Versorgung zu sichern. Je weiter sich aber die Heer- und Poststraßen zwischen den Wäldern und Sümpfen der Taiga nach Norden oder Osten verloren, desto schwieriger wurde es, Siedler zu finden, die sich von den kargen Äkkern am »Trakt« ernähren wollten, der Voraussetzung für eine funktionierende Poststation. Zwangsweise angesiedelte »Postbauern« gingen häufig wieder auseinander und tauchten in der Wildnis unter, um den Reichtümern in Taiga und Tundra nachzujagen.

Ähnliche Schwierigkeiten gab es bei der Ausbeutung der Silber-Bergwerke und beim Aufbau der ersten Hüttenwerke in Sibirien. Leibeigene, die in den Fabriken arbeiten und nebenbei ihre Äcker bestellen sollten, um die Ernährung zu sichern, entzogen sich den Unternehmern durch die Flucht. Kaum in Sibirien angekommen, verwandelten sich die seßhaften Russen in vagabundierende und nomadisierende Abenteurer. Unrationelle Organisation und Technologie machten überdies die »Montanindustrie« unrentabel – trotz riesiger Erzvorkommen.

Aber auch die Reichtümer, die für die »barbarischen« Sibirier, das heißt: für Russen ohne wissenschaftliche Kenntnisse, ohne moderne Technologie und ohne Kapitaleinsatz zugänglich waren, erschöpften sich im 18. und Anfang des 19. Jahrhunderts sehr schnell. Durch einen beispiellosen Raubbau ließen Erträge von Jagd, Fischerei und Landwirtschaft rapide nach. Zobel und Hermeline, Robben und Seekühe, Lachse und Störe wurden fast ausgerottet.

Schon in der ersten Hälfte des 18. Jahrhunderts hatte sich das Wild aus Westsibirien zurückgezogen, verjagt nicht zuletzt von reißenden Tieren, die im 18. Jahrhundert dem Leichengestank verhungerter Eingeborener folgten. Vor allem in der Region von Jenisseisk und Turuchansk lagen sie zu Tausenden in den Wäldern herum. Bären, Dachse, Luchse und Vielfraße, vor allem aber riesige Wolfsrudel durchstreiften die Taiga und griffen nicht selten einzelne Jäger, Sträflingskolonnen oder Reisende mit Pferdegespannen an.

Ende des 18. Jahrhunderts ließen auch die Jagderträge in Ostsibirien nach. Die Folge: Verarmung vor allem der Eingeborenen, die ihren Jassak gewöhnlich in Fellen bezahlen mußten.

Ackerbau und Viehzucht wurden noch im 19. Jahrhundert in unglaublich primitiver Form betrieben. Zu Hunderttausenden gingen in jedem Jahr Pferde, Rinder und Schafe an Milzbrand und anderen Seuchen ein, manchmal sogar an Futtermangel, obgleich die Grassteppen reiche Weiden abgaben. Die Einwanderer verstanden es einfach nicht, eine Wirtschaft rationell zu führen.

Raubbau am Boden führte in kurzer Zeit zur Versteppung – Düngung kannte man nicht. Jadrinzew schreibt:

»Man ist in Sibirien mit der Verwendung zahlreicher tierischer Produkte gar nicht bekannt und wirft sie darum einfach beiseite: . . . In den Gebieten, wo Viehzucht getrieben wird, sammeln sich ungeheure Mengen von Dünger an, welche keinerlei Verwendung finden. In Sibirien kommt es mitunter vor, das ganze Dörfer ihren ursprünglichen Standort verlassen, weil sie, nach dem lokalen Ausdruck, ›zu sehr vermistet sind‹«.

Die Rohprodukte werden in primitiver Weise gewonnen. So wird zum Beispiel das Fett nicht ausgeschmolzen und nicht gereinigt. »Der Bauer weiß nicht, wie er Fett zu bearbeiten hat, und brennt an Winterabenden Kienspan . . . Die Bauernschaft versteht nicht, das Leder zu bearbeiten . . . Der Bauer macht selber seine Flachsaussaat, kleidet sich aber in ein Hemd von außerordentlich grobem Gewebe; er hat einen Überfluß an Wolle, und dennoch hüllt er sich in Lappen, die ihn kaum vor dem Winde schützen; er hat unter seinen Füßen in der Erde eine Menge Eisen, bedient sich aber eines hölzernen Riegels, seine ›Telega‹ wird durch hölzerne Nägel zusammengehalten; die Fenster seiner elenden Hütte sind mit Marienglas und Papier statt mit Glas verdeckt; die Zubereitung von Seife ist ihm unbekannt, er begnügt sich mit sogenanntem ›Seifenwasser‹, das heißt, er wäscht sich mit dem Aufguß von gesäuerten Därmen.

Der Überfluß an Produkten hat somit nichts zur Verbesserung der Lage der sibirischen Bauern beigetragen. Er steht so arm und hilflos inmitten seiner fabelhaften Schätze, wie der elendeste Wilde!«

Ähnlich stand es mit der sibirischen Industrie. Seit im 18. Jahrhundert die ersten Wissenschaftler und Forscher durch das Land gezogen waren, wußte man, welche ungeheuren Schätze unter der sibirischen Erde lagerten.

»Welch ein kostbares Unterpfand für eine zukünftige Industrie liegt hier!« rief der Geologe Schtschurowski aus, als die Steinkohlenlager von Kusnezk entdeckt worden waren. Sie erstreckten sich über ein Gebiet von fast 50000 Quadratkilometern. Riesige Eisenerzlager im Süden von Sibirien kamen bald dazu. Im Altai warteten Silber- und Kupferminen auf die Ausbeutung.

Aber zu mehr als Sonntagsreden reichte es bei den Politikern des Zaren selten. So jubelte der Senator Kornilow: »Sibirien, dies reiche und unvergleichlich große Besitztum Rußlands, gewonnen in der Morgenröte unserer Siege und unseres Ruhmes, in der Epoche des Großen Iwans IV., gewährt ein Bild, welches stets den wahren Patrioten in Entzücken versetzt.«

Aber es gab auch längst Kritiker, die den desolaten Zustand Sibiriens richtig einschätzten; russische Historiker, Völkerkundler oder Geographen, die sich von der gelegentlich aufflackernden Euphorie nicht mehr irritieren ließen. Der Schriftsteller Gersewanow beispielsweise führte in den vierziger Jahren des 19. Jahrhunderts den Beweis, daß Sibirien keine wirtschaftliche Zukunft habe.

»Sibirien«, schrieb er, »nährt sich von den Säften Rußlands: es wird davon nicht fett, es entzieht aber seiner Nährerin die Kräfte.« – Für die damaligen Verhältnisse im zaristischen Rußland zweifellos eine richtige Prognose.

Auf die Ursachen für diesen Niedergang kam dann der Gelehrte Schtschapow zu sprechen. Er setzte sich mit dem niedrigen intellektuellen Niveau der Russen zur Zeit der Eroberung Sibiriens auseinander und schrieb:

»Die sibirische Natur oder die Naturschätze hatten in den Russen das Streben erweckt, sich an der Natur zu orientieren und auf Erwerb auszugehen. Aber auch die intellektuelle Schwäche des russischen Volkes im Kampfe mit der Natur und in der Ausnutzung ihrer Produkte kam dabei zum Vorschein. Den Russen mangelte es vorerst an gründlichem Studium und an Kenntnissen in den naturwissenschaftlichen und anthropologischen Disziplinen, man unterließ es jedoch, die mächtigeren und unvergleichlich entwickelteren europäischen Geisteskräfte als Beihilfe für die schwachen und unentwickelten Kräfte der Russen herbeizuziehen. Die Entdeckung eines neuen, ungeheuren Gebietes wie Sibirien regte den Geist der Russen an, bewies aber auch gleichzeitig in klarster Weise die geistige Impotenz des russischen Volkes.«

Viele russische Historiker haben diese Äußerung als das Ergebnis persönlicher Verbitterung gedeutet. Schtschapow soll in seiner Laufbahn oft ungerecht behandelt und sogar nach Sibirien verbannt worden sein. Wenn man jedoch das Ergebnis der Kolonisation Sibiriens im 18. und 19. Jahrhundert betrachtet und wenn laut Jadrinzew »jede Kolonie ein Denkmal der Kolonisationsfähigkeit eines Volkes« und Sibirien »das Produkt der Schöpfungskraft ... des russischen Volkes« ist, dann kommt man kaum an der Feststellung vorbei, daß Schtschapow zumindest kein krasses Fehlurteil ausgesprochen hat.

Besonders als man in den vierziger Jahren des 19. Jahrhunderts endlich Gold gefunden hatte, entwickelte sich in Sibirien ein Chaos, das zwar auch viele Russen, vor allem aber die Eingeborenen endgültig in den Abgrund riß. Der Goldrausch brach aus, und die trunkene Jagd nach den gelben Körnern setzte wie in Kalifornien, Südafrika oder Australien zumindest vorübergehend alle Gesetze und Werte der Zivilisation und Kultur außer Kraft.

Noch einmal peitschte das Gold den Pioniergeist und die Abenteuerlust der russischen Siedler und Jäger vorwärts. Äcker lagen brach, Handwerksbetriebe wurden geschlossen, ganze Dörfer verödeten. Eingeborene mußten als Sklaven in den Goldwäschereien arbeiten.

Am Rande der Goldstädte, die innerhalb weniger Jahre aufblühten und ebensoschnell wieder zu Geisterstädten erloschen, siedelten sich Kneipen, Bordelle und Würfelbuden an. Augenzeugen berichten über ein Lager an der Schilka:

»Hier pulsierte das Leben, und der Rubel rollte. Unzählige Holzhäuser waren erbaut, Kaschemmen, Würfelbuden, nebst dem weiblichen Gefolge, das hier scheinbar unentbehrlich ist . . . Goldgräber waren gekommen, mit reicher Beute. Die Harmonie wurde gestört durch ein Spiel Karten, die schweren Revolver lagen neben dem Haufen Goldstücke.«

Nur wenige wurden hier reich. Den Rahm der Goldindustrie schöpften Händler, Unternehmer, Spekulanten und der Staat ab. Der Wirtschaft und Kultur Sibiriens blieben von dem neuen Reichtum so gut wie nichts. Und die Sibirier selbst ließen sich bereitwillig korrumpieren.

Nur eine einzige Branche erlebte einen traumhaften Boom: Schnapsbrennereien schossen wie Pilze aus dem Boden! Die Trunksucht verbreitete sich schlimmer als alle Epidemien, die seit dem 17. Jahrhundert in regelmäßigen Abständen wie eine tödliche Flut Sibirien heimgesucht hatten. Sie sorgte für eine weitere Herabsetzung der Produktivität bei den russischen Siedlern und für die völlige Verarmung der Eingeborenen, deren letzte Widerstandskraft vom Alkohol zerstört wurde.

Die Kolonisation führte nun zur völligen Versklavung der Ureinwohner, an der sich alle russischen Volksschichten beteiligten. »Die Russen bemächtigten sich der Ländereien, der Wiesen und Fischereien der Eingeborenen auf gewaltsamem Wege durch Raub oder Betrug«, schreibt Jadrinzew.

An den sibirischen Strömen gingen alle Fischereien an russische Fanggenossenschaften über. Die Eingeborenen mußten sich als Lohnsklaven verdingen. Ähnlich erging es den Rentiernomaden im Norden, weil die Rentierherden durch Seuchen und hemmungslose Treibjagden stark dezimiert worden waren. Auch die Jagdbeute ging ständig zurück. Pelztiere wurden ausgerottet, andere fanden durch die riesigen Waldbrände in der Taiga, die sich über Tausende von Kilometern ausdehnten, keine Nahrung mehr.

Beim Handel verloren die Eingeborenen gewöhnlich ihr letztes Eigentum. Sie mußten für Getreide, für minderwertigen Tand oder für Alkohol überhöhte Preise zahlen, die Kaufleute mischten Eis und Sand unter das Mehl oder benutzten falsche Gewichte.

Für Kredite verlangte man 200 bis 300 Prozent Zinsen. Es gab Fälle, in denen eine ostjakische oder tungusische Sippe in hundert Jahren eine Schuldsumme von zwei oder drei Rubel nicht zurückzahlen konnte, im gleichen Zeitraum aber Felle und Arbeitsleistungen im Wert von mehr als tausend Rubel lieferte. Der Niedergang der Stämme endete meistens mit Hungersnöten, unbeschreiblichem Elend, mit dem völligen Aussterben oder in Sklaverei.

»Man betrachte eine solche Familie«, schrieb ein Sibirienreisender Anfang des 19. Jahrhunderts, »welche unter freiem Himmel Unterkunft suchen muß und sich unter einem weitverzweigten Baume eine Grube im Schnee ausgegraben und diese mit Zweigen eines Nadelbaumes ausgelegt hat. Die armen, in Lumpen gehüllten Geschöpfe erwärmen ihre erstarrten Glieder nur notdürftig an dem Feuer eines brennenden Scheiterhaufens. Die Frauen haben hier ihre Entbindungen durchzumachen, sie finden kein Asyl, nicht einmal für ihre anderen Kinder, und müssen das Neugeborene bei einer Kälte von 45 Grad an ihrer kalten Brust wärmen.«

Sklaven waren dann auch billig in Sibirien: Für Knaben zahlte man 25 Kopeken, also einen Viertelrubel, für Mädchen 20 Kopeken. Eingeborene wurden zu Tausch- und Handelsobjekten. »Selbst die Versklavung der Frauen zum

Konkubinat oder zur Ehe hatte nicht nur die Befriedigung der geschlechtlichen Instinkte zum Ziel, sondern auch kommerziellen Erwerb«, schrieb Schaschkow, der sich intensiv mit der Sklaverei in Sibirien beschäftigte. Es ging um billige Arbeitskräfte, und manchmal spannte man Eingeborene anstelle von Pferden vor den Pflug oder vor die Postkutsche. Ostjaken, Samojeden oder Tungusen, die einst den Kosaken Jermaks mit Zobel- und Hermelinfellen bekleidet entgegengetreten waren, sanken auf den Status von Arbeitsvieh herab.

Schaschkow schreibt: »Vom Woiwoden an bis zu dem geringsten Kaufmann hinab war jedermann bemüht, sich der Eingeborenen zu bemächtigen, ungeachtet dessen, daß sie durchaus friedlich waren und auch nicht die geringste Unbotmäßigkeit oder Verschwörung sich hatten zuschulden kommen lassen. Selbst die friedlichsten Eingeborenen waren nicht sicher vor einer gewaltmäßigen Abführung in die Sklaverei.«

Für Nachschub auf den Sklavenmärkten sorgten auch die Eingeborenen selbst. Durch den Einfall der Russen waren die Stammesstrukturen und die Kräfteverhältnisse unter den Stämmen verändert worden. Es kam zu Kämpfen unter den verschiedenen Völkern. Ehemalige Bündnisse wurden aufgelöst, stärkere Nachbarn, die noch nicht unter den Russen zu leiden hatten, überschritten die Grenzen. So machten die Dsungaren und Kirgisen Einfälle aus dem Süden, die Kirgisen am Jenissei wiederum wurden von den Kalmücken vernichtet, die Telessen überfielen die Teleuten, die Untertanen des Zaren geworden waren, und die Kalmücken schließlich mußten sich der Dsungaren erwehren.

In den Jahren 1756/57 plünderten chinesische und mongolische Räuberbanden die Kalmücken aus und erschlugen etwa eine halbe Million.

So brach eine Katastrophe nach der anderen über die sibirischen Völker herein. Zwar war die Sklaverei seit den Zeiten Peters des Großen offiziell verboten, aber das änderte nichts an den tatsächlichen Abhängigkeiten. Ähnlich wie die US-Regierung für die Indianer in Nordamerika richtete der

Zar staatliche Vorratsmagazine ein, in denen die Eingeborenen Getreide, Salz, Pulver, Blei und andere lebensnotwendige Dinge beziehen sollten, aber diese Versorgung hatte einen rein fiktiven Charakter:

»Die Aufseher der Magazine notierten das Getreide auf Rechnung der Eingeborenen und verkauften es selber an Händler, welche es ihrerseits den eigentlichen Eigentümern zum doppelten Preis abgaben.« (Jadrinzew.)

Selbst die orthodoxe Kirche beteiligte sich am allgemeinen Raub. Klöster beschlagnahmten Wiesen und Äcker. Priester versklavten durch Wucher und einseitige Verträge Eingeborene auf Lebenszeit und ließen sich bei Zwangstaufen oder beim Handel sogar zu Gewalttätigkeiten hinreißen. Der zwangsgetaufte »Wilde« ging gewöhnlich in das Eigentum seines Taufvaters über.

Unter diesen Umständen ist es nicht verwunderlich, daß selbst die Kirche bei der Missionierung und Zivilisierung der »Wilden« versagte.

»Die unfähigen Prediger des Christentums erwecken gar häufig bloß den Widerstand und den Haß der Eingeborenen durch ihr Vorgehen; wenn sie einige Konvertiten gewonnen haben, so setzen sie eine Verfolgung der übrigen Heiden in Szene; sie machen die Eingeborenen widerspenstig und halten sie von der Anerkennung des Christentums zurück«, beobachtete Jadrinzew.

Schamanismus, Buddhismus und Islam konnten durch diese Methoden, durch eine im Durchschnitt äußerst ungebildete niedere Geistlichkeit nicht verdrängt werden. Die Tataren und auch andere Nomaden blieben fanatische Mohammedaner, und die nördlichen, primitiveren Stämme der Wogulen oder Ostjaken waren selbst im 19. Jahrhundert nur nominelle Christen, obgleich sie schon im Jahre 1712 »bekehrt« worden waren. Ihre Heiligenbilder lagen in irgendeinem Winkel unbeachtet herum und wurden lediglich beim Besuch eines Priesters hervorgeholt. Die heidnischen Bräuche pflegte man weiter, und auch der Schamane behielt seinen Einfluß.

Steller berichtet, daß sich die Geistlichen auf Kamtschatka

Trauungen, Taufen oder Begräbnisse teuer bezahlen ließen. Die Gebühren beliefen sich auf die Höhe des jährlichen Jassaks. Wer nicht bezahlen konnte, mußte zwei oder drei Jahre für die Kirche, das heißt für den Popen arbeiten. Vermutlich war das nicht nur auf Kamtschatka so.

Die Korjaken lehnten dann auch mehrmals eine Missionierung mit dem Argument ab: »Sollen wir so werden wie die orthodoxen Kosaken, die unsere Frauen vergewaltigen, die uns betrügen und erschlagen?«

Kosaken waren nicht gerade Vorbilder in christlicher Gesinnung. Sie fühlten sich als die Herren Sibiriens. Nach den Phasen der Eroberungen und der »Befriedigungen«, in denen sie furchtbar unter den Eingeborenen aufgeräumt hatten, gewöhnten sie sich schnell an ein bequemes Leben als Sklavenjäger und Sklavenbesitzer. Weit und breit war kein Kosak auszumachen, der sich auf einem Acker abquälte. Dafür gab es genügend billige Arbeitskräfte. In Südsibirien verpachteten sie Weideflächen, die sie zuvor geraubt hatten, an Kasachen, die früheren Eigentümer, kauften billig kasachisches Vieh auf und tauschten es in den nördlichen Garnisonen und Städten gegen Getreide ein, das sie wiederum zu erhöhten Preisen an die Eingeborenen weitergaben.

Kosaken verachteten die Landarbeit und empfanden sich eher als »Ritter der Steppe«. Von der Regierung wurden sie in dieser Überzeugung unterstützt, denn als sogenannte »Wehrbauern« hatten sie an den südlichen Steppengrenzen eine wichtige Aufgabe zu erfüllen. Katanajew schrieb noch Ende des 19. Jahrhunderts:

»Dafür ist der Kirgise eben ein Kirgise, um als Arbeiter zu dienen, und dem Bauern sind Hände wie Haken gegeben, damit er hinter dem Pflug geht; der Bauer arbeitet mit dem Buckel, aber der Kosak mit Verstand und Findigkeit. Einer muß den Acker pflügen, der andere muß den Säbel handhaben.«

Je weiter die Russen in die kasachischen Steppen vordrangen, desto mehr drängten verarmte Nomaden auf den Arbeitsmarkt und gewöhnten die Kosaken an ein bequemes, faules Leben. Auf der anderen Seite hatten die Kosaken bei

Aufständen und Eroberungszügen hohe Verluste und waren praktisch bis zum 42. Lebensjahr zum Kriegs- oder Wachtdienst verpflichtet.

Das galt für das »Orenburger Heer«, das 1744 gegründet worden war, und auch für das »Sibirische Heer« (1760), das die Grenzen bis zum Altai-Gebiet zu bewachen hatte.

In Transbaikalien lebten die Kosaken noch in der zweiten Hälfte des 19. Jahrhunderts »wie die Gottesvögelchen«. Sie betrieben Fischfang, gingen auf die Jagd und handelten mit den benachbarten Chinesen und Mongolen.

Auch im Amur- und Ussurigebiet wurde nur wenig mit Ackerbau und Viehzucht experimentiert. Bis ins 20. Jahrhundert hinein jagte man Pelztiere, manche Kosaken arbeiteten für die Dampfschiffahrtsgesellschaften auf den großen Strömen oder seit Ende des 19. Jahrhunderts auch für die »Transsibirische Eisenbahn«, die allmählich bis nach Wladiwostok vorstieß.

Den Ruf, »Henker des Zaren« zu sein, verdienten sich vor allem Regierungskosaken, die auf den Postrouten Dienst taten und dabei auch die Elendstrecks der Deportierten zu bewachen hatten. Berichte über Grausamkeiten gegenüber den Verurteilten, aber auch gegen Frauen und Kinder, die ihren Männern oder Vätern in die Verbannung folgten, könnten ganze Bücher füllen. Nicht einmal die Eingeborenen, die vom Zaren an der Poststraße angesiedelt worden waren, blieben verschont. Petri berichtet:

»Die Jakuten an der Poststraße sind Gewalttätigkeiten und Erpressung von seiten der administrativen Persönlichkeiten und der Kosaken ausgesetzt. Die Kosaken zum Beispiel zahlen nie für Nahrungsmittel und Nachtlager, ja sie pflegen sich mitunter gewaltsam die Nahrungsmittel zu beschaffen; sie bemächtigen sich der Frau des Jakuten und treiben ihn selber für die Nacht aus seiner Jurte.«

Am schlimmsten trieben es die Kosaken auf Kamtschatka. Georg Wilhelm Steller beobachtete:

»Wenn ein Kosak alles verspielt und versoffen hatte, so nahm er in der ersten Zeit Rohr und Kopie und zog für sich in den Krieg; kam er nun in einen Ostrog, so einigte er sich mit fünfzig oder sechzig Mann, daß sie ihm geben sollten, was er verlangte, dann wolle er wieder abziehen. Hatten sie sich gleich damit abgefunden, so trieb er doch noch eine Herde Knaben und Mädchen nach dem Ostrog und sogleich in das Branntweinhaus, um sie zu verspielen. Einige nahmen, wenn sie Zobel oder Geld benötigten, die Fußeisen und Ketten aus dem Gefängnis, reisten damit nach einem Ostrog und klingelten bei ihrer Ankunft nur damit bei dem Rauchloch, dann kamen alle zur Musterung heraus und kauften sich los. Überkam nun die Ungeduld jemanden, so daß er sich widersetzte, so bekam er gleich Schläge, bis daß es so unleidlich wurde, daß sie insgesamt über den Kosaken herfielen und ihn totschlugen. War dies geschehen, so war es ein Aufstand, und der ganze Ostrog von Kosaken überzog diese mit Krieg. Sie schlugen viele tot und teilten das übrige unter sich.

Jeder Kosak hatte wenigstens fünfzehn bis zwanzig Sklaven, einige auch fünfzig oder sechzig. Diese verspielten sie in der Kneipe, und manchmal bekam eine Sklavin drei, vier Herren an einem Abend; jeder, sobald er sie nur gewonnen, mißbrauchte sie. Sie vertauschten sie gegen Hunde; diese Leute mußten alle Arbeit verrichten, und kein Kosak rührte das Allergeringste an, sondern spielte, soff, reiste, um Schulden einzufordern, oder zog in den Krieg.«

Kein Wunder, daß von diesen Kosaken nur etwa jeder Dritte eines natürlichen Todes starb. Die meisten wurden »hier und da erschlagen«.

Kein Wunder auch, daß diese Pioniere, Trapper, Soldaten und Desperados in Sibirien keine Kulturträger werden konnten. Aber es fand sich in den ersten Jahrhunderten auch unter den übrigen russischen Siedlergruppen keine zivilisatorische Kraft, die den europäischen Standard in der sibirischen Wildnis verbreiten konnte. Es gab zwar russische Einflüsse, und einige europäische Arbeitsformen und Sitten, Waffen und Geräte wurden eingeführt. Aber gleichzeitig verwilderten die Russen durch die starke Vermischung mit den eingeborenen Völkern. Die psychischen und physischen Veränderungen nahmen solche Dimensionen an, daß europäische Reisende Russen oft nicht mehr von Burjaten oder Jakuten unterscheiden konnten.

Die Russen änderten Sprache, Sitten und Lebensgewohnheiten. Sie freundeten sich mit der Polygamie an, teilten mit den Eingeborenen Aberglauben und Fetischismus, übernahmen Kleidung und Wirtschaftsformen, vergaßen die russische Sprache.

Kosaken und Bauern Transbaikaliens, deren Väter und Großväter sich mit Burjatinnen vermählt hatten, glaubten fest an das Schamanentum und an das lamaistische Prophetentum. Wie die Burjaten empfanden sie keinen Widerwillen mehr gegen stinkendes, von Würmern wimmelndes Fleisch.

»Gleich den Burjaten, die weit von Irkutsk wohnen«, schreibt der Völkerkundler Schtschapow, »zeichnen sich diese Russen ferner durch eine hochgradige Verwilderung und Stumpfheit aus. Bei jedem unerwarteten und neuen Eindruck staunen sie; mit einer Empfänglichkeit, wie sie nur bei Wilden anzutreffen wäre, klatschen sie in die Hände, sperren den Mund auf und rufen: Ah – ah – ah!«

Middendorf traf in Jakutien Russen an, die nur noch ihrer Herkunft nach Slawen waren, sich in ihrer Lebensweise aber nicht von Jakuten unterschieden. Es fiel ihm sogar schwer, einen russisch sprechenden Führer zu finden. Die Häuser waren im jakutischen Stil erbaut und eingerichtet.

Im Gebiet von Turuchansk am Jenissei nahmen die Nachkommen von Russen, die sich mit Jakutinnen, Samojedinnen und Tungusinnen vermischt hatten, viele Eigenschaften und Gewohnheiten der Eingeborenen an. Sie aßen gerne rohen Fisch, benutzten den typisch tungusischen Reisesack aus Leder und bastelten Wassereimer aus Baumrinde. Zusammen mit den Eingeborenen schamanisierten sie und versteckten hinter ihren Heiligenbildern Götzen. Turuchansker Kosaken hatten unbeschreibliche Angst vor Naturgeistern und opferten jedem hohen Berg einige Zobel, damit er ihre Reise nicht aufhielt.

Auch in Westsibirien unterlagen Kosaken und andere Russen dem Einfluß der Eingeborenen. In den kirgisischen

Steppen haben sie Kleidung, Bräuche und Sprache der Kirgisen angenommen. Sogar Offiziere kehrten vom Militärdienst an der Steppengrenze völlig kirgisiert in die russischen Städte zurück.

Auf Schritt und Tritt stießen die Forscher seit dem 18. Jahrhundert auf einen »chaotischen Mischmasch« der Rassen. In Sibirien entwickelte sich ein völlig neuer ethnologischer Typ. Er zeigte in den einzelnen Landesteilen sehr unterschiedliche physische und psychische Merkmale. Aber jeder Sibirier unterschied sich bald deutlich von den europäischen Russen. Er wirkte im Vergleich zwar etwas primitiver, sein Verstand war weniger trainiert. Dafür bestach die nüchterne, praktische, berechnende Vernunft. Schtschapow definiert den Hauptunterschied so:

»Die Sibirier sind weniger mystisch und religiös als die Russen – sie sind mehr Utilitarier und Materialisten!«

Der »Sibirjak«, von dem heute im Zusammenhang mit sowjetischen Aufbauleistungen und sozialistischer Arbeitsmoral so oft die Rede ist, hat sich also schon im 18. und 19. Jahrhundert entwickelt. Und ebenso wie zu Zeiten des Zarismus mit seinen mittelalterlichen Wirtschafts- und Regierungsformen scheint der praktische Verstand der asiatischen Russen auch heute mit der schwerfälligen Planungsbürokratie in der Sowjetunion recht gut fertig zu werden.

III
Glanz und Elend des Kosakentums

1
Rebellen und Desperados

Kirchen, Bilder, Kreuze, Glocken,
Weiber, die geschminkt wie Docken,
Huren, Knoblauch, Branntwein
sind in Moskau sehr gemein.
Auf dem Markte müßiggehen,
vor dem Bad entblößt stehen,
Mittagsschlaf und Völlerei,
rülpsen, furzen ohne Scheu,
zanken, peitschen, stehlen, morden
ist auch so gemein geworden,
daß sich niemand daran kehrt,
weil man's täglich sieht und hört.

Nach diesem »Gedicht« eines deutschen Reisenden aus der ersten Hälfte des 17. Jahrhunderts zu urteilen, überrascht es nicht, daß die Russen damals als kulturtragende Nation in Sibirien versagten. Der Gelehrte und Diplomat Adam Oelschläger, der im Auftrage des Herzogs Friedrich III. von Schleswig-Holstein zweimal durch Rußland reiste, fand:

»Wenn man die Russen nach Gemüt, Sitte und Lebensart betrachtet, muß man sie billig unter die Barbaren rechnen . . .«

Selbst für einen Deutschen, in dessen Vaterland seit Jahrzehnten der Krieg tobte und die Sitten nicht gerade verfeinert hatte, wirkte das Zarenreich zur Zeit der ersten Romanows armselig, rückständig und oft abstoßend.

»So haben sie nichts anderes auf der Zunge als Bledinsin, Sukinsin, Sabat, ja buzfui mat, welches bedeutet Hurenkind, Petzensohn, Hund, ich schände deine Mutter im Grab. Und nicht nur Erwachsene und Alte gebrauchen sie, sondern auch kleine Kinder führen das ›ja buzfui mat‹, bevor sie Gott, Vater und Mutter aussprechen können, im Munde, wenden es sogar gegen die eigenen Eltern an.«

Oelschläger oder »Olearius«, wie er sich zeitgemäß nannte, konstatierte eine allgemeine Verwilderung der Sitten, die Verrohung des Gefühls und einen deutlichen wirtschaftlichen Niedergang. Die Hauptstadt Moskau hatte allen früheren Glanz verloren. Durch verheerende Brände, Aufstände und Kriege waren breite Lücken in die einst wohlhabenden Viertel der Kaufleute und Handwerker gerissen worden. Vor dem Kreml drängten sich Bettler und zerlumpte Mönche. Betrunkene wälzten sich im Schmutz der engen Straßen. Vom Laster der Trunkenheit schienen Menschen aller Stände befallen. »Große Höflichkeit und ehrbare Sitten darf man bei den Russen nicht suchen«, schreibt Olearius. »Sie tragen keine Scheu, das, was die Natur nach dem Essen unten und oben zu wirken pflegt, vor jedermann hören und empfinden zu lassen. Und da sie viel Knoblauch und Zwiebel genießen, fällt einem, der daran nicht gewöhnt ist, ihr Umgang recht beschwerlich.«

Freilich gewann der deutsche Gelehrte seiner Reise auch amüsante Seiten ab. So konnte er 1643, als er im »Lübeckschen Hof« zu Nowgorod gegenüber einer »Kabake« (Kneipe) wohnte, ausgiebig die russischen Trinkgewohnheiten studieren:

»Unter anderem sah ich einen, der erst den Rock versoffen hatte und im Hemd herauskam; als ihm ein guter Freund begegnete, kehrte er wieder um. In etlichen Stunden kam er ohne Hemd und nur in Unterhosen heraus. Als ich ihn fragen ließ, wohin denn sein Hemd gekommen und wer es ihm geraubt habe, antwortete er mit dem gewöhnlichen ›ja buzfui mat‹, das hat der Wirt getan. Ei, wo Rock und Hemd geblieben, da möge auch die Hose bleiben. Ging darauf wieder in die Kabake und kam hernach ganz bloß heraus, nahm eine Handvoll Hundsblumen, die neben der Kabake wuchsen, hielt sie vor die Scham und ging lustig singend nach Hause.«

Während seines Aufenthaltes in Moskau wurde Olearius eines Tages von Alexander Slaschkow, dem Generalverwalter des Finanzministeriums, zum Abendessen eingeladen. Dabei stellte ihm sein Gastgeber auch die Dame des Hauses vor, die im Terem lebte: »Ich sah seine Frau, festlich mit ihren Hochzeitskleidern geschmückt, ins Zimmer treten, hinter ihr schritt ein junges Mädchen, das eine riesige Flasche Branntwein und eine Silbertasse trug. Die Dame ließ sich eine volle Tasse einschenken, kostete und verpflichtete mich, den ganzen Rest zu leeren, der in meiner Kehle wie Feuer brannte. Daraufhin bat mich mein Gastgeber, seine Frau zu küssen. Er verlangte mit so viel liebenswürdigem Nachdruck, sie auf den Mund zu küssen, daß mir keine Wahl blieb. Die Dame schloß mich so heftig in ihre Arme, daß all meine Gelenke krachten. Mein Gastgeber lachte und erzählte mir, seine Frau habe ihm einmal im Bett den Arm verrenkt.«

Amüsant wirkte das Rußland des 17. Jahrhunderts allenfalls auf Ausländer. Für das russische Volk hatte mit der »Zeit der Wirren« eine der düstersten Perioden seiner Geschichte begonnen. Denn das Erbe, das Iwan IV. seinem schwachsinnigen Sohn Fedor hinterlassen hatte, war in der Tat »schrecklich«: ein völlig zerrüttetes Staatswesen, ein durch zahlreiche Kriege ausgeblutetes Volk und eine brachliegende Wirtschaft.

Zwar gelang es Boris Godunow, dem »tatarischen« Emporkömmling, früheren Opritschnik und Günstling Iwans des Schrecklichen – als Ratgeber des jungen, zur Regierung unfähigen Zaren und nach dessen Tode im Jahre 1598 als von der Landesversammlung (Zemskij Sobor) gekrönter Herrscher –, den Zusammenbruch des Staatsapparates hinauszuzögern. Aber Anfang des 17. Jahrhunderts verschlechterte sich die Situation Rußlands rapide:

Hungersnöte dezimierten die Bevölkerung. Zehntausende fielen, durch Entbehrungen geschwächt, der Pest und anderen Epidemien zum Opfer. Der Druck auf die Bauern steigerte sich ins Unerträgliche, zwang immer mehr Freie oder Knechte ins Joch der Leibeigenschaft. Neue Gesetze fesselten die Landbevölkerung immer rücksichtsloser an die Scholle, die längst dem Grundherrn gehörte.

Trotzdem wurden Leibeigene oder Knechte in Jahren der Mißernte und der Hungersnot von ihren Herren, die sie nicht mehr ernähren wollten, davongejagt – ohne Papiere, die ihre »Freilassung« dokumentierten, so daß sie später auch bei keinem anderen Landbesitzer mehr Arbeit fanden.

Bettelnd und hungernd streiften diese Entwurzelten durch das Land, Räuberbanden rotteten sich zusammen, plünderten, mordeten und flohen dann vor den Soldaten des Zaren in das »Wilde Feld«, wo freie Kosaken ihre Siedlungen inzwischen bis zum Jaik (Uralfluß) und zum Terek vorgeschoben hatten.

Allein am Don lebten in der ersten Hälfte des 17. Jahrhunderts etwa 40000 Kosaken, davon mindestens 8000 bis 10000 Krieger. Sie hatten an den Ufern des Flusses rund fünfzig Dörfer gebaut, lebten überwiegend vom Fischfang und von Raubzügen. Ackerbau war verpönt, zeitweise sogar mit der Todesstrafe bedroht.

Aber selbst die endlosen Steppen und fischreichen Flüsse reichten nicht aus, um auf die Dauer alle »Läuflinge« zu ernähren, die in Scharen zu den Kosakenheeren strömten. Selbst im »Wilden Feld« kannte man schon Zeiten des Hungers. Um die alteingesessenen, arrivierten Kosaken scharte sich »ein Kosakenproletariat, die ›Golytba‹ – ein von Jahr zu Jahr an Zahl zunehmendes, wurzelloses, zu allem bereites und zu allem fähiges Bevölkerungselement, das nur entsprechender Führer und geeigneter Losungsworte bedurfte, um eine ernste Gefahr für den Moskauer Staat zu werden«. (Stökl)

Noch stärker konsolidiert und wirksamer organisiert hatte sich schon Ende des 16. Jahrhunderts das ukrainische Kosakentum. In dem Labyrinth aus Nebenarmen, Seen und Inseln am unteren Dnjepr, in der »Saporoger Sitsch«, lebten um die Jahrhundertwende etwa 20000 kriegserfahrene Kosaken, die einen eigenartigen »Steppenkommunismus« entwickelt hatten. Der Historiker Borys Krupnyckyj schreibt:

»Ein kriegerisches, unruhiges und entbehrungsreiches Leben hatte einen besonderen Menschentyp ausgeprägt. Der Kosak war äußerst genügsam, sah mit Verachtung auf die Glücksgüter dieser Welt, und wenn er sie einmal besaß, bemühte er sich, sie in Trinkgelagen schnell wieder loszuwerden. Er wohnte in einer einfachen Erdhütte, Kurinj genannt, in Gemeinschaft mit den anderen Kurinjkameraden, erduldete oft Hunger und Not, ohne sich etwas daraus zu machen. Das einzige, was er schätzte und liebte, war die kostbare Waffe und das Pferd. Wer in die enge Gemeinschaft der Sitschbruderschaft eingetreten war, mußte der von der Gesamtheit der Kosaken gewählten Obrigkeit unbedingt gehorsam sein.«

An der Spitze des Saporoger Heeres stand jeweils ein von allen Kosaken gewählter Hetman. Er wurde von sogenannten »Polkowniks« unterstützt, Obersten, die Regimenter von durchschnittlich 500 Kosaken kommandierten. Jedes Regiment unterteilte sich in Hundertschaften, an deren Spitze »Sotniks« (Hauptleute) standen. Kleinste Heereseinheit war eine »Zehnerschaft« mit einem Ataman als Befehlshaber.

Schon in den siebziger und achtziger Jahren des 16. Jahrhunderts waren die Saporoger von kleinen Überfällen auf Kaufleute und Gesandte, von unbedeutenden Raubzügen in die tatarischen Weidegebiete zu regelrechten Feldzügen in die politisch labile Moldau, auf das Gebiet der Krimtataren und – mit ansehnlichen Tschaika-Flotten – an die türkischen Küsten des Schwarzen Meeres übergegangen.

In den neunziger Jahren hatte sich die Existenz der kriegerischen Steppenritter bereits bis nach Mitteleuropa herumgesprochen: Im Herbst des Jahres 1593 schickte Papst Clemens VIII. den kroatischen Pfarrer Komulowytsch mit 12000 Golddukaten nach Podolien, um die Kosaken für eine Koalition gegen die mohammedanischen Türken zu werben. Die Saporoger nahmen das Geld, ließen sich aber zu keiner offenen Feldschlacht überreden. Sie verließen sich lieber auf ihre erfolgreiche Guerilla-Taktik und fügten den Türken durch ihre Piratenfahrten Schaden zu.

Nicht viel erfolgreicher war die Mission des kaiserlichen Gesandten Erich Lassotta, der zwar das Hauptquartier der Saporoger Kosaken, die Sitsch, erreichte, den Hetman aber nur zu einigen unbedeutenden Raubzügen gegen die Krimtataren bewegen konnte. Immerhin verdanken wir Lassotta eine der besten Beschreibungen des Dnjepr-Gebietes, der Kosakenfestung und der Saporoger Steppendemokratie.

Allein diese Politik der Nadelstiche gegen die Türken und ihre Vasallen, die Tataren von der Krim, brachte den polnischen Königen seit Mitte des 16. Jahrhunderts viele diplomatische Verwicklungen. Bereits Sigismund II. August war sich der unabhängigen und daher sehr gefährlichen Kraft am Dnjepr bewußt geworden. 1568 hatte er versucht, diese Kraft zu bändigen, indem er 300 Kosaken in staatliche Dienste übernahm und dem »Kronhetman« Jerzy Jazlowiecki unterstellte.

Sein Nachfolger Stephan Bathory erhöhte die Zahl der fest besoldeten »Register-Kosaken« bis zum Jahre 1590 auf 1000 Mann und unterstellte auch alle anderen Saporoger nominell dem Kronhetman.

Das bestärkte die Kosaken, die sich ohnehin als »Steppenritter« verstanden, in dem Glauben, privilegiert zu sein. Sie durften sogar Abgeordnete nach Lemberg schicken und mit dem König einen Vertrag abschließen, in dem sie als »freier kriegerischer Stand« eingeordnet wurden. Die Saporoger waren »immun«, das heißt: dem unmittelbaren Einfluß der Grenzbeamten und dem Zugriff des polnischen Landadels entzogen. Vor allem die Gerichtsbarkeit blieb den selbstgewählten, kosakischen Verwaltungsorganen vorbehalten.

Dieser »Staat im Staat«, dessen kosakische Bürger in der Mehrheit nichts anderes als entlaufene ukrainische Bauern waren, die sich schon zweihundert Jahre vor der Großen Französischen Revolution den Idealen »Freiheit, Gleichheit und Brüderlichkeit« verpflichtet fühlten, mußte in kürzester Frist mit dem polnischen Feudalstaat zusammenstoßen, der sich auf die Leibeigenschaft stützte. Denn auch in der Ukraine verlief die innenpolitische und soziale Entwicklung wie im Moskauer Staat.

Während sich die litauischen Siedler seit 1480 vor den mörderischen Einfällen der Krimtataren in die geschützten

Sumpf- und Waldgebiete der Westukraine zurückgezogen hatten, kehrten die widerstandsfähigsten, kampfstärksten und energischsten seit der Mitte des 16. Jahrhunderts allmählich wieder in die fruchtbaren und menschenleeren, aber immer noch stark gefährdeten Steppen der Ostukraine zurück. Diese Pioniere der Kolonisation flohen vor den drükkenden Abgaben und Frondiensten, vor Willkür und religiösen Verfolgungen durch den zum Katholizismus übergetretenen polnisierten ukrainischen Adel, dem sie durch Gesetze völlig ausgeliefert waren.

Aber die polnischen Magnaten folgten den Siedlern auch über den Dnjepr. Vor dem Gesetz waren die »linksufrigen« Steppengebiete Land der Krone, und die polnischen Könige nahmen sich das Recht, riesige Güter an besonders treu ergebene Mitglieder des Hochadels zu verschenken.

Soziale Konflikte bahnten sich an. Kaum hatten die geflüchteten Bauern in der vermeintlich freien Steppe ihre Äkker bestellt und die ersten Siedlungen gebaut, kaum hatten sie sich erfolgreich gegen die tatarischen Räuberbanden, die immer noch das »Wilde Feld« unsicher machten, behauptet, erschien ein polnischer Großgrundbesitzer und präsentierte die Schenkungsurkunde des Königs. Er brachte kleine Landadlige und Juden mit, die er als Pächter oder Verwalter einsetzte, forderte Abgaben und Frondienste und verlieh seinen Forderungen meist durch den Einsatz einer schwer bewaffneten Leibgarde aus Söldnern oder fest angestellten Hofkosaken Nachdruck.

Riesige Güter entstanden durch diese adlige Besitzergreifung. Allein das Geschlecht der Fürsten Wicznewecki verschaffte sich im 17. Jahrhundert ein Gebiet, das ein halbes Dutzend Städte und Hunderte von Dörfern umfaßte.

Die Bauern wehrten sich gegen die Einschränkung ihrer Freiheit, indem sie zu den Saporogern überliefen und sich als Kosaken für immun erklärten. Die Angriffsspitze der zahlenmäßig immer stärker werdenden Steppenkrieger aus der »Sitsch«, die bisher eindeutig auf Krimtataren und Türken gezielt hatte, richtete sich allmählich gegen den polnisch-litauischen Staat, und es war nur eine Frage der Zeit, wann der tief verwurzelte Haß der Bauern auf ihre Grundbesitzer sich in einem Aufstand Luft verschaffen mußte.

Der Anlaß für die erste Terror-Welle, die sich fast über die gesamte Ukraine ergoß, war schließlich die private Rachekampagne des Adligen Kryschtof Kossinskij, der vom Starosten der Stadt Bila Cerkwa daran gehindert worden war, sein Gut, das ihm der König verliehen hatte, in Besitz zu nehmen.

Kossinskij ritt in die »Sitsch«, versprach den Kosaken reiche Beute und verwüstete im Jahre 1591 mit einer ansehnlichen Truppe die Besitzungen des Starosten. Die Bauern der benachbarten Bezirke nutzten die Gunst der Stunde und schlossen sich den Aufrührern an. Erstmals wurden Hunderte von Adligen, Pächtern und Juden totgeschlagen.

Auch nachdem Kossinskij während einer Schlacht gegen den Fürsten Wyschneweckij gefallen war, kam die Ukraine nicht zur Ruhe. Die Kosaken Loboda und Nalywajko setzten sich an die Spitze der inzwischen fast 10000 Mann starken Aufständischen, sammelten unterwegs Bauern und Abenteurer, plünderten die Moldau, Ungarn und einige türkische Festungen, eroberten Jassy, Braclaw und eine Reihe anderer polnischer Städte und beherrschten 1596 einen großen Teil des Kiewer Landes und Wolhyniens.

Erst jetzt erkannte der polnische König die Gefahr und veranlaßte scharfe Gegenmaßnahmen. Eine starke polnische Einheit unter dem Befehl des »Feldhetmans« Stanislaw Zolkiewski vertrieb die Kosaken aus dem Kiewer Land in die Steppen um Poltawa und stellte sie am Flusse Solonycja, wo sie sich in einer Wagenburg verschanzt hatten. Die Aufständischen schlugen die ersten Angriffe der Polen zurück. Aber dann kam es zum ersten Massaker in der Geschichte des Kampfes zwischen ukrainischen Kosaken und dem polnischen Staat: Innere Streitigkeiten, in deren Verlauf auch der berühmte Hetman Sloboda, der in einigen Volksliedern unsterblich geworden ist, getötet wurde, Mangel an Nahrungsmitteln und Wasser, der sich besonders für die Frauen und Kinder im Lager katastrophal auswirkte, und hohe Verluste durch die polnische Artillerie zwangen die Kosaken zur

Kapitulation. Als Preis für einen freien Abzug lieferten sie einige ihrer Anführer und alle Waffen aus.

Nach der Entwaffnung fielen die polnischen Truppen über die Kosaken her und richteten ein Blutbad an. Tausende, darunter Frauen und Kinder, wurden erbarmungslos niedergemetzelt. Nur etwa 1500 Kosaken gelang es, durchzubrechen und in die unzugängliche »Sitsch« hinter den Stromschnellen zu entkommen.

Der Haß, der auf beiden Seiten zu bestialischen Ausschreitungen führte, der bedingungslose Vernichtungswille, mit dem orthodoxe Kosaken und katholische Polen, verbitterte Bauern und arrogante Adlige aufeinander einschlugen, sollte im Laufe von zwei Jahrhunderten beide Parteien in den Untergang führen. Die Kette blutiger Volksaufstände und Kosakenkriege trug wesentlich zu den Teilungen Polens bei, zum Verlust seiner staatlichen Souveränität, zur Verwüstung der Ukraine und zum Untergang des ukrainischen Kosakentums.

Seit den Aufständen in den neunziger Jahren des 16. Jahrhunderts schienen die Fronten klar abgesteckt: Schon vor dem Massaker an der Solonycja hatte der polnische Adel gefordert, daß das Kosakentum mit Stumpf und Stiel ausgerottet werden müsse. Die Warschauer Landesversammlung erklärte die Saporoger zu »Feinden des Vaterlandes« und widerrief alle Privilegien, die König Bathory und König Sigismund den Kosaken zugestanden hatten. Sogar die Besitzungen der Register-Kosaken wurden eingezogen.

Aber das polnische Heer war schon längst nicht mehr in der Lage, die Saporoger bis in ihre Schlupfwinkel am unteren Dnjepr zu verfolgen. Ganze Inseln waren zu uneinnehmbaren Festungen ausgebaut und mit Artillerie bestückt worden. Innerhalb kurzer Zeit strömten Tausende neuer Flüchtlinge in die »Sitsch« und füllten die Regimenter auf. Selbst polnische Soldaten und ausländische Söldner desertierten und schlossen sich dem Kosakenheer an. Schließlich zwangen auch außenpolitische Einflüsse den polnischen König zu Kompromissen. Er brauchte die kampfstarken Kosaken!

Vier Großmächte kämpften im 17. und 18. Jahrhundert, als sich das Schicksal des Kosakentums entschied, um die Vorherrschaft in Osteuropa: Polen-Litauen, Rußland, die Türkei und Schweden. Kosaken kämpften an allen Fronten und waren nacheinander mehrmals mit allen Großmächten verbündet. Ziel dieser schnellen Folge von Bündnissen und spektakulären Frontwechseln war die Anerkennung und gesetzliche Fixierung der kosakischen Privilegien, die Behauptung des Kosakentums als eigenständige Kraft, als weitgehend selbständige Steppendemokratie zwischen den absolutistisch verwalteten Feudalstaaten und schließlich die Erfüllung des Traumes von einem auch außenpolitisch eigenverantwortlichen Kosakenstaat.

Mehrfach schienen nicht nur die Saporoger, sondern auch die Don-, Terek- und Jaikkosaken ihren Zielen und Träumen sehr nahe zu kommen. Mut und Leidenschaft, Gier nach Beute und manchmal auch nackte Mordlust der kosakischen Heere brachten alle vier Großmächte wohl ein dutzendmal in die Gefahr einer entscheidenden Niederlage. In mehreren Verträgen wurden die Bedingungen der Steppenritter ohne Einschränkungen anerkannt. Und doch hatte »Kosakia«, der Traum vieler Kämpfer vom Dnjepr und Don, vom Jaik und Terek, nie eine Chance!

Es begann im Jahre 1601.

Der Warschauer Sejm hob den Bann über die Kosaken auf und versprach allen Saporogern, die am Krieg gegen Schweden teilnahmen, die Anerkennung ihrer »Legalität« und die Rückgabe der konfiszierten Ländereien. Zwar wurden diese Versprechungen nach dem polnisch-schwedischen Krieg nicht eingehalten, aber die Haltung gegenüber den Kosaken mußte differenziert werden: Nicht alle galten mehr als Staatsfeinde!

Dann brach im Moskauer Reich die »Zeit der Wirren« an, und Polen beschloß, diese Schwächeperiode seines Erzfeindes auszunutzen. Unglaublich chaotisch verlief dieses Intermezzo in der Geschichte der russisch-polnischen Beziehungen.

Am 15. Mai 1591 war der »Zarewitsch« Dmitri, jüngster Sohn Iwans des Schrecklichen aus seiner letzten Ehe mit Maria Nagaja, ums Leben gekommen. Wie so oft in der ränkereichen Geschichte des Kreml konnte der Tod des Jungen nie eindeutig geklärt werden. Im offiziellen Untersuchungsbericht behaupten die Leibärzte des Zaren, Dmitri habe sich in einem epileptischen Anfall selbst getötet.

Doch bald drangen Gerüchte durch die dicken Kremlmauern, verbreiteten sich wie eine Epidemie in den Kabaken und Bürgerhäusern und fanden offene Ohren auch bei den Kosaken: Boris Godunow, der tatarische Bastard, seit 1598 verhaßter Diktator, sollte Dmitri ermordet haben.

Alteingesessene Bojarenfamilien verbreiteten diese Gerüchte, um den energischen, staatspolitisch geschickten Zaren zu stürzen. Aber nicht der tote Dmitri, sondern der selbsternannte (»Samosvanec«), angeblich dem Mordanschlag entronnene Zarewitsch stürzte die Herrschaft der Godunows. »Die Glaubwürdigkeit, die falschen, angeblich durch wunderbare Schicksalsfügungen am Leben erhaltenen Zarensöhnen in der russischen Geschichte immer wieder zuteil wurde, läßt sich nur erklären aus der gewaltigen Überhöhung des gottähnlichen Selbstherrschers über sein Volk, aus der übergroßen räumlichen, sozialen und moralischen Distanz, die den Kaiser seinen Untertanen entrückte und die auch das Unwahrscheinliche möglich erscheinen ließ. Die Prätendenten wurden zum Symbol der ›alten Gerechtigkeit‹, die der gute und fromme Herrscher verkörperte, zur Parole im Kampf gegen die gegenwärtige Ungerechtigkeit, die das Volk auf die bösen bojarischen Ratgeber zurückführte.« (Stökl)

Der »falsche Dmitri«, ein entlaufener Mönch, der von Jesuiten erzogen und vom römischen Papst als Gegenzar aufgebaut worden war, um einen letzten Versuch zu machen, die orthodoxe wieder mit der katholischen Kirche zu vereinigen, marschierte mit seinen Anhängern, darunter 12000 Saporoger Kosaken, im Jahre 1605 nach Moskau.

Am 14. April war Boris Godunow gestorben – diesmal munkelten Chronisten von einem Selbstmord – und sein

Sohn war nicht in der Lage, sich gegen die intriganten Bojarengruppierungen durchzusetzen. Schon im Mai ging ein russisches Heer, geführt von den Schuiskijs, einer der ehrwürdigsten Moskauer Bojaren-Familien, auf die Seite des Usurpators, und im Juni zog »Pseudo-Dmitri« als rechtmäßiger Zar in Moskau ein.

Perfekt inszeniert war dieser Marsch zum Kreml! Alle Statisten spielten glänzend ihre Rolle, die ihnen der »falsche Demetrius« zugedacht hatte: Lanzenreiter mit glänzenden Uniformen, herausgeputzte Fürsten und Bojaren, russische und polnische Truppen, die abenteuerlich aussehenden Hundertschaften der Saporoger- und Donkosaken. Fanfaren und Trommelwirbel, Glocken aus 150 Kirchen und Salut schießende Kanonen auf den steinernen Kremlmauern zogen Zehntausende von Schaulustigen zum Roten Platz und zur Moskwa-Brücke, über die Dmitri, prunkvoll herausgeputzt, auf einem Schimmel in die Stadt ritt. Auch die hohe orthodoxe Geistlichkeit huldigte dem neuen Herrscher, obgleich nach ihm das fremdgläubige Volk in die Kirche drängte, ein erstes Sakrileg in den Augen der rechtgläubigen Russen. Das Volk, das noch vor wenigen Stunden auf die Erde niedergefallen war und den Zaren mit den Worten empfangen hatte: »Sei gegrüßt, du unser Vater, Herr und Großfürst, Dmitri Iwanowitsch! Du von Gott zu unserem Heil Geretteter! Glänze und schimmere, du Sonne Rußlands!«, entdeckte laut der Moskauer Chronik Vorzeichen für eine unheilvolle Entwicklung. Als Dmitri über die Moskwa ritt, soll sich aus heiterem Himmel ein furchtbarer Sturm gegen den Zug des Zaren erhoben haben. Staubwolken hüllten sekundenlang die Reiter ein, Pferde bäumten sich auf – aber dann flaute das Unwetter ebenso schnell wieder ab.

Das Unheil ließ nicht lange auf sich warten. Sehr schnell erkannten Volk und Fürsten von Moskau die wahren Hintergründe des Staatsstreiches. Die Krönung Dmitris zum russischen Zaren kam einer Annektion durch Polen gleich. Innerhalb der Kremlmauern wurde eine polnische Garnison stationiert. Kosaken plünderten die Kirchen, obgleich sie sonst als fanatische Verfechter des orthodoxen Glaubens gegen Polen, Türken und Krimtataren ins Feld gezogen waren. Betrunkene Söldner aus Litauen, Deutschland und Ungarn machten Gassen und Kabaken unsicher. Jesuiten gingen in den Gemächern des Zaren aus und ein.

Zu allem Überfluß traf nach kurzer Zeit auch die fremdgläubige Braut des Zaren in Moskau ein, um mit ihrer Verwandtschaft die reiche, russische Pfründe in Besitz zu nehmen. Mit Marina, der Tochter des polnischen Fürsten Mnischek, hatte Dmitri schon vor seinem Feldzug nach Moskau einen Ehevertrag abschließen müssen. Aus diesem Schuldschein, der erhalten ist, wird deutlich, wie stark der falsche Demetrius von seinen polnisch-litauischen Gönnern abhing. Er konnte seine abenteuerlichen Ziele nur als Marionette des polnischen Königs und des Papstes erreichen. Der Vertrag lautete:

»Wir, Dmitri Iwanowitsch von Gottes Gnaden, Zarewitsch von Großrußland, Uglitsch, Dmitrow usw., Fürst vom Stamme Unserer Vorfahren und aller moskowitischen Lande Landesherr und Erbe, haben himmlischer Verordnung und dem Beispiel christlicher Monarchen gemäß eine Gemahlin erwählt, die gewalthabende Edle Marina, Tochter des hochgewaltigen Edlen Juri Mnischek, den Wir, da Wir seine Rechtschaffenheit und Liebe gegen Uns erprobt haben, für Unseren Vater ansehen, verschieben aber die Hochzeitsfeier noch bis zu Unserer Thronbesteigung; dann – was Wir bei dem Namen der Heiligen Dreifaltigkeit beschwören – werden Wir die Edle Marina ehelichen, indem Wir versprechen, 1. zur Bezahlung von Schulden und zu ihrer Reise nach Moskau unverzüglich eine Million Gulden zu erlegen, außer den Kostbarkeiten, die Wir ihr aus unserem moskowitischen Schatz zuschicken werden; 2. den König Sigismund durch eine feierliche Gesandtschaft von dieser Angelegenheit zu unterrichten und ihn um seine Einwilligung zu bitten; 3. Unserer künftigen Gemahlin zwei Länder, Nowgorod und Pskow, nebst allen zugehörigen Kreisen und Städten, Ratsmännern, Edelleuten, Bojarensöhnen und der Geistlichkeit abzutreten, so daß sie dort eigenmächtig schalten und walten, Statthalter einsetzen, Erb- und Lehngüter unter ihre Lehnsleute verteilen, Schulen anlegen, Klöster und Kirchen des lateinisch-katholischen Glaubens bauen sowie diesen Glauben, den Wir selbst angenommen haben mit der festen Absicht, ihn im ganzen moskowitischen Land einzuführen, frei und ungehindert ausüben kann. Wenn sich aber – was Gott verhüten möge – Rußland Unseren Gedanken widersetzen sollte und Wir unsere Verbindlichkeiten innerhalb Jahresfrist nicht erfüllen, so steht es der Edlen frei, sich scheiden zu lassen oder sich noch ein Jahr zu gedulden.«

Marina brauchte sich zwar nicht zu gedulden, aber sie konnte ihren Triumph, von einer polnischen Landadligen zur Zarin des gewaltigen russischen Reiches aufgestiegen zu sein, nur kurze Zeit genießen. Im Juni 1605 war Dmitri feierlich zum Zaren gekrönt worden. Am 17. Mai 1606, also nicht einmal ein Jahr später, läuteten wieder alle Glocken in Moskau, aber diesmal riefen sie zum Sturm auf den Kreml, zum Volksaufstand!

Aufgehetzt von den Bojaren, empört über die Jesuitenfreundlichkeit des Zaren und seiner »polnischen Hure«, erbittert durch die staatliche Mißwirtschaft, stürmten Tausende über den Roten Platz. Steine flogen gegen die Gemächer Dmitris. Sensen und Knüppel fegten die deutsche Leibwache zur Seite. In letzter Sekunde konnte der falsche Zar aus dem Fenster springen, brach sich dabei aber ein Bein und wurde wenig später von der Menge wie ein räudiger Hund erschlagen.

Die Meinungen der Historiker über die Persönlichkeit des »falschen Demetrius« gehen weit auseinander. Während die russischen Chronisten den Usurpator zum leichtsinnigen, arroganten, schlecht erzogenen Emporkömmling stempeln, der sich über die einheimischen Sitten hinwegsetzte und die gottesfürchtigen Russen verspottete, dabei aber die Steuergelder für sich und sein polnisches Gefolge mit vollen Händen zum Fenster hinauswarf, kehren polnische Geschichtsschreiber den intelligenten, »zivilisierten«, polnisch erzogenen, also den barbarischen Russen weit überlegenen, begabten Staatsmann heraus.

»Der Zar . . . war überaus begabt und konnte mit Leichtigkeit in der Duma der Bojaren auf die kniffligsten Fragen antworten. Er war von aufwallendem Temperament und wurde leicht zornig. In der Gefahr zeigte er Mut und Entschlossenheit. Er liebte die gesunden Vergnügungen. Seine Rede war packend und wesentlich. Er kannte hervorragend Rußland und seine Geschichte . . . Er veränderte von Grund auf die mittelalterlichen Beziehungen, die zwischen den Großen des Kreml und den Untergebenen herrschten. Er gestaltete die Sitten und Gebräuche der russischen Herrscher gänzlich um . . . Schließlich pflegte er militärischen Übungen beizuwohnen. Er war ein Feldherr, ein erfahrener und sachkundiger Stratege.«

So urteilt der polnisch orientierte Kljutschewski. Andere Schriftsteller gehen sogar noch weiter. Alexandrow etwa meint, »der falsche Dmitri war allen Zaren von Moskowien weit überlegen. Er hatte nichts von der barbarischen Grausamkeit Iwans des Schrecklichen. Er stand selbst über Peter dem Großen . . .«, bei dem unter einer dünnen Schicht westeuropäischer Zivilisation auch nur der »barbarische Russe« lauerte.

Die eklatanten politischen Fehler, die Dmitri während seiner kurzen Amtszeit machte, widersprechen allerdings dieser Einschätzung. So beschränkt sich seine »Größe« auf Legenden, die nach seinem Tode von den fahrenden Sängern in ganz Osteuropa verbreitet wurden. Die Geschichte des falschen Dmitri, »der einer der besten russischen Zaren hätte werden können« (Alexandrow), endete angeblich so:

Eine aufgebrachte Volksmenge stellte den geflüchteten und verletzten Zaren im Hof des Kreml. Dann schleppte man Maria Nagaja heran, die in dem falschen Dmitri angeblich ihren echten Sohn »wiedererkannt« und während seiner Regierungszeit einen Flügel des Schlosses bewohnt hatte. Sie gab zu, daß die Polen sie zu dieser Aussage gezwungen hatten, und behauptete nun, der echte Dmitri sei schon vor fünfzehn Jahren in ihren Armen gestorben. Wütend erschlug die Menge daraufhin den falschen Demetrius, verstümmelte seinen Körper, verbrannte ihn und füllte die Asche in eine

Kanonenkugel, die vom Kreml aus in Richtung Polen abgeschossen wurde.

In das Dunkel um die Herkunft des falschen Zaren schien etwas Licht zu kommen, als die Geheimarchive des polnischen Fürsten Wicznewecki in Lubny gefunden wurden. Alexandrow berichtet:

»Im Jahre 1590 [also noch vor dem Tode des echten Dmitri, was die Theorie von einem planmäßigen Mord stützen würde] soll Fürst Wicznewecki zusammen mit dem Jesuitenpater Michel Palavaccini eine adlige russische Waise ausgewählt haben, die zunächst zu den Jesuiten nach Kiew und später nach Krakau geschickt worden sei. Dieses Kind hieß tatsächlich Dmitri, sein Familienname ist in den Archiven nicht erwähnt. Ein polnischer Jesuitenpater, der fließend russisch sprach, erzog den Knaben. Er wurde mustergültig geschult und unterrichtet. Man weihte ihn in die Kriegskunst und die Wissenschaft ein. Mit sechzehn Jahren wurde er mit einem Erzieher nach Rom beordert. Dort hätte man ihm gesagt, er sei der durch ein Wunder den Mördern entkommene Zarewitsch.

Während einer Privataudienz beim Papst hätte der falsche Dmitri die Versicherung erhalten, daß seine Anwärterschaft auf den russischen Thron durch den Vatikan und den polnischen König unterstützt würde. Der Papst hätte der Hoffnung Ausdruck gegeben, daß Dmitri, sollte er erst Zar von ganz Rußland sein, die Wiedervereinigung der beiden Kirchen fördern würde. Nach den Archiven des Fürsten Wicznewecki sei der junge Dmitri in Kiew in die ›erlaubte schwarze Magie‹ eingeführt worden.«

Unter »schwarzer Magie« verstand man damals die Hypnose. Dmitri soll also durch hypnotische Behandlung von der Echtheit seiner Ansprüche auf den russischen Zarenthron überzeugt worden sein.

So spannend die Geschichte klingt – und so denkbar ein solches oder ähnliches Komplott im 17. Jahrhundert gewesen wäre –, so sicher müssen wir uns damit abfinden, daß auch die Archive eines Fürsten Wicznewecki nicht glaubwürdiger sind als viele Chroniken im alten Rußland, in denen Mönche und andere Schreiber ihrer Phantasie freien Lauf ließen. Nach den wissenschaftlichen Erkenntnissen am wahrscheinlichsten ist heute die Version, daß es sich beim falschen Demetrius um den ehemaligen Mönch Grischa Otrepjew gehandelt hat, der aus einem Kloster entlaufen war und von den Romanows dazu angestiftet wurde, die Rolle des Zarewitschs Dmitri zu spielen, um damit die Autorität Boris Godunows zu untergraben. Als natürliche Verbündete bei diesem Komplott erwiesen sich dann Polen und Jesuiten, die Erzfeinde des russischen Staates.

Diese »Wirren« waren nur möglich durch den rapiden Verfall der Staatsautorität nach dem Tode Godunows. Auch das Ende des ersten falschen Dmitri änderte an dieser Situation nichts. Schon am 19. Mai 1606 wurde Fürst Wassili Schuiskij, der den Aufstand gegen den Usurpator organisiert hatte, zum neuen Zaren ernannt. Dieser etwa fünfzig Jahre alte, fast blinde, aber verschlagene Intrigant, dem man nachsagte, er habe panische Angst vor Hexen und schwarzen Katzen, mußte sich von polnischen Söldnern vor seinem Volk schützen lassen. Er war während seiner vierjährigen Regentschaft nicht in der Lage, dem zerrütteten Land eine neue Ordnung zu geben. In fast allen Provinzen flackerten Aufstände auf. Polnische Armee-Einheiten fielen in das Land ein und eroberten eine Stadt nach der anderen. Neue, selbsternannte Zaren sorgten dafür, daß die Geschichte vollends zur politischen Posse ausartete. Ideale Verhältnisse also für die beutelüsternen Räuberbanden der Kosaken!

Schon den ersten Pseudo-Dmitri hatten außer den 12000 Saporogern mehrere Tausend Donkosaken unterstützt. Nach seinem Tod verbreiteten sich in der Steppe bald Gerüchte über die »wunderbare Rettung« des falschen Zaren und über seine Flucht nach Litauen. Es dauerte nicht lange, bis ein gerade aus dem Gefängnis entlassener Pferdedieb behauptete, jener »wunderbar gerettete« Zar zu sein. Nicht nur das russische Volk jubelte ihm sofort zu, er fand auch Anhänger unter dem Dienstadel, der sich gegen den Erbfeind und »Hochadligen« Schuiskij erhob, sowie unter der Geistlichkeit. Der Patriarch selbst segnete den Pferdedieb, der sein Hauptquartier in der Nähe von Moskau aufgeschlagen hatte, und auch Marina, die rechtmäßige Gattin des ersten falschen Dmitri, kam angereist, um den zweiten falschen Dmitri als ihren »echten« Gatten anzuerkennen.

Jetzt steuerten die »Wirren« ihrem Höhepunkt zu. Polen erklärte Rußland 1609 den Krieg und belagerte Smolensk. Die polnischen Söldner im Kreml beschlossen, Ladislaus, den Sohn des polnischen Königs Sigismund III., zum russischen Zaren zu erheben. Sie zwangen Schuiskij, abzudanken und mit einer Eskorte nach Polen ins Exil zu reisen. Unterwegs starb er an »Verdauungsstörungen«.

Auch der zweite falsche Dmitri, der »Pferdedieb von Tuschino«, wurde von den Polen verraten und ermordet. Das gleiche passierte einem dritten Dmitri, der in Pskow erklärte, er sei der »den Polen entkommene Zar von Tuschino«. Dieser Sidorka, ein Arbeiter aus dem Schlachthaus, wurde umgehend von Moskauer Bojaren eingeladen, den Thron seines »Vaters«, Iwans des Schrecklichen, zu besteigen. Die polnischen Mordkommandos waren allerdings wieder schneller.

Schließlich entschloß sich König Sigismund selbst, Zar zu werden. Er schickte seinen Kronhetman mit einer starken Kavallerieeinheit nach Moskau, um seinen feierlichen Einzug vorzubereiten. Aber in der Schlacht von Mojaisk schlugen starke Kosakenverbände, die gerade wieder einmal auf der Seite Moskaus kämpften, den polnischen Hetman. Anfang 1613 mußte Polen mit Rußland Frieden schließen. Und am 11. Juli des gleichen Jahres bestieg der erste Zar der Romanow-Dynastie, die erst vor einem Hinrichtungskommando der Bolschewiki enden sollte, den Thron und leitete eine Epoche der Stabilisierung und Erneuerung in der Geschichte des russischen Staates ein. Zar Michail Romanow, ein schwächlicher Sechzehnjähriger, der bei seiner Krönung in der Archangelsk-Kathedrale geschworen hatte, ». . . gegen das Elend zu kämpfen und das Volk gegen seine Feinde im In- und Ausland zu verteidigen«, verdankte seinen Thron nicht zuletzt Kosaken. Das Heer, das sich im Jahre 1612 im Wolgabecken gesammelt hatte und Moskau von der polnischen Garnison befreite, bestand überwiegend aus Donkosaken unter der Führung des Atamans Meschakow. Und Meschakow war es, der bei der Wahl eines neuen Zaren als erster für den Sohn des Patriarchen Filaret, Michail Fjodorowitsch Romanow, gestimmt hatte.

Aber auch zur polnischen Garnison in Moskau hatten einige tausend Saporoger Kosaken gehört. Kosaken kämpften also gegen Kosaken. Und ein anderer Donkosaken-Ataman namens Sarutski war zum Geliebten der »Pseudo-Zarin« Marina aufgestiegen und hatte sich mit ihr und einigen Hundertschaften bis nach Astrachan zurückgezogen, um eine neue Kosaken-Föderation gegen Michail Romanow zu gründen. Erst 1614 konnte das Paar gefangen werden.

Das Regime der Romanows festigte sich, obgleich die Polen Smolensk besetzt hielten und Schweden, das Nowgorod erobert hatte, Rußland von Norden her bedrohte. Auch kosakische Räuberbanden zogen nach wie vor plündernd durch das Land, während Krimtataren die Zeit der Wirren und die militärische Schwäche des moskowitischen Staates danach ausnutzten und innerhalb von zehn Jahren fast 100000 russische Gefangene verschleppten.

Der Zar war vorläufig noch auf die Kosaken angewiesen. Er brauchte sie, um Polen und Schweden von russischem Territorium zu vertreiben. Und er brauchte sie, um die südlichen Grenzen wieder gegen die Einfälle der Krimtataren zu sichern.

Michail Romanow ließ deshalb den Don- und Terekkosaken durch Unterhändler ein Angebot unterbreiten. Er wollte Proviant, Waffen, Munition und Schnaps in das »Wilde Feld« schicken – dafür sollten die Kosaken offiziell in seine Dienste treten. Als zusätzlichen Köder bot der Zar einen regelmäßigen Sold und verschiedene Handelsprivilegien. Die »Ritter vom Don« sollten jederzeit die Märkte in den russischen Grenzstädten beliefern dürfen.

Don- wie Terekkosaken, ausgeblutet und durch die zahlreichen Kriege und Aufstände geschwächt, nahmen das Angebot dankbar an. Einige Jahre lang schien es, als würde sich das Verhältnis zwischen Krone und Steppenfürsten normalisieren. Die Kosaken organisierten den Grenzdienst, schlugen einige Angriffe der Tataren zurück und kämpften auf den polnischen und schwedischen Kriegsschauplätzen für den Zaren.

Aber allmählich kehrten die im Lande umherstreunenden Hundertschaften an den Don zurück. Der Strom der Läuflinge begann wieder zu fließen, die Dörfer an Don und Terek wuchsen, und mit der Zahl der verfügbaren Krieger wuchs auch die Unternehmungslust.

Bald reichten die Lieferungen und der Sold des Zaren nicht mehr aus, und die ersten Räuberbanden wagten sich wieder auf tatarisches und türkisches Gebiet. Seeräuberflotten schlichen sich aus dem Don ins Schwarze Meer, vorbei an der türkischen Festung Asow und an den Wachtschiffen des Sultans. Diplomatische Verwicklungen folgten. Der Sultan schickte Protestnoten nach Moskau. Zar Michail verbot den Kosaken, türkische Schiffe und Festungen anzugreifen. Aber selbst die Drohung des Patriarchen, sie zu exkommunizieren, konnte die Steppenkrieger nicht mehr davon abhalten, sich auf die Mohammedaner einzuschießen.

Im Jahre 1637 beschlossen sie sogar, die türkische Festung Asow an der Don-Mündung, die ihnen immer häufiger die Durchfahrt zum Schwarzen Meer verwehrte, zu erobern. Selbstbewußt schickten die Donkosaken dem Sultan eine Kriegserklärung. Ihre »Note« begann mit den Worten: »Wir schreiben Dir, Sultan, Diener Beelzebubs, Laufbursche Luzifers, um Dich einzuladen, uns den Arsch zu lecken« und endete mit der Drohung, »die Festung Asow im Sturm zu nehmen, sodann nach Konstantinopel zu gehen, Dich am Ufer des Bosporus zu pfählen und mit allen Huren aus Deinem Harem zu schlafen!«

Obgleich der Krieg mit Polen durch den Frieden von Wjasma im Jahre 1634 vorübergehend beendet worden war und der türkische Sultan einen Krieg mit Persien und Venedig führte, konnte sich Zar Michail nicht dazu entschließen, die Kosaken offen zu unterstützen. Er schickte lediglich einige Schiffsladungen mit Waffen und Pulver.

Fünftausend Donkosaken brachen im April 1637 auf, um die als uneinnehmbar geltende Festung zu stürmen. Während der zwei Monate dauernden Belagerung stießen noch einmal vier- bis fünftausend Saporoger dazu, die reiche Beute witterten. Aber bei den ersten Sturmangriffen holten sich die Kosaken nur hohe Verluste.

Verhöhnt von den türkischen Janitscharen, die sich auf den sieben Meter hohen und fünf Meter dicken Steinmauern, die reich mit Artillerie bestückt waren, sicher fühlten, änderte der Ataman vom Don seine Taktik. Er ließ tiefe Gräben ziehen und Stollen unter die Mauern der Zitadelle treiben. Am 18. Juni wurde mit einer gewaltigen Pulverladung die entscheidende Bresche in die Mauer gesprengt. Noch mehrere Tage verteidigten die Janitscharen jedes Haus, jede Moschee und jede Kaserne. Dann hatten die Kosaken die ganze Besatzung und die mohammedanische Bevölkerung Asows niedergemetzelt.

Vorübergehend wurde die Festung zur Hauptstadt der Donkosaken. Erst 1641, nach Beendigung des Krieges mit Persien, konnte Sultan Ibrahim I. eine Armee von rund 50000 Janitscharen schicken, um Asow zurückzuerobern. Vergeblich hatten die Kosaken ihre Festung dem Zaren angeboten. Michail Romanow fühlte sich nicht stark genug, um sich auf einen neuen Türkenkrieg einzulassen. Der Unterhalt für eine ständige Besatzung in Asow wäre außerdem viel zu teuer gewesen.

So mußten sich die Kosaken allein gegen die sechs- bis achtfache Übermacht verteidigen. Ihr heldenhafter, aber selbstmörderischer Kampf ist in mehreren poetischen Erzählungen verewigt worden. Da ist die Rede von 50000 Türken und 200000 Tataren, die sich zum großen Ansturm formierten. 120 Belagerungsgeschütze, die Kugeln von einem halben Zentner Gewicht über die Mauern schleuderten, 600 andere Kanonen und 32 Mörser wurden aufgestellt. Ihre Salven schlugen »wie ein schweres Gewitter über der Stadt« zusammen. Unter den Tritten der Janitscharen »erbebten die Festungsmauern«, die »Sonne färbte sich am hellichten Tage blutrot«, und nach den ersten Schlachten schichteten die Kosaken ihre getöteten Feinde zu einer mannshohen Mauer auf.

Unterirdische Gänge wurden gegraben, ganze Armeekorps in die Luft gesprengt, kühne Ausfälle unternommen und Zehntausende von Türken und Tataren erschlagen. Aber schließlich wurden den Kosaken, die tagelang ohne Unterbrechung kämpfen mußten, während sich die Janitscharen-Einheiten ablösen konnten, doch die Knie weich und die Arme schwach. Vor Erschöpfung konnten sich »die Lippen nicht mehr bewegen«, die Augen »brannten vom Pulverdampf« und niemand in der Festung war noch ohne Wunden.

Doch gerade als sich die Kosaken zu einem letzten, verzweifelten Ausbruchsversuch entschlossen hatten, brachen die Türken ihre Zelte ab und schifften sich auf den Galeeren ein. Asow hatte sich behauptet.

Für die Kosaken vom Don und Terek war es ein Pyrrhus-Sieg. Nur wenige überlebten den mörderischen Kampf, und auch sie waren geschwächt, krank, ohne Proviant und Munition. Hilflos mußten sie in den nächsten Jahren mit ansehen, wie Krimtataren und Nogaier ihre Dörfer überfielen, Frauen und Kinder in die Sklaverei verschleppten und das Vieh wegtrieben.

Einziger Ausweg blieb der Hilferuf an den Zaren – und das bedeutete: Die Zeit der Unabhängigkeit ging zu Ende! Wirtschaftliche und militärische Notwendigkeiten zwangen die Steppenritter zu Kompromissen. Immer bereitwilliger honorierten Atamane und eine Schicht von Ältesten und wohlhabenden Kosaken die Hilfssendungen aus Moskau, indem sie den Zareneid schworen. Die Zähmung der Helden des »Wilden Feldes« hatte begonnen.

Bald wurde ein Moskauer Woiwode mit einer Truppe von tausend Soldaten am Don stationiert, angeblich zum Schutz gegen die Nomaden. Das gleiche geschah am Terek und Jaik. In den nächsten Jahrzehnten widersetzten sich jüngere und ärmere Kosaken noch ab und zu den Befehlen des Zaren und erschlugen den einen oder anderen Gesandten und Woiwoden. Aber immer deutlicher löste sich die Steppendemokratie auf. Klassenunterschiede spalteten das Kosakentum in den reichen, zarenhörigen Steppenadel und in die »Golytba«, das besitzlose Steppenproletariat. Es war abzusehen, wann sich das »Wilde Feld« in ein Gouvernement des Zarenreiches verwandeln würde.

Die gefährlichste Bedrohung des Moskauer Staates ging bereits Mitte des 17. Jahrhunderts nicht mehr von den anarchistischen Bestrebungen des Kosakentums aus. Ursache von Unruhen und Aufständen waren soziale Spannungen. Ähnlich wie Iwan der Schreckliche mußten auch seine Nachfolger, die Schuisky und die Romanow, ständig die Steuern erhöhen und Sonderabgaben erfinden, um Kriege und den aufwendigen Lebensstil der herrschenden Bojarenfamilien finanzieren zu können.

Schon in der Zeit der Wirren hatte daher die Not der Landbevölkerung zu einem gefährlichen Bauernaufstand unter Führung von Iwan Bolotnikow geführt. Viele Legenden ranken sich um die abenteuerliche Figur dieses »Kosaken par excellence«.

Bolotnikow wurde als Leibeigener des Fürsten Teljatewskij geboren. Bereits als Jugendlicher floh er vom Gut seines Herrn in die Steppe und schloß sich den Saporoger Kosaken an. Bei vielen Raubzügen gegen die Krimtataren und Türken bewies er Mut, Intelligenz und eine unbändige Kampfkraft. Das waren Eigenschaften, mit denen man in der »Sitsch« Karriere machen konnte. Es dauerte nicht lange, bis die Kosaken ihn zum Regimentsführer wählten. Vermutlich hätte er es in Kürze zum Hetman gebracht.

Unglücklicherweise geriet er während einer Schlacht mit den Tataren in Gefangenschaft. Auf dem Sklavenmarkt von Kaffa fiel er einem türkischen Pascha auf, der ihn kaufte, mit nach Konstantinopel nahm und nach einiger Zeit adoptierte. Anscheinend schickte ihn sein neuer »Vater« zur Schule und sogar zur Universität von Skutari. Jedenfalls lernte er türkisch und fiel später durch ausgezeichnete Geschichtskenntnisse auf.

Als Janitschar im Heer des Sultans zog Bolotnikow dann mit auf den Balkan, zeigte aber nicht den gleichen Kampfgeist wie früher bei den Kosaken in der Steppe. Im Gegenteil: er versuchte, die Soldaten seiner Armee-Einheit aufzuwiegeln, wurde wegen Meuterei verhaftet und zum Tode verurteilt.

Aber wieder hatte der ehemalige Leibeigene Glück. Der Sultan begnadigte ihn, vermutlich auf Betreiben seines Adoptiv-Vaters, und verbannte ihn als Galeerensträfling auf ein türkisches Kriegsschiff. Fieberhaft suchte Bolotnikow nach einer Fluchtmöglichkeit. Endlich kam seine Chance: Während einer Seeschlacht mit der venezianischen Flotte sprang er über Bord und wurde nach Venedig gebracht. Von dort floh er nach Polen und kehrte in die Steppe zurück, gerade als der Bojar Schuiskij zum Zaren ausgerufen worden war.

Mit Recht arbeiteten viele Historiker die sozial-revolutionären Züge des Abenteurers und Kosaken Bolotnikow heraus. Denn kaum atmete er wieder die Luft des »Wilden Feldes«, als er damit begann, unzufriedene Bauern um sich zu scharen. Mit zündenden revolutionären Parolen motivierte Bolotnikow glänzend Räuber, Abenteurer, Tagelöhner und entlaufene Knechte. Vom Terek stießen Kosaken zu seinem Heer und brachten gleich ihren eigenen Thronanwärter, einen »Samosvanec« namens Peter, mit, der angeblich der Sohn des Zaren Fjodor sein sollte.

Das Heer Bolotnikows eroberte eine russische Stadt nach der anderen und marschierte zuletzt nach Moskau. Vorübergehend schlossen sich den Aufständischen auch Dienstadlige aus Rjasan und ukrainische Kosaken an. Nur mit Mühe gelang es der Armee des Zaren Schuiskij, den Aufstand niederzuschlagen. Am 10. Oktober 1607 erfüllte sich das Schicksal des Abenteurers, der zum Revolutionär geworden war, in Tula, seiner letzten Bastion.

»Der sozialrevolutionäre Charakter der Bewegung steht außer Zweifel«, schreibt der Historiker Günter Stökl. Sowjetische Geschichtsschreiber verstanden Bolotnikow dann auch als erstes Glied in der langen Kette von Bauernunruhen und revolutionären Erhebungen, als Begründer einer revolutionären Tradition, die vier Jahrhunderte später in die

Große Sozialistische Oktoberrevolution der Bolschewiki mündete.

Schon der Cholop Bolotnikow verbreitete die gleichen Losungen, mit denen Lenin 1917 die Massen mobilisierte: Brot für alle! Land für alle! Besitzlose Knechte sollten ihre Bojaren erschlagen, deren Frauen vergewaltigen und die Güter unter sich aufteilen. Läuflinge, Räuber und Bettler sollten alle Kaufleute und Wucherer töten und ausrauben. Nach der Machtergreifung wollte der Bauernführer seine treuesten Gefolgsleute selbst zu Herren, Verwaltern, Heerführern und Beamten machen.

Solche Parolen zündeten, und der Aufstand verbreitete sich wie ein Feuersturm über das südliche Rußland. Aber nach den ersten Rückschlägen wurde der Brand als Stichflamme entzaubert. Die Solidarität der Unterdrückten hielt nur, solange Plünderungen reiche Beute brachten.

Eine Alternative zum herrschenden Feudalstaat gab es nicht einmal in der Theorie. Die natürlichen Verbündeten der damaligen Zeit, Handwerker und Kaufleute, wurden als »Besitzende« im revolutionären Feuer bedenkenlos mitverbrannt. Der Dienstadel, als staatstragende Kraft die einzige Alternative zum regierenden Hochadel, benutzte die Heere Bolotnikows nur zeitweise als Druckmittel, verriet sie aber dann in den entscheidenden Auseinandersetzungen.

Den ernsthaften Versuch einer Demokratisierung und Reformierung des russischen Staatswesens unternahmen noch während der Zeit der Wirren einige Kosakenführer, die während der polnischen Intervention einen Teil Moskaus besetzt hatten. Zusammen mit dem Adligen Liapunow bildeten die Atamane Trubetzkoi und Zarutski ganz in der Nähe des Kreml, in der sogenannten »Kitaj-Gorod« (China-Stadt), ein Triumvirat. Sie riefen eine National-Garde ins Leben und proklamierten die Herrschaft eines »Volksrates«.

Manche Historiker, darunter auch Lenin, bezeichneten diesen Volksrat als den ersten »Sowjet« in der russischen Geschichte. Führende Positionen hatten aber vorwiegend Adlige besetzt. Kosaken und Anhänger Bolotnikows setzten trotzdem die Forderung nach der sofortigen Aufteilung allen Landbesitzes und aller großen Vermögen durch.

Zwar konnte sich der kosakische Steppenkommunismus, der sich in seiner reinsten, unverfälschten Form nur unter den Bedingungen des »Wilden Feldes« aufrechterhalten ließ, nicht über ganz Rußland verbreiten. Aber letzten Endes ist es den Aktivitäten dieser ersten »Sowjets« zu verdanken, daß an der Wolga eine Entsatzarmee aufgestellt wurde, die Moskau von den Polen befreite und die Wahl eines neuen Zaren durchsetzte.

Vielleicht sorgte die Volksbewegung des Jahres 1611 in den nächsten Jahrzehnten auch für die Ansätze eines demokratischen Parlamentarismus: Im Sobor erhielten die Vertreter der russischen Stände das Stimmrecht. Erst Peter der Große machte diesen Tendenzen radikal ein Ende. Er entschied sich für das byzantinische System der Alleinherrschaft.

Die »Demokratisierung« nach den »Wirren« änderte allerdings nichts daran, daß nach dem Aufstand Bolotnikows und nach Beendigung der »Wirren« eine Welle des Gegenterrors das Land überrollte. Tausende von Kosaken, rebellierenden Bauern, Räubern und Landstreichern wurden an den Straßenrändern aufgehängt. Wenn trotzdem nach der Krönung des ersten Romanow-Zaren eine Periode der relativen Ruhe und Stabilität begann, lag das an der allgemeinen Erschöpfung, die das ganze Land erfaßt hatte. Der Koloß Rußland wankte, aus vielen Wunden blutend, und schickte sich an, tief Luft zu holen, ehe er von neuem daranging, zum Range einer europäischen Großmacht aufzusteigen.

Fünfunddreißig Jahre innenpolitischer Ruhe folgten. Unzufriedene und Aufrührer, Läuflinge und Verbrecher wichen in dieser Zeit bereits in die »Neue Welt« Sibirien aus. Sie schlichen über den Ural und entzogen sich in der Taiga allen Nachstellungen der zaristischen Schergen oder ihrer adligen Herren.

So ging der nächste große Aufstand von der städtischen Bevölkerung aus. Anlaß für den Ausbruch am 1. Juni 1648 war die Einführung einer unpopulären Salzsteuer. Die Ursachen lagen allerdings tiefer.

1645 war Zar Michail Romanow gestorben. Sein Sohn Alexei, erst sechzehn Jahre alt, mußte die Regierung seinem Erzieher, dem Bojaren Morozow überlassen. Dieser Morozow verheiratete zunächst den jungen Zaren mit der Tochter eines befreundeten Adligen. Beide Bojarenfamilien zusammen stützten dann ihr Regime auf die übelste Korruption. Bald erstreckte sich die Phalanx ihrer Feinde vom Hochadel bis zum ärmsten Bauern. Der niedere Dienstadel, durch seine geringen Machtmittel bei der »Festsetzung« der Bauern immer noch benachteiligt gegenüber Hochadel und Kirche, spielte eine führende Rolle. Getragen wurde der Aufruhr auch von den Städten, die mit einer hohen »Kollektiv-Steuer« belastet waren, obwohl immer mehr Gewerbetreibende in sogenannte »Sloboden« abwanderten, steuerfreie Handwerker- und Kaufmannssiedlungen, die reichen Grundbesitzern gehörten.

Der Moskauer »Salz-Aufruhr« war schnell erfolgreich. Morozow wurde in die Verbannung geschickt, und die neue Regierung beschloß, den »Sobor« einzuberufen, um neue Gesetze und Reformen zu beraten. Die Ständeversammlung tagte vom 1. September 1648 bis zum 29. Januar 1649. Das Ergebnis war ein übersichtliches Gesetzbuch, zehnmal dikker als jenes, das Iwan der Schreckliche im Jahre 1550 geschaffen hatte.

Nach diesem Gesetzbuch waren mittelalterliche Foltermethoden immer noch gestattet. Man bestrafte zum Beispiel Falschmünzer, indem man ihnen flüssiges Metall in den Rachen goß, grub Frauen, die ihren Mann umgebracht hatten, bis zum Hals ein und ließ sie verhungern. Ein Mann, der seine Frau umgebracht hatte, mußte nur eine Geldstrafe bezahlen. Ein Vatermörder wurde nach schrecklichen Folterqualen hingerichtet, während Eltern, die ihre Kinder töteten, gewöhnlich mit einem Jahr Gefängnis davonkamen.

Aber das Gesetzbuch enthielt auch einschneidende Maßnahmen, die zumindest einen Teil der Aufständischen befriedigten: Ab sofort wurden alle »Sloboden« dem Zaren unterstellt und besteuert. Wichtige Privilegien der Kirche entfielen.

Entscheidend für das Entstehen neuer Bauernunruhen und damit für das Schicksal der Kosaken, die sich gewöhnlich mit den Bauern verbündeten, wurde Artikel XI des Gesetzbuches: Es beseitigte den letzten Rest bäuerlicher Freiheiten, die sogenannte Fristenregelung. Bisher durften Läuflinge nur innerhalb bestimmter, im Laufe der Jahrzehnte wechselnder Jahresfristen wieder eingefangen und an ihre Besitzer ausgeliefert werden; spätestens nach zehn Jahren waren die entlaufenen Bauern frei gewesen.

Jetzt hieß es in dem Gesetzesartikel, Bauern »sind mit ihren Brüdern, Kindern, Neffen und Enkeln sowie deren Frauen und Kindern, mit allem Vieh und mit dem Getreide, das noch auf dem Felde steht, und mit dem schon ausgedroschenen Getreide, von ihrem Fluchtort den Leuten zurückzugeben, denen sie entlaufen sind, nach den Grundbüchern und ohne Verjährungsfrist . . .«

Niemand mehr durfte nach dem neuen Gesetz entlaufene Bauern aufnehmen. Das galt auch für die Kosakenheere und sollte in naher Zukunft zu ernsten Differenzen mit dem Moskauer Staat führen.

Die Unruhe unter den endgültig auf den Status von Vieh und Waren erniedrigten Bauern wuchs. Trotz der Verbote flohen immer mehr Leibeigene zu den Donkosaken und vermehrten das Steppenproletariat. Hungersnöte breiteten sich am Don aus, denn nach der Räumung der Festung Asow war der Weg zum Schwarzen Meer für die kosakischen Piraten versperrt.

Sozialer Zündstoff sammelte sich in den Steppen und Dörfern der Moskauer »Ukraina«. Ein Funke genügte, um im Jahre 1667 einen der größten und blutigsten Bauernkriege in der russischen Geschichte ausbrechen zu lassen. Stepan »Stenka« Rasin, der »Adler vom Don«, rief zum Kampf, um den Forderungen der Armen und Geknechteten mit dem Säbel Geltung zu verschaffen.

2
Der Adler vom Don

Am Ende seiner revolutionären Laufbahn stand das Schafott.

6. Juni 1671: Der Rote Platz von Moskau ist schwarz von Menschen. Schwer bewaffnete »Strelzy« schirmen den Henker ab. Auf der Freitreppe des Zarenpalastes steht Zar Alexei Romanow mit seinen Bojaren und Priestern. »Stenka« Rasin wird aus den stinkenden Verliesen des Kreml, in denen er unmenschlich gefoltert worden ist, ans Tageslicht gebracht. Aufrecht steht er auf dem Karren, der ihn zur Hinrichtungsstätte bringt. »Wie ein Held, stolz und furchtlos, schaut er seinen Henkern in die Augen«, berichtet die Chronik. Und dann wird das Urteil verlesen, das noch einmal alle Greueltaten des »Schelmes« aufzählt:

»Schelm, von Gott abgewichener Rebell, donischer Kosak, Stenka Rasin: im Jahr 1667 hast du vergessen der Furcht Gottes, auch der Gnade, die dir der Großherr Zar und Großfürst Alexei Michailowitsch, des großen, kleinen und Weißrußlands Selbsterhalter, erwiesen hat, und hast wider seine Zarische Majestät rebelliert.

Hast auch andere Kosaken mit dir versammelt, und seid nach dem Fluß Wolga gegangen, eure Schelmenstücke zu vollbringen, alsda ihr vielen Leuten großen Schaden zugefügt, die Nasaden und große Schiffe, mit gesalzenem Fisch und Salz beladen, des Patriarchen, seiner Klöster als auch unterschiedlicher Kaufleute Schiffe ausgeplündert und dergleichen Gewalttaten bis zu der Stadt Astrachan verübt habt. Auch hast du Schelm Seiner Majestät Woiwoden Simon Beklonewitsch, den man abgesandt hatte, mit dir zu reden, beraubt und totgeschlagen und ihn hernach ins Wasser geworfen. Ferner hast du den Moskowitischen Strelitzen Susora, der auch an dich abgeschickt war, umgebracht. Und als aus Astrachan nach der Stadt Janko ein Woiwode und zwei russische Offiziere mit Soldaten abgefertigt worden sind, um dich in aller Güte zu sprechen und dich von deinen Schelmenstücken abzumahnen und dir vorzuschlagen, daß du Seiner Majestät um Pardon bitten sollst, so hast du beide Offiziere aufgehangen und bist mit den Kosaken aus Janko in die See und von da wieder an den Fluß Wolga gegangen, hast alle Fischerei verderbt und die tatarischen Wohnungen verbrannt.

Auch bist du Schelm unter der Stadt Terriki gewesen und hast in den umliegenden Orten viel Schaden getan wie auch auf der See im Gebiet des Königs von Persien, dessen Untertanen du beraubt und dessen Kaufleuten du die Güter abgenommen hast. Ferner hast du einige Städte in Persien ruiniert und große Streitigkeiten dadurch verursacht, da auch auf deine schelmische Order die astrachanischen Strelitzen ihre Obristen haben totgeschlagen und sich dir zugesellten und in verschiedenen Ortschaften großen Schaden taten.

Du hast mit deiner Rotte auch ein Schiff des Königs von Persien weggenommen, alle Waren daraus geraubt und des obersten Kaufmanns Sohn nebst anderen Persianern totgeschlagen und weiter auf der See und dem Strome Wolga große Bübereien, Räuberei und Mord begangen.

Im Jahre 1669 hat der astrachanische Woiwode, Herr Iwan Semjonowitsch Proforowski, wider dich einen Woiwoden und Fürsten, Simon Lewow, samt einer Armee Seiner Zarischen Majestät ausgeschickt, welche dich und deine Kosaken umringt und leicht alle sollten erschlagen haben, welches du Schelm mit deinen Gesellen gesehen hast, worauf du zwei deiner Vornehmen zum Woiwoden geschickt und im Namen deiner Kosaken hast bitten lassen, daß der Zar ihnen vergeben möge. Dies mit dem Angebot, ihr wolltet euch wieder nach Hause begeben und künftig kein Übel mehr tun, sondern dem Zaren treulich dienen und dem König von Persien keine weiteren Ungelegenheiten mehr verursachen und noch auf dem Wolgaflusse oder der Kaspischen See fernere Streifereien verüben.

Worauf die zwei Kosaken den Eid ablegten und du sieben Männer an Seine Majestät abgeschickt hast, um Pardon zu erbitten. Nachher hat sich aber schnell genug herausgestellt, daß alles nur Betrug gewesen ist. Obwohl man dir und jenen, die bei dir waren, erlaubt hat, nach dem Don zu euren Wohnungen zu gehen, hast du dessen ungeachtet unterwegs auf dem Flusse Don große Räubereien verübt, zu Zarizyn einen Woiwoden erschlagen und großen Schaden getan.

Im Jahre 1670 hast du Schelm nebst deinen Kosaken gleichermaßen die Furcht Gottes vergessen, indem ihr von der heiligen, allgemeinen apostolischen Kirche abgetreten seid. Und da ihr auf dem Don fuhrt, habt ihr von unserem Herrn Jesus Christo lästerlich geredet und verboten, Kirchen zu bauen und den Gottesdienst zu verrichten. Die Priester habt ihr verjagt, die Leute trauen wollten.

Ferner hast du Schelm des Zaren Gnade vergessen, der dir und deinen Kameraden statt ernstlicher Leibesstrafe das Leben geschenkt, und du hast dich, um deine alten Räubereien wieder fortzusetzen, zur Wolga gewendet.

Einige ehrliche Kosaken, die dir nicht beistehen wollten, hast du geplündert und hernach totgeschlagen, wie auch den sich am Don aufhaltenden Woiwoden. Desgleichen hast du auch wider den Boten gehandelt, der mit dem Gnadenbrief des Zaren zu dem Atamanen Corneleo Jacolow und anderen donischen Kosaken abgesandt war. Du hast ihn totgeschlagen und ins Wasser geworfen. Auch einen anderen Woiwoden hast du mit Schlägen so malträtiert, daß er gestorben ist.

Als du vom Don nach der Stadt Zarizyn gekommen bist, hast du bei den Einwohnern listig vorgegeben, die Armee des Zaren sei gegen sie im Anzuge, um die Bewohner der Stadt totzuschlagen, worauf sie sich dir übergeben und dich in die Stadt aufgenommen haben. Dort hast du den Gouverneur und Kommandanten Tergnowa nebst anderen Bürgern, welche keinen Teil an deiner bösen Absicht haben wollten, ermordet und ins Wasser geworfen.

Du hast dann wider das Kriegsvolk des Zaren vorgerückt und hast die Soldaten mit Betrug überwältigt, und ihren

Obristen Iwan Lapatenin, den Oberstleutnant Fjodor Jekschyn und andere Leutnants hast du, nachdem ihnen viel Pein angetan worden ist, ebenfalls ins Wasser werfen lassen. Auch hast du die Kornschiffe Ihrer Majestät weggenommen und viele Kaufleute beraubt.

Als du vor Astrachan erschienen bist, hast du einige deiner schelmischen Kosaken in die Stadt geschickt und die armen Leute und die Stadtsoldaten auf deine Seite bringen lassen, worauf diese dir die Stadt übergeben und sich zu dir geschlagen haben. Mit diesen Schelmen und Rebellen hast du den Bojar Fürst Iwan Semjonowitsch Proforowski aus der Kirche holen und von einem hohen Turm herunterstürzen lassen. Auch viele Edelleute und Strelitzen wie Offiziere, sofern sie nicht zu dir halten wollten, wurden von dir gemartert. Die Schatzkammern des Zaren und viele Wohnungen vornehmer Bürger hast du geplündert. Alle Reichssachen und Schriften der Kanzlei wurden von dir verbrannt und Beschimpfungen verübt, wie man sie zu keiner Zeit gehört hat. Ohne Scham hast du Priester, Mönche und Nonnen entkleiden und unmenschlich schlagen lassen, damit sie dir sagten, wo sie ihre Schätze verborgen hätten. Selbst kleine Kinder hast du nicht verschont. Die Rechnungsführer des Königs von Persien, viele ausländische Kaufleute, die sich um diese Zeit in der Stadt aufhielten, hast du Schelm getötet und ihrer Waren beraubt.

Nach alledem konntest du des Menschenblutes nicht satt werden, sondern bist fortgefahren, es zu vergießen, und hast unschuldige Kinder an den Beinen über die Stadtmauer aufhängen lassen. Die astrachanischen Strelitzen und Schreiber wurden von dir bei den Rippen aufgehängt, so daß sie unter großer Marter elendiglich sterben mußten. Auch hast du Schelm, nachdem du allda hast viele ehrliche Kosaken töten lassen, deren Frauen und Töchter zum Spott und zur Schändung an deine gottvergessenen Kameraden und Schelme übergeben. Zum Spott der Kirche Gottes und der heiligen Apostel Ordnung hast du das Sakramentszeichen nicht beachtet, und wenn ein Priester dir nicht gehorsam war, hast du ihn ins Gefängnis werfen lassen. Ferner hast du den

Schatz des Zaren, der in Astrachan unter Iwan dem Türken in Verwahrung gewesen ist, weggenommen und bist nach vielem Blutvergießen von Astrachan nach Zarizyn und von dort den Fluß hinauf bis nach Saratow gezogen. Die Einwohner ergaben sich dir, du aber hast das Kornfeld des Zaren und den Proviant weggeraubt und den Woiwoden und viele Edelleute erschlagen.

Auch hast du so getan, als ob der Mönch Nikon mit dir wäre, während es der Wahrheit entspricht, daß dieser Patriarch auf Befehl des Zaren seines Amtes entsetzt und nach Belosor ins Kloster Wera Pond verwiesen worden ist, wo er noch immer sich aufhält. Trotzdem hast du Schelm mit all deinen Stürmen auf die Stadt Simbirsk nichts ausrichten können, worauf du durch die Gnade des Herrn, durch der Christen Trost und durch das Glück unserer Armeen mitsamt deinen schelmischen Rebellen geschlagen und deine Rotten großenteils niedergehauen worden sind.

Es sind aber noch viele Städte auf dein schelmisches Schreiben hin aufgestanden und haben überall die Gouverneure totgeschlagen und ins Wasser geschmissen. Und du da, Schelm Frol, hast einen Gesellen zu den Bubenstücken deines Bruders abgegeben, und ihr seid mit anderen Schelmen in verschiedenen Grenzstädten eingefallen und habt dort viel unschuldiges Blut vergossen und vielen Schaden angerichtet.

In eurer teuflischen Hoffnung habt ihr auch unterfangen, die heilige Kirche zu verspotten, aber nicht gedacht habt ihr an die Gnade der allerheiligsten Mutter Gottes.

Ihr seid mit all euren Spießgesellen in solchen Mutwillen verfallen, daß ihr euer ruchloses Tun von 1667 bis zum 14. August 1671 nicht unterlassen habt.

Am 14. April 1671 seid ihr dann durch unsere Armeen gefangen, vor Seine Zaristische Majestät gebracht und in hochnotpeinlichem Verhör befragt worden, wobei ihr alles bekannt und bejaht habt.

Für eure greulichen Untaten gegen den allmächtigen Gott und gegen unseren Herrn Zaren und Großfürsten Alexei Michailowitsch wie auch wegen eurer Verräterei und Rebellion und ob des durch euch im ganzen russischen Reich verursachten Verderbens haben Seine Zaristische Majestät befohlen, und die Bojaren haben es bestätigt, daß man euch verurteilt, also sollt ihr gevierteilt werden.«

Ein beträchtliches Strafregister, das Stepan »Stenka« Rasin und seinem Bruder Frol vorgehalten wurde. Und der »Adler vom Don«, wie ihn seine Anhänger, viele Dichter und Historiker nannten, hätte auch – wenn er ehrlich sein wollte – keine der Beschuldigungen zurückweisen können. Gewaltanwendung gehörte zum sozialrevolutionären Programm des Kosaken- und Bauernführers.

»Es schreibt Stenka Timofejewitsch dem ganzen niedren Volk. Wer da Gott und dem Herrscher dienen will sowie unserem großen Heer und mir, Stenka Timofejewitsch«, hatte Rasin in einer Botschaft im Jahre 1670 verbreiten lassen, »der soll wissen, ich habe Kosaken zu euch ausgeschickt, und ihr alle sollt mit mir zusammen die Verräter und die Blutegel in den Gemeinden erschlagen. Und wenn meine Kosaken losschlagen, dann sollt auch ihr euch mit ihnen vereinigen. Alle Hörigen und Geächteten, kommt ins Regiment zu meinen Kosaken.«

Gemäß diesem »Klassenkampf«, mit dem die Ausschreitungen gerechtfertigt wurden, verstanden sich Rasins Anhänger nicht als Räuber und Mörder. Und in einem der vielen Volkslieder über die Bewegung Rasins sangen die Bauern und Kosaken dann auch:

Geh auf, du roter Sonnenball,
leuchte uns mit deinem Licht.
Wir schlagen alle Herren tot,
doch Mörder sind wir nicht.
Wind schnell die blut'ge Saat verweht,
dann keine Willkür mehr besteht.
Wir sind keine Diebe, keine Verbrecher.
Wir sind Stenka Rasins Freunde und Rächer.

Diese Lieder und Gedichte über Kosakenhelden wie Stenka Rasin, Jermak, Chmelnickij oder Pugatschow sind zunächst nur mündlich überliefert worden. Erst im 18. und 19. Jahrhundert wurden viele aufgezeichnet, dabei oft verfälscht und umgedichtet. Nationalisten der verschiedensten Couleur deuteten Figuren und Ereignisse nach ihrem Geschichtsbild, und vor allem nach der Großen Sozialistischen Oktoberrevolution wurden Anstrengungen unternommen, die frühen Kosakenhelden zu Freiheitskämpfern zu profilieren.

Ohne Zweifel sind die großen Bauernaufstände des 17. und 18. Jahrhunderts undenkbar ohne die Lasten der Leibeigenschaft und ohne die nackte Not in den Dörfern und Kosakengebieten. Aber ebenso klar ist, daß weder Rasin noch – hundert Jahre später – der »Bauernzar« Pugatschow ein durchdachtes revolutionäres Konzept besaßen.

In allen Fällen entwickelt sich der Aufstand fast aus privatem Anlaß. Am Anfang steht ein einzelner Überfall oder ein begrenzter Raubzug – noch denkt niemand an einen Marsch nach Moskau. Erst allmählich entwickelt die Geschichte ihre eigene Dynamik. Bescheidene Anfangserfolge ermutigen dazu, die Zündschnur am sozialen Sprengstoff, der über das ganze Land verteilt ist, zum Glimmen zu bringen. Die gewaltige Explosion wundert und erschreckt die »Revolutionäre« selbst am meisten.

Ihr ließt am Hungertuch sie nagen
und fülltet euch nur euren Magen.
Als sie zum Aufstand trieb die Not,
schlugt ihr sie kurzerhand dann tot,

heißt es in einem Volkslied, und genauso verlief die Erhebung des Stenka Rasin, sein Weg vom Räuber zum Rebellen.

Die erste Nachricht über den Donkosaken Stepan Timofejewitsch Rasin reicht bis ins Jahr 1658 zurück. In diesem Jahr besuchte er mit einer Kosakendelegation Moskau, um den Zaren um Waffen und Munition für den Kampf gegen Tataren und Kalmücken zu bitten. Die Mission war erfolgreich, denn die Kosaken erhielten nicht nur die Löhnung für ihren Grenzdienst, sondern sogar eine Anzahl von Kanonen, mit denen sie ihre Hauptstadt Tscherkassk verteidigen sollten.

In den nächsten Jahren muß sich der junge Kosak als geschickter Diplomat und Draufgänger im Steppenkrieg bewährt haben. Sein Patenonkel Jakowljew, Ataman der Donkosaken, betraute ihn jedenfalls mit einigen wichtigen Aufgaben. Rasin überredete die Kalmücken zu einem gemeinsamen Feldzug gegen die Krimtataren, und er befreite einige hundert Gefangene, die von einer tatarischen Räuberbande auf den Sklavenmarkt von Kaffa geschleppt werden sollten.

Bis zur Mitte der sechziger Jahre gehörte der spätere Rebell, dem Zeitgenossen und später Historiker einen »aufrührerischen Geist« nachsagten, zum etablierten Kosakentum am unteren Don. Relativ wohlhabend, sorglos, profitierte er vom Bündnis mit dem Zaren, verteidigte und genoß aber trotzdem die kosakischen Freiheiten.

Längst nicht alle Kosaken am Don waren damals so gut gestellt wie Stenka Rasin und seine Kameraden rund um Tscherkassk. Nach der verschärften Bauerngesetzgebung vom Jahre 1648, nach der Erhöhung der Steuern und einer Verschärfung der Frondienste für die Bauern war es in den fünfziger Jahren des 17. Jahrhunderts zu einer gewaltigen Landflucht gekommen. Tausende der ärmsten Leibeigenen strömten in das »Wilde Feld« zwischen Don, Dnjepr und Wolga, und viele versuchten sich am Mittellauf des Don, in relativer Sicherheit vor den Steppennomaden, anzusiedeln.

Aber allein von der Jagd und vom Fischfang ließ sich eine solche Anzahl von Kosaken nicht mehr ernähren. Auch über Ackergeräte und Saatgut verfügten die wenigsten dieser »Nackten«. Bald brachen Hungersnöte aus, und als letzter Ausweg blieb nur die »kosakische Freiheit«, zu Raubzügen aufzubrechen.

Horden von »Räuberkosaken« zogen durch das Land, überfielen die Lager der Nomaden, stießen bis zur Krim vor und verschonten manchmal auch die »reichen« Kosakensiedlungen am unteren Don nicht. Der Zar wiederum, bedrängt von seinen Gutsbesitzern, forderte vom Ataman in

Tscherkassk, der ja gegen entsprechende Löhnung einen Treueid geleistet hatte, die Auslieferung der »Läuflinge« und die Bestrafung der kosakischen Räuber.

Meistens weigerte sich der Ataman, um nicht von seinen eigenen Leuten wegen »Zaren-Hörigkeit« totgeschlagen zu werden. Aber es kam schon in den sechziger Jahren vor – die Abhängigkeit von den Moskauer Barken, die Getreide, Munition und Schnaps brachten, wuchs ständig –, daß etablierte Kosaken gegen die »Nackten« kämpften. Sie umstellten ein »Räuberdorf«, das meistens nur aus einer Ansammlung elender Erdhütten bestand, besetzten es und hängten einige Dutzend Bewohner auf.

In den Jahren 1665 und 1666 verschärfte sich die Situation. Mißernten in ganz Rußland verursachten eine riesige Hungerkatastrophe. Anschließend wütete die Pest. Die Menschen – vor allem Bauern – starben zu Tausenden. Kleinere Unruhen brachen im Süden aus. Wassili Us fiel mit fünfhundert hungernden Kosaken in das Gebiet von Woronesch ein, plünderte und brannte eine Reihe von Höfen nieder. Dann marschierte er in Richtung Moskau, wurde aber kurz vor Tula von einer Armee-Einheit abgedrängt. Zur gleichen Zeit muß auch in Stenka Rasin eine Veränderung vorgegangen sein. Es ist nie geklärt worden, ob sie vom Mitleid mit dem Elend der »Nackten« ausgelöst wurde, ob das Bewußtsein von sozialer Ungerechtigkeit ihn in das Lager der Armen und Erniedrigten trieb oder ob es – ganz privat – die Geschichte mit seinem Bruder Iwan gewesen ist . . .

Mit einer Hundertschaft Donkosaken hatte Iwan in der Armee des Zaren gedient und nach einem Feldzug seine Entlassung verlangt. Der kommandierende Feldherr, Fürst Jurij Dolgoruki, verweigerte sie, was den »freien Kosaken« Iwan Rasin so ärgerte, daß er auch ohne Erlaubnis davonritt. Russische Soldaten holten ihn ein und hängten ihn als Deserteur auf.

Was auch immer der Anlaß für die Wandlung Stenkas gewesen sein mag: Im Frühjahr des Jahres 1667, in der Chronik als »Jahr des Antichrists« gebrandmarkt, sammelte der

»Adler vom Don« knapp tausend ausgehungerte, zerlumpte Gestalten um sich, ließ sich von seinem Patenonkel, dem Ataman Jakowljew, vier Tschaikas ausrüsten, belud noch einige Ruderboote mit Waffen, Munition und Proviant und brach zum größten »Raubzug« auf, der je in der abenteuerlichen und an Höhepunkten nicht gerade armen Geschichte der Kosaken unternommen wurde.

Erstes Ziel: »Mütterchen« Wolga, seit rund hundert Jahren den Tataren entrissen und seitdem der heilige Strom Rußlands, an dem der Zar eine Kette von Forts bis zum Kaspischen Meer vorgeschoben hatte. An der Mündung war Astrachan zu einer starken Festung ausgebaut worden.

Seit die Kosaken die Don-Festung Asow wieder räumen mußten, weil der Zar einer offenen Schlacht mit dem türkischen Sultan noch ausweichen wollte, hatten die Janitscharen des mohammedanischen Herrschers die Stadt stärker als je zuvor ausgebaut. Im Jahre 1660 hatten dann türkische Arbeiter an beiden Ufern des Don große Türme errichtet, die mit einer dicken eisernen Kette verbunden waren. Dieses Hindernis erwies sich – in Verbindung mit der schweren Artillerie auf den Festungsmauern – als unüberwindlich für die kosakischen Seeräuberflotten.

Als neue Operationsbasis für die Freibeuter aus den Donsteppen bot sich das Kaspische Meer an. Tatsächlich hatten schon im gleichen Jahr, in dem der Don endgültig versperrt worden war, kosakische Boote die persische Küste angegriffen. Aber der Weg über die Wolga zum »Kaspisee« war mühsam und ebenfalls gefährlich.

Stepan Rasin ruderte mit seiner Räuberbande den Don aufwärts bis zur Höhe von Zarizyn (heute Wolgograd, früher Stalingrad), der engsten Landstelle zwischen Wolga und Don. Dann ließ er seine Schiffe über den Schnee ziehen. Schon im Mai verbreitete sich die Kunde von dreisten Überfällen. Erste Opfer der beutelüsternen Kosaken: die voll beladenen Barken reicher Moskauer Kaufleute, die gerade von persischen Märkten zurückgekommen und in einen der Wolga-Mündungsarme eingelaufen waren. In einem blitzschnellen Angriff aus dem Schilf heraus überraschte Rasin das Wachkommando und warf die Offiziere kurzerhand ins Wasser. Schiffe und Waren behielt er.

Weitere Überfälle folgten, waren ebenso erfolgreich, und bald hatten die »Nackten« ihre Lumpen durch die malerischsten Kleidungsstücke aus den Moskauer Kaufmannsbeständen ersetzt. Die Seeräuberflotte wuchs auf 30 Boote an, und auch an Mannschaften fehlte es nicht: Soldaten der Wachkommandos liefen über. Strelitzen aus den kleinen Wolga-Garnisonen, schlecht bezahlt und behandelt, folgten. Donkosaken strömten in Scharen herbei. Allein der Ataman Kriwoi brachte einige Hundertschaften mit, und der Räuberhauptmann Wassili Us, der immer noch rund 300 erfahrene Kämpfer befehligte, wurde Rasins Unterführer. Selbst bis zum Dnjepr sprach sich das Räuberglück des »Adlers vom Don« herum. Fünf Hundertschaften Saporoger schlichen sich an der Festung Astrachan vorbei, um die neuen Jagdgründe zu erkunden.

Nach einem Abstecher an den Jaik hatte Stenka Rasin sein Hauptquartier auf einer Insel vor der Wolgamündung aufgeschlagen, vorsichtshalber durch einige Nebenarme von Astrachan getrennt. Von hier aus war das gesamte Flußdelta leicht zu kontrollieren – kein Handelsschiff schlüpfte ungeschoren vorbei.

Aber auch die Nachrichtendienste des Zaren funktionierten. Längst wußte man in Moskau, was sich in der südlichen »Wildnis« abspielte. Zar Alexei setzte den Woiwoden Proforowski mit einigen tausend Strelitzen in Marsch und befahl, den »Schelm« unschädlich zu machen oder wenigstens zur Heimkehr an den Don zu überreden.

Doch dazu kam es nicht mehr: Die gelegentlichen Überfälle auf russische oder persische Barken konnten keine 3000 Kosaken ernähren. »Väterchen« Rasin stach deshalb mit seiner ansehnlichen Flotte in See und plünderte im Frühjahr 1669 als erste persische Stadt den Hafen Derbent, etwa auf halbem Wege zwischen der Terek-Mündung und der stark befestigten Stadt Baku.

Auch in Derbent erwies sich das strategische Geschick Rasins. Der Überfall vollzog sich blitzschnell, so daß die

Garnison, die der Schah in einer kleinen Festung stationiert hatte, gar nicht erst eingreifen konnte. Ähnliches wiederholte sich in anderen Orten, bis die Kosaken während eines Landaufenthaltes von einer persischen Armee überrascht und besiegt wurden. Einige hundert Tote blieben zurück.

Die Rache der Überlebenden bekam die Stadt Feharabad am Südende des Kaspischen Meeres zu spüren. Rasins Flotte landete, die Männer brachten geraubte Waren auf den Markt, angeblich um sie zu verkaufen, und auf ein Zeichen ihres Anführers zogen die Kosaken ihre Waffen. Ein grauenhaftes Blutbad schloß sich an, und als die »Möwen« wieder die Anker lichteten, blieben nur Ruinen zurück.

Mit reicher Beute zog sich Rasin auf eine Insel südlich von Baku zurück. Auch die Kosaken benötigten dringend eine Ruhepause. Ihre Verluste waren hoch, zahlreiche Verwundete mußten versorgt werden. Aber der Schah von Persien war schon damals kein kleiner Provinzfürst. Er verlud 5000 Soldaten auf seine Flotte und ließ die Seeräuber verfolgen. Im Juni 1669 kam es zu einer erbitterten Seeschlacht.

Rasin hatte noch einmal Glück. Seine kleinen, wendigen Boote entwischten immer wieder den schwerfälligen persischen Galeeren, die außerdem noch zusammengekettet waren. Diese Taktik des persischen Admirals erwies sich als entscheidend: Ein Volltreffer der Kosaken versenkte das feindliche Flaggschiff, und mit diesem Boot versanken oder kenterten noch mehr als ein Dutzend anderer Galeeren. Der Rest der Flotte wurde von den Kosaken geentert.

Trotz der reichen Beute und des glänzenden Sieges war es Zeit für die Heimfahrt. Fast die Hälfte der Kosaken war inzwischen gefallen oder kampfunfähig, die andere Hälfte zwar reich, aber müde. Rasin beschloß, nach Rußland zurückzukehren. Seine Aufgabe, den »Nackten« vom Don ein kleines Stück von den Reichtümern dieser Welt zu verschaffen, war erfüllt. Der »Adler vom Don« war inzwischen der berühmteste Mann in Rußland, der Robin Hood des »Wilden Feldes«.

Im August 1669 war der erste Abschnitt der Rasin-Unternehmungen abgeschlossen. Nichts deutete bisher darauf hin, daß der erfolgreiche Raubzug der kosakischen Seeräuber sich zu einem gefährlichen Aufstand gegen den Zaren entwickeln könnte. Die zurückkehrende Flotte wurde zwar vor Astrachan von Kriegsschiffen des Zaren gestellt, aber es kam nicht zum Kampf. »Im Jahre 1669 hat der Astrachanische Woiwode, Herr Iwan Semjonowitsch Proforowski, wider dich einen Woiwoden . . . samt seiner Armee . . . ausgeschickt, welche dich und deine Kosaken umringt und leicht alle sollten erschlagen haben . . .«, heißt es im Urteil, das auf dem Roten Platz verlesen wurde.

Ganz so überlegen kann die russische Armee nicht gewesen sein, sonst hätte sie die Kosaken mit Vergnügen erschlagen. Richtiger ist wohl, daß sich der Woiwode auf seine eigenen Soldaten nicht hundertprozentig verlassen konnte, denn der legendäre Stenka Rasin übte eine nicht zu unterschätzende Anziehungskraft auf sie aus.

Es kam zu Verhandlungen. Die Kosaken baten den Vertreter des Zaren um Generalpardon und erhielten ihn. Sie verpflichteten sich, keine weiteren Raubzüge zu unternehmen und friedlich an den Don zurückzukehren.

Ihre Vorbeifahrt an Astrachan wurde zu einem Triumphzug. Kanonen auf den Festungsmauern schossen Salut. Die Freibeuter feuerten ihre Flinten und Pistolen ab und sonnten sich im Glanz ihrer erbeuteten Reichtümer.

Viele gingen schon in Astrachan an Land, um die persischen Waren in Rubel zu verwandeln und in den Kabaken ihre Siege auf echt kosakische Weise zu feiern. Andere ritten durch die Steppen zum Don und Dnjepr.

Noch rund 500 Kämpfer, überwiegend Donkosaken, folgten Stenka Rasin die Wolga aufwärts. Ihre Tschaikas wurden von einem Kommando des Woiwoden Proforowski eskortiert. Kaum waren die Festungstürme von Astrachan außer Sicht, verfielen die Kosaken in ihre alten Gewohnheiten. Sie »überredeten« die Wachsoldaten überzulaufen, warfen die Offiziere ins Wasser, überfielen einige Barken, die gerade den Fluß abwärts schwammen, stürmten in Zarizyn den Palast des Woiwoden und zogen erst dann ihre Boote über Land zum Don.

Vermutlich war sich Rasin völlig im klaren darüber, daß er vom Zaren nicht noch einmal Pardon erhalten würde. Mag sein, daß er – vom Ruhm verblendet – schon zu mächtig geworden war, um noch als gewöhnlicher Kosak am Don leben zu können. Der starke Zulauf, den er während seiner Rückfahrt auf dem Don erlebte, schien diese Einschätzung zu bestätigen. Jedenfalls beschloß Stenka Rasin, sich zum Anwalt aller Armen und Unterdrückten zu machen und ihre Rechte mit Gewalt durchzusetzen. Die zweite, revolutionäre Phase begann. Aus dem Räuber wurde der Rebell wider den Zaren.

Die heimkehrenden Seeräuber ruderten den Don abwärts bis kurz vor Tscherkassk. Auf einer Flußinsel bauten sie ein Dorf aus robusten Langhäusern und überwinterten. Im Frühjahr, man schrieb das Jahr 1770, war das Heer Rasins bereits auf knapp fünftausend Mann angewachsen. Es überfiel Handelsschiffe auf dem Don. Ein Gesandter des Zaren, der mit den Kosaken verhandeln sollte, wurde ertränkt. Der Rebell wagte sich sogar in die Hauptstadt der Donkosaken, Tscherkassk, und wiegelte die einfachen Kosaken gegen ihren zarentreuen Ataman auf. Reitende Boten zogen durch das Land und brachten den Bauern und Kosakenheeren Rasins Aufruf zum »Kreuzzug gegen den Zaren«.

Das Echo war gewaltig. Nicht nur Leibeigene und kampflustige Kosaken sammelten sich unter den Fahnen und Pferdeschwanzbannern der Aufständischen. Auch die sogenannten »Fremdstämmigen« boten ihre Hilfe an: Tataren von Kasan und Astrachan, die sich dem Zaren unterwerfen mußten und sich ihrer früheren Freiheiten beraubt sahen. Wogulen, Tschuwaschen und Kalmücken, die hofften, das russische Joch abwerfen zu können. Sogar Krimtataren witterten wieder ihre Chance.

Schon jetzt, also noch zu Lebzeiten, war Stenka Rasin zur Legende geworden. Wunderdinge erzählten sich die Bauern und Kosaken über seine Tapferkeit und Großzügigkeit. Stenka soll mit vollen Händen sein Geld an die Armen verteilt haben. Überall waren nur die Reichen erschlagen worden. Kein Feldherr des Zaren konnte sich mit seiner Kriegskunst messen. Viele glaubten sogar daran, daß Rasin kugelfest sei.

Später haben Dichter diese Legenden zu Hunderten von Liedern verarbeitet. Es gibt von jedem Ereignis viele Fassungen und Deutungen.

Und haben sie auch Gewehre
und treffen sie uns auch,
sie schießen nur ins Leere,
wir lachen ob dem Rauch.
Vergehen wird der Rauch im Wind.
Wir aber unvertilgbar sind,

heißt es zuversichtlich in einem der Rasin-Lieder. Und am meisten gesungen und geliebt wurde die schwermütige Ballade von Rasins persischer Prinzessin, das sogenannte Wolgalied.

In einer Textfassung heißt es, Stenka habe die wunderschöne Perserin als Gefangene mitgebracht. Während eines Trinkgelages habe er die Prinzessin hoch über seinen Kopf gehoben und mit allem Schmuck in die Fluten der Wolga geschleudert. »Nimm, Mütterchen Wolga!« rief er dabei und verbeugte sich tief. »Viel Silber, Gold und Reichtümer jeder Art hast du mir gegeben und mir Ruhm und Ehre verschafft. Ich aber habe es dir bisher nicht gedankt!«

Nach einer anderen Version soll es zwischen seinen Unterführern zu einem erbitterten Streit um die schöne Prinzessin gekommen sein. Rasin regelte die Angelegenheit auf seine eigene, generöse Art und Weise:

Daß sich zwischen freien Männern
nicht um sie ein Zwist entspinn' –
nimm die schöne, stolze Dame,
Mutter Wolga, nimm sie hin.
Und er hebt mit kühlem Schwunge
seine Fürstin über Bord,
schleudert weit sie in die Fluten,
und die Woge trägt sie fort.

Solche Geschichten gefielen dem Volke. Das waren Gesten, die sich sonst nur der Zar selbst erlauben durfte. Und später, bei einem wehmütigen, sentimentalen Blick zurück, wurde Stenka Rasin manchmal sogar über den Zaren gestellt, als »Messias«, der irgendwann zurückkommen würde, um sein Volk aus der Knechtschaft zu befreien.

Damals, im Jahre 1670, waren die Legenden, die sich schnell verbreiteten, die richtige Ergänzung zu den klassenkämpferischen Losungen Rasins. Der Aufruf zur Rebellion kam zu einer Zeit, als die äußeren Lebensbedingungen des russischen Volkes einer revolutionären Situation sehr nahe kamen.

Die Bauern hungerten und stöhnten unter dem Joch ihrer Gutsbesitzer. Viele Kosaken litten unter dem Druck des Zaren, der ihre Freiheiten Stück für Stück abbaute, die Herausbildung einer kosakischen Hierarchie förderte und damit die Steppendemokratie unterhöhlte.

Auch die Kampfmoral der zaristischen Soldaten war tief gesunken. Zahlreiche Kriege mit Polen und Schweden hatten ihre Kraft und Geduld verschlissen. Die schlechte Behandlung durch adlige Offiziere verbitterte die Truppen. Unter der Oberfläche eines eingedrillten Gehorsams schwelte allmählich ein dumpfer Groll.

Seit der Sold nicht mehr regelmäßig ausgezahlt werden konnte – die Kriegskasse des Zaren war leer – und seit die Mannschaften immer häufiger wertloses Kupfergeld erhielten, das nicht einmal in den Schenken gerne angenommen wurde, steigerte sich dieser Groll zu offenen Haßausbrüchen. Ganze Kompanien desertierten und tauchten in Sibirien oder in der Steppe unter.

Hinzu kam die Unruhe durch die »Kirchenspaltung«. Der orthodoxe Patriarch Nikon, ein Günstling des Zaren Alexei, der vom Bauernsohn und Mönch bis zum höchsten Amt der russischen Kirche aufgestiegen war, setzte eine Revision des Glaubens durch.

Da vor der Erfindung der Buchdruckerkunst alle liturgischen Texte von Mönchen mit der Hand abgeschrieben worden waren, hatten sich zahlreiche Fehler eingeschlichen.

Jetzt wurden die Gebetbücher »gesäubert«, Tausende von Ikonen, oft die schönsten Denkmäler russischer Kunst, die nicht genau der Tradition der griechisch-orthodoxen Kirche entsprachen, ließ der unduldsame Patriarch auf einen Misthaufen und anschließend in ein Massengrab für hingerichtete Verbrecher werfen.

Auch die Liturgie wurde geändert: Das Kreuz wurde wieder mit drei statt mit zwei Fingern geschlagen. Prozessionen mußten in der Kirche links- statt rechtsherum ziehen.

Die tiefgläubigen Russen beunruhigten diese Veränderungen. Millionen weigerten sich, ihre heiligen Bücher reinigen zu lassen. Sie behielten ihre alten, »ketzerhaften« Ikonen, hielten an den gewohnten Zeremonien fest. Selbst Mönche und Popen schlugen sich auf die Seite der »Altgläubigen« und organisierten in vielen Klöstern den passiven Widerstand.

Eine »Hexenjagd« tobte durch das ganze Land. Tausende der »Raskolniki« wurden hingerichtet. Allein im Ural starben fünftausend altgläubige Flüchtlinge, erschlagen auf dem Weg nach Sibirien. Andere bestiegen, das ungereinigte Gebetbuch in der Hand, riesige Scheiterhaufen. Als lebende Fackeln wurden sie zum Symbol für die Kraft des »alten« Glaubens.

Stenka Rasin zog, wie die Urteilsbegründung zeigt, auch aus diesem Kirchenschisma seinen Nutzen. Nicht erwähnt wird im Urteil von 1671, daß zahlreiche »Altgläubige« auf der Seite des Rebellen vom Don gekämpft haben.

Als Stenka Rasin im Frühjahr 1670 vom Don aufbrach, verfügte er schon über eine Armee von fast 10000 Kämpfern. Wieder ließ er seine Boote über die Landenge zur Wolga ziehen und belagerte im April Zarizyn. Seine Kosaken brauchten kaum zu kämpfen, denn die Bevölkerung der Stadt hatte nur auf die Ankunft des berühmten Räuberhauptmanns gewartet. Sie öffnete die Tore und ertränkte den zaristischen Gouverneur. Die gesamte Garnison lief zu Rasin über.

Als nächstes lockte der Rebell eine Regierungseinheit, die von Kasan aus heranruderte, in eine Falle. Er baute an beiden Flußufern Geschütze auf und empfing die Soldaten mit einem verheerenden Kugelhagel, den nur die Hälfte überlebte. Die anderen ergaben sich. Alle Offiziere wurden gefoltert und hingerichtet.

Rasin schickte die übergelaufenen Soldaten als fünfte Kolonne in die anderen Wolgagarnisonen und ließ auch dort alle Beamten und Offiziere niedermachen. Dann zog er als strahlender Sieger und Befreier ein und befahl der Bevölkerung, nach Art der kosakischen Steppendemokratie ihre eigenen Atamane zu wählen.

Der größte Erfolg des Jahres 1670 gelang Rasin an der Wolgamündung: Zunächst wurde der Woiwode des Gouverneurs von Astrachan, der den Rebellen mit 4000 Soldaten entgegenruderte, vernichtend geschlagen. Die Entscheidung fiel auch hier zugunsten von Stenka Rasin, weil fast alle Regierungssoldaten desertierten und ihre Offiziere ins Wasser warfen.

Wenige Tage später mußte der Gouverneur Proforowski selbst kapitulieren, obgleich die stark befestigte Stadt mit einigen hundert Kanonen, 12000 Soldaten und mehreren Kanonenbooten als uneinnehmbar galt. Aber auch hier halfen die »5. Kolonnen«. Die Soldaten auf den Festungswällen ließen die Kosaken nachts über Sturmleitern eindringen, und schon am nächsten Vormittag konnte Stenka Rasin mit seinem Gefolge durch die offenen Tore einmarschieren.

Das Gemetzel dauerte mehrere Tage. Grölende, betrunkene Haufen zogen durch die Gassen und erschlugen alle Adligen, Beamten, Kaufleute und Ausländer. Manche persönliche Rache wurde bei dieser Gelegenheit vollstreckt. Der Gouverneur Proforowski stürzte, von kräftigen Kosakenfäusten gestoßen, vom Glockenturm der Stadt und blieb mit zerschmetterten Gliedern vor Rasin liegen. Sein Sohn wurde am Turm aufgehängt und mit einem Pendel solange gegen die Stadtmauer geschleudert, bis er sich nicht mehr rührte. Einigen Dutzend anderer Gefangener erging es nicht weniger schrecklich:

». . . und hast unschuldige Kinder an den Beinen über die Stadtmauer aufhängen lassen. Die astrachanischen Strelitzen und Schreiber wurden von dir bei den Rippen aufgehängt, so daß sie unter großer Marter elendiglich sterben mußten«, zählt das Urteil gewissenhaft auf. Bei dieser Folter wurden gewöhnlich Fleischerhaken benutzt.

Auch in Astrachan ließ Stenka Rasin Hundertschaften bilden und Atamane wählen. Im Juli 1670 übergab er das Kommando seinem Unterführer, dem früheren Räuberhauptmann Wassili Us. Stenkas Bruder Frol ritt mit einigen Kosaken zum Don, um hier die Hauptmacht der Donkosaken zum Aufstand zu überreden.

Mit einigen hundert Booten ruderte die Armee Rasins langsam die Wolga aufwärts. Fast ohne Kampf fielen die Städte Kamyschin, Saratow und Samara (heute: Kuibyschew). Von der Wolga breitete sich der Aufstand ins Gebiet von Woronesch aus. Die Städte Tambow, Pensa und Nischni-Nowgorod kapitulierten. Überall erhoben sich die Bauern und schlossen sich dem »Adler vom Don« an, der inzwischen als unbesiegbar galt. Rund 200000 Rebellen folgten seinen Fahnen – und Moskau war nicht mehr weit!

Aber schon in Simbirsk zeichnete sich ein Umschwung ab: Zwar öffnete die Bevölkerung auch hier die Tore, aber die Garnison blieb zarentreu und verteidigte die Zitadelle verbissen. Trotz einer dreißigtägigen Belagerung konnte sie nicht erobert werden.

Und dann folgte die Katastrophe: Eine disziplinierte, loyale Truppe von tausendfünfhundert Strelitzen, gut bewaffnet und ausgebildet, genügte, um die zügellosen Haufen Rasins in die Flucht zu schlagen. Eine einzige offene Feldschlacht zerstörte den Nimbus des stolzen »Steppenadlers«. Die mit uralten Flinten oder sogar nur mit Sensen bewaffneten Bauern zerstreuten sich in alle Winde. Fremdstämmige Reiter stoben in Scharen davon, heim in die sichere Steppe. Ihre Pferde waren beladen mit Beutegut aus der Zeit der glanzvollen, aber fast kampflosen Siege.

Stenka Rasin selbst wurde – welche Enttäuschung für seine wundergläubigen Anhänger – von einer Kugel am Bein getroffen. Er stürzte und konnte von einer Hundertschaft treuer Donkosaken im letzten Augenblick aus dem Kampfgetümmel herausgehauen werden.

Der Rückzug glich einer ungeordneten Flucht. Schneller als die Legenden von seiner Räuberfahrt nach Persien verbreitete sich die Hiobsbotschaft von der verlorenen Schlacht bei Simbirsk. Weitere Truppen des Zaren stießen nach Süden vor und zerstreuten die Rebellenhaufen einiger Unterführer.

Der gleiche Fürst Dolgorukij, der Rasins Bruder Iwan aufgehängt hatte, ließ auf seinem Vormarsch Zehntausende von Bauern, Popen und Kosaken foltern, verstümmeln und henken. Ganze Wälder aus Galgen bedeckten die Hügel und säumten die Heerstraßen.

In Samara und Saratow hatten sich die Hundertschaften schleunigst wieder aufgelöst. Die »Atamane« galoppierten in Panik davon. Als der flüchtende Rasin vor den Stadttoren erschien, waren sie verbarrikadiert. Die Solidarität der Armen reichte nur für Zeiten des Sieges.

Stenka Rasin flüchtete in das Dongebiet, wo sein Pate Jakowljew wieder zum Ataman gewählt worden war. Aber der Zar blieb diesmal unerbittlich: Nachdrücklich forderte er die Auslieferung des »Schelmes«. Aus Angst vor den Repressalien der zaristischen Truppen und aus Rache für den Schaden, den Rasins »Räuberkosaken« ihnen früher zugefügt hatten, ritten reiche, etablierte Donkosaken in das Lager des Rebellen, überwältigten seine Leibgarde und führten ihn in Ketten nach Tscherkassk.

Auf dem Weg nach Moskau mußte Stenka Rasin seine kostbaren Kleider ablegen und erhielt dafür schmutzige Bauernlumpen. Nichts sollte mehr an den legendären Freiheitskämpfer erinnern.

Trotzdem muß das Volk von Moskau einen Rest von Würde an dem »Feuerkopf« vom Don wahrgenommen haben. Augenzeugen sagten Rasin nach, daß er trotz unmenschlichster Folterungen nie seinen Stolz verloren habe. Im Gegenteil: er versuchte, seinem kleinmütigen Bruder Frol durch standhafte Haltung und geduldiges Zureden die Angst vor dem Tode zu nehmen.

In den Legenden und Chroniken ist dann selbst die Hinrichtung der beiden Räuber, die zu Revolutionären geworden waren, verklärt worden. Alexandrow schreibt beispielsweise:

»Beim Morgengrauen hatte sich eine ungeheure Volksmasse auf dem Roten Platz eingefunden, die rief:

›Begnadigt Stenka! Begnadigt Stenka!‹

Die ›Streltzi‹ konnten das Volk nicht mehr bändigen. Der Bojar Woiwode, Fürst Jurij Dolgorukij, der Stenka Rasin ... überwältigt hatte, befahl den ›Streltzi‹, die Menge mit ›der Axt und der Pike‹ auseinanderzutreiben. Da hörte man zum erstenmal das heute so berühmte Wolgalied, das die Heldentaten Stenka Rasins besingt ...

Zar Alexei trat auf die Freitreppe seines Palastes und fragte, was dieser wehmütige und melodische Gesang bedeute. Ein Bojar antwortete ihm, es sei der Gesang des Räubers Rasin, der auf dem Roten Platz lebendig gevierteilt werden sollte. Alexei befahl, daß man Rasin hinrichte, ohne ihn weiter zu quälen. ›Sagt Stepan Rasin, daß der Zar ihm seine Sünden und Mordtaten vergibt.‹

›Sagt dem Zaren‹, antwortete Stepan Rasin, ›daß ich ihm die Räubereien seiner Woiwoden und das Unglück der russischen Bauern vergebe.‹

Diese Antwort soll den Zaren außerordentlich beeindruckt haben. Erkannte Alexei, daß der Kosak, den er wie einen Räuber hinrichten ließ, die Seele des Volkes war, ohne das er nicht so viele Siege hätte erfechten können?«

Das ist nur eine der zahlreichen Geschichten um Stenka Rasins Leben und Tod. Hartnäckig haben sich die Legenden um den letzten großen Kosakenräuber bis heute erhalten. Sie wurden zum Symbol für alles »Kosakische«, für die unbändige Vitalität und Freiheitsliebe der Steppenreiter von Dnjepr und Don, die nach dem Tode des Rebellen langsam, aber sicher eingedämmt wurden, auch wenn in den nächsten hundertfünfzig Jahren in seinem Namen noch unzählige Aufstände gegen den Zaren ausbrachen.

3
Der ukrainische Kosakenstaat

Als im Jahre 1613 die Moskauer Glocken läuteten und Michail Romanow feierlich gekrönt wurde, endete für den russischen Staat eine Zeit der Wirren. Für das polnisch-litauische Königreich, zu dem auch die Ukraine gehörte, begann nach dem Frieden mit Moskau dagegen eine lange Periode sozialer und innenpolitischer Konflikte, ausgelöst durch ukrainische Kosaken, die auf ihren Privilegien als »Steppenritter« und im Verlauf der schweren Kämpfe mit dem polnischen Staat sogar auf der Anerkennung eines unabhängigen Kosakenstaates bestanden.

Rund 30000 ukrainische Kosaken hatten in Rußland erst für die »falschen Zaren« und später offen für den polnischen König gekämpft. Darunter befanden sich einige zehntausend Saporoger, die im Gebiet von Moskau vorwiegend nach Beute suchten, und besoldete Registerkosaken, die direkt der polnischen Krone unterstanden.

Nach Kriegsende kehrten die Tausendschaften in die Ukraine zurück, aber die Kosaken fanden an einfacher Landarbeit keinen Gefallen mehr. Es begann eine »wahrhaft heroische Periode in der Geschichte der kosakischen Angriffe auf die Krim und die Türkei« (Krupnyckyj). Wie früher die Begründer des ersten Kiewer Staates, die Wikinger, schwammen nunmehr die Freibeuter aus der »Sitsch« und mit ihnen zahlreiche ukrainische »Register-Kosaken« auf ihren wendigen »Möwen« den Dnjepr abwärts, überquerten das Schwarze Meer und verheerten die türkischen Küsten.

Bereits 1614 wurde die starke Festung Sinop in Anatolien völlig ausgeplündert und verwüstet. Zweimal stellte sich im Jahre 1616 die türkische Flotte den Seeräubern, und beide

Male erlitt der Sultan verheerende und beschämende Niederlagen. Die Frechheit der Kosaken ging sogar so weit, daß sie in den nächsten Jahren mehrmals den Hafen und die Vorstädte Konstantinopels einäscherten. Zwar erlitten sie bei ihren Raubzügen auch schwere Verluste, aber das konnte ihren Tatendrang kaum bremsen.

Mehr Schwierigkeiten brachten die diplomatischen Schachzüge des türkischen Herrschers. Der Sultan drohte dem polnischen Staat mit einer Kriegserklärung, wenn er nicht schleunigst dafür sorge, daß die kosakische »Teufelsbrut« dem Schwarzen Meer und den tatarischen Siedlungen auf der Krim fern bleibe.

In der Ukraine hatten zu dieser Zeit auch die sozialen Spannungen wieder zugenommen. Die aus dem Krieg zurückgekehrten Kosaken saßen auf den Gütern der polnischen und litauischen Landadligen und weigerten sich, Abgaben zu zahlen und Frondienste zu leisten. Sie pochten auf ihren Status als freie Krieger. Die Gutsbesitzer dagegen, vom polnischen König als Besitzer der riesigen Ländereien bestätigt, versuchten mit Gesetzen und nackter Gewalt, nach den Bauern nun auch die Kosaken zu ihren Leibeigenen zu machen.

Eine Entscheidungsschlacht zur Bereinigung der außenpolitischen und sozialen Spannungen schien unvermeidlich zu sein. Doch die Labilität des polnischen Staates und äußere Bedrohungen durch russische, türkische und schwedische Heere zwangen den König vorläufig zu einer abenteuerlichen Schaukelpolitik.

Im Jahre 1617 zog der alte Kronhetman Zolkiewsky mit seiner königstreuen Armee zum erstenmal gegen die Kosaken ins Feld, um sie – der türkischen Forderung entsprechend – zu »befrieden«. Hetman der Saporoger war damals der besonnene, zu Kompromissen neigende Pjotr Konaschewytsch-Sahaidatschny, ein ukrainischer Landadliger aus Galizien. Er wird von manchen Historikern als erster Staatsmann der Ukraine überhaupt angesehen. Sahaidatschny gehörte zu den etablierten, also relativ wohlhabenden Kosaken, die schon in der ersten Hälfte des 17. Jahrhunderts nicht mehr zu unkontrollierten Abenteuern neigten, sondern ihren Besitzstand wahren wollten und deshalb eine Verständigung mit Polen suchten.

Diese Einstellung machte einen Hetman allerdings noch nicht zum Staatsmann, und für viele »proletarische« Kosaken war das vorsichtige Taktieren eher ein Zeichen von Schwäche. Aber der Hetman schätzte wohl die staatstragende Kraft der Kosakenheere und den zersetzenden Einfluß, den die umliegenden Großmächte auf einen selbständigen Kosakenstaat ausgeübt hätten, realistisch ein, als er versuchte, größeren Auseinandersetzungen aus dem Wege zu gehen.

Sahaidatschny verhandelte mit dem polnischen Heerführer und erreichte einen ersten Kompromiß: Die Kosaken verpflichteten sich, keine Überfälle mehr auf türkisches Territorium zu unternehmen und alle »Läuflinge« der letzten zwei Jahre auszuliefern. Dafür durften sie weiterhin ihren Hetman selbständig wählen und sollten einen regelmäßigen Sold für ihre Wachdienste erhalten.

Dieser Kompromiß war nur eine Zwischenlösung, aus der die wichtigsten Probleme, zum Beispiel das freie Siedlungsrecht der Registerkosaken und die Unabhängigkeit der ukrainischen orthodoxen Kirche, ausgeklammert waren. Aber die Kosaken Sahaidatschnys fühlten sich noch nicht stark genug, um ihre Forderungen gewaltsam durchzusetzen.

Bereits ein Jahr später änderte sich die Situation: König Wladyslaw von Polen unternahm einen neuen Feldzug gegen den Zaren. Kurz vor Moskau wurde seine Armee eingeschlossen und befand sich plötzlich in einer fast ausweglosen Situation. Nur das schnelle Eingreifen von 20000 ukrainischen Kosaken unter ihrem Hetman Sahaidatschny konnte Wladyslaw retten.

Jetzt wäre die Gelegenheit günstig gewesen, vom polnischen König die entscheidenden Zugeständnisse zu erzwingen. Doch der loyale Hetman handelte erst: Er eroberte einige russische Festungen, griff Moskau an und zwang den russischen Zaren zu Gebietsabtretungen (Smolensk).

Erst dann verhandelten die Kosaken und trafen auf einen Gesprächspartner, der keine Kompromisse mehr nötig hatte. Der alte Fuchs Zolkiewsky, an der Spitze kampfstarker, nun siegreicher Truppen, konnte seine Bedingungen diktieren, während die Kosaken, deren Tausendschaften sich schnell in alle Winde zerstreut hatten, froh sein mußten, daß ihre Selbstverwaltung erhalten blieb.

Nach dem Vertrag von 1619 durften nur noch 3000 Kosaken registriert werden. Sie sollten ausschließlich auf königlichen Ländereien wohnen und alle Höfe räumen, die sich auf Gütern der Kirche und der polnischen Adligen befanden.

Diese Bedingungen mußten zwangsläufig zu neuen Unruhen führen: Mindestens zehnmal mehr als die genehmigten 3000 Kosaken erhoben Anspruch auf die Registrierung. Sie hatten als freie Krieger am Feldzug gegen Rußland teilgenommen und dachten nicht daran, sich jetzt als abhängige Bauern oder Leibeigene den katholischen Landadligen unterzuordnen.

Die sich anbahnende Rebellion wurde nur durch neue außenpolitische Verwicklungen aufgeschoben. Der türkische Sultan, erbost durch neue Raubzüge der Saporoger, zog im Sommer 1620 ein Heer von rund 150000 Janitscharen zusammen und marschierte von der Moldau aus in Richtung Warschau. Ein Heer des polnischen Kronhetmans Zolkiewsky wurde in der Nähe von Jassy umzingelt und bis auf den letzten Mann vernichtet.

Der polnische König, Sigismund III., konnte den Türken nur noch ein »letztes Aufgebot« von 35000 Soldaten und Söldnern entgegenstellen. Dringend brauchte er die Hilfe der Kosaken.

Auch jetzt nutzte Sahaidatschny seine Chance schlecht. Zwar verlangte er vom König die Anerkennung einer unabhängigen orthodoxen Kirche in der Ukraine und die Erhöhung der Zahl der besoldeten Registerkosaken. Aber er ließ sich mit unverbindlichen, mündlichen Zusagen abspeisen.

41500 Kosaken mit 22 Kanonen eilten der polnischen Armee nach, um ihr zu Hilfe zu kommen. Bei Chotin vereinigten sich die beiden Heere in einem befestigten Lager. Mit dem Mut der Verzweiflung warfen sich die Kosaken den anstürmenden Janitscharen entgegen und wehrten sie ab. Es gelang dem Sultan nicht, einen entscheidenden Sieg zu erringen. Er wurde zu Verhandlungen gezwungen.

Trotz des Ruhmes, den sie an ihre Waffen geheftet hatten, dachten die Polen, nachdem die Gefahr einer türkischen Invasion beseitigt war, nicht daran, die kosakischen Freiheiten zu bestätigen. Im Gegenteil: die Zahl der Registerkosaken wurde auf 2000 bis höchstens 5000 festgesetzt, und der wichtigste Punkt des Friedensvertrages zwischen Polen und Türken bestimmte, daß die Kosaken ihre Streifzüge auf das Schwarze Meer zu unterlassen hätten.

Neue Auseinandersetzungen folgten. In Zeiten außenpolitischer Windstille verstärkten die Polen ihren Druck auf die Ukraine und schickten Armeen gegen die Saporoger, die sich ihre einträglichen Seeräuber-Fahrten nicht verbieten ließen. Bei Feldzügen gegen Rußland, Schweden oder die Türkei wurden die gleichen Kosaken dann wieder umworben. Meistens folgten sie dem Aufruf des Königs sogar gerne, weil Kriegszüge Beute brachten und Raubzüge nach wie vor die Haupteinnahmequelle vieler Kosaken waren. Im polnisch-schwedischen Krieg Anfang der dreißiger Jahre folgten die kosakischen Boote sogar den osteuropäischen Flußsystemen, auf denen die Wikinger nach Süden vorgestoßen waren, und erregten auf der Ostsee viel Aufsehen.

Aber alle wertvollen Kriegsdienste der Kosaken änderten nichts an der Grundsituation: Der polnische, katholische Landadel drängte unaufhaltsam nach Süden, vertrieb die Kosaken von ihren Höfen, diskriminierte die orthodoxe Kirche und forderte vom König immer wieder die Vernichtung der Saporoger Sitsch, des größten Unruheherdes in der Ukraine.

1634 bauten die Polen oberhalb der Stromschnellen die Festung Kodak und stationierten eine polnische Garnison, die die Zaporoger überwachen sollte. Die Festung wurde zwar ein Jahr später von den Kosaken gestürmt und völlig zerstört, aber in den nächsten Jahren gelang es dem neuen polnischen Feldhetman Potocki in mehreren Schlachten, rebellierende Kosaken zu besiegen und in die Sitsch abzudrängen.

Eine Terrorwelle machte den kosakischen Freiheiten in der Ukraine ein Ende. Die Festung Kodak wurde wieder aufgebaut und sogar in der Sitsch eine Garnison stationiert. Registerkosaken, ohnehin zahlenmäßig wieder auf ein Mindestmaß reduziert, durften ihren Hetman nicht mehr selbst wählen. Der polnische König ernannte alle Ältesten und Offiziere. Die Kraftprobe zwischen Kosaken und polnischem Staat schien endgültig entschieden zu sein.

Zehn Jahre herrschte Ruhe in der Ukraine. Das Land schien aufzuatmen. Bauern konnten ihre Felder, die sie bestellt hatten, auch abernten, zumindest in den Grenzgebieten ein seltenes Vergnügen in den letzten hundertfünfzig Jahren. Die Krimtataren wagten sich kaum noch über den Perekop. Polnische Patrouillen ritten durch das Land, jagten Läuflinge und sperrten jeden Kosaken ein, der nur im entferntesten rebellischer Gedanken verdächtig schien.

Ein »Goldenes Zeitalter« – allerdings nur für polnische Magnaten, ihre Pächter und Juden, für Soldaten und ausländische Söldner, die in der Ukraine stationiert waren, allenfalls noch für eine dünne Schicht kosakischer Ältester und Landadliger, die in bescheidenem Wohlstand lebten und sich mit den Katholiken arrangiert hatten.

Alle anderen Volksgruppen waren unzufrieden: Registerkosaken, die keine hohen Ämter mehr bekleiden durften und denen man korrupte, hochmütige polnische Beamte als Vorgesetzte gab. Kosakische Siedler, die im Laufe der Jahre auf den Status von Hörigen herabsanken. Leibeigene, die von ihren Gutsbesitzern wie Vieh behandelt wurden. Saporoger Kosaken, die zwar immer noch viel Bewegungsfreiheit besaßen, sich aber wegen der wieder aufgebauten Festung Kodak und wegen einer polnischen Garnison in der Sitsch längst nicht mehr alles erlauben konnten, was ihnen Spaß machte.

In dieser Situation bahnte sich durch das persönliche Unglück eines bisher ziemlich unbedeutenden Mannes die große Wende in der Geschichte der Ukraine an.

Bogdan Chmelnickij war im Jahre 1647 52 Jahre alt. Er hatte bis zu diesem Zeitpunkt eine gradlinig verlaufene Karriere hinter sich. Geboren als Sohn eines Registerkosaken, der für seine Loyalität gegenüber dem polnischen König in den Adelsstand erhoben worden war, wuchs er in relativ wohlhabenden Kreisen auf und erhielt in einem Jesuitenkollegium eine gute Erziehung. Er sprach – anders als die meisten Kosaken – sogar polnisch und lateinisch, was ihm später sehr zugute kam.

Als Fünfundzwanzigjähriger nahm Bogdan zusammen mit seinem Vater an dem Feldzug des Kronhetmans Zolkiewsky gegen die Türken teil und wurde gefangengenommen. Nach zwei Jahren kaufte ihn seine Familie los. In den nächsten fünfundzwanzig Jahren fiel der Registerkosak nicht auf. Er beteiligte sich nicht – jedenfalls nicht in exponierter Stellung – an den zahlreichen Aufständen gegen die Polen und brachte es vermutlich gerade deshalb zu einem gewissen Ansehen und zum einflußreichen Posten eines Sekretärs. Bogdan erbte das Gut seiner Eltern in Tschigirin, bekam regelmäßig seinen Sold, heiratete und hatte fünf Kinder.

Nach dem Sejmabeschluß von 1638, der bestimmte, daß Kosaken keine höheren Ämter mehr bekleiden durften, wurde er mit dem unbedeutenden, aber immer noch Sicherheit und ein regelmäßiges Einkommen bietenden Posten eines Hauptmanns der Registerkosaken abgefunden.

Bogdan war zufrieden. Sein Gut warf genügend Einkünfte ab. Nebenbei betrieb er ein Schnapsgeschäft und bediente sich auch selbst reichlich. Als seine Frau starb, konnte er es sich leisten, mit einer attraktiven Geliebten zusammenzuleben.

Diese Helena war es, die – wenn vermutlich auch unfreiwillig – das Schicksal Bogdan Chmelnickijs wendete. Der polnische Unterstarost von Tschigirin, Czaplinski, schien ältere Rechte an dem Mädchen zu haben. Er begann, den Kosaken-Hauptmann zu verfolgen und zu schikanieren, und bezweifelte am Ende gar, daß Bogdan Chmelnickij der rechtmäßige Besitzer des Gutes Subotow sei.

Der Kosak, zum erstenmal mit dem arroganten polnischen Machtverständnis konfrontiert, machte sich auf den Weg, um Unterlagen zu beschaffen, die seine Eigentumsrechte bewiesen. Als er nach Wochen zurückkehrte, hatte Czaplinski Helena entführt, seinen zehnjährigen Sohn erschlagen und den Hof niedergebrannt. Auf seine Beschwerden reagierten die polnischen Gerichte und Behörden hinhaltend und uninteressiert.

Chmelnickij brachte seine Kinder, die am Leben gebliebenen waren, bei Freunden unter und ritt in die Saporoger Sitsch. Mit diplomatischem Geschick überredete er die freien Kosaken zu einem Aufstand.

Boten der Saporoger schlichen von Dorf zu Dorf und riefen die Kämpfer zur »Musterung« an den Dnjepr. Auch außenpolitische Kontakte wurden sofort geknüpft: Bogdan Chmelnickij bat den Krim-Khan um Unterstützung und erhielt sie. Tugai Bey rückte mit 4000 beutelüsternen Bogenschützen heran und vereinigte seine Truppe mit dem inzwischen auf 8000 Kämpfern angewachsenen Kosakenheer.

Diese Streitmacht reichte aus, um eine etwa gleich starke polnische Vorhut des Kronhetmans Potocki zu schlagen. Entscheidend für den Sieg waren die überlegene Taktik Bogdans und die Tatsache, daß viele Registerkosaken und ukrainische Bauern aus der polnischen Armee desertierten.

Ende Mai 1648 wurde auch die polnische Hauptarmee bei Korsun vernichtet. Die Ukraine war wieder frei! Schreckliche Szenen spielten sich ab. Noch auf dem Schlachtfeld feierten die Kosaken eine titanische Siegesorgie. Zum Klang der Balalaikas leerten die Sieger Hunderte von Wein- und Schnapsfässern. Betrunkene plünderten den eroberten Troß der polnischen Armee und tanzten über die Leichen, die zu Tausenden auf den Feldern lagen.

Noch schlimmer wütete der Terror in der Ukraine selbst. Die Kosaken nahmen schreckliche Rache an den polnischen Besatzern und ihren Helfern. Katholiken, Juden, Gutsbesitzer und Pächter wurden zu Zehntausenden erschlagen, ihre Frauen und Kinder mißhandelt, vergewaltigt, aufgeschlitzt, geköpft und verbrannt. Chronisten behaupten, manchen

Magnaten sei vor ihrer Hinrichtung eine Kette aus den Köpfen ihrer Kinder um den Hals gehängt worden.

Am scheußlichsten folterte man die Juden, um sie zum Christentum zu bekehren. Bei lebendigem Leib zog man ihnen die Haut ab, röstete sie über Scheiterhaufen, kreuzigte und pfählte sie, trieb ihnen Nägel durch die Gliedmaßen – und erreichte doch so gut wie nie, daß sie ihren Glauben verrieten.

Chmelnickij befriedigte inzwischen seine private Rache. Mit großem Gefolge ritt er nach Tschigirin, heiratete Helena und fahndete nach dem Unterstarosten Czaplinski, der rechtzeitig geflohen war.

In kurzer Zeit war das polnische Staatssystem in der Ukraine zusammengebrochen. Aber Chmelnickij wollte noch keinen selbständigen Kosakenstaat gründen. Seine Forderungen gegenüber der polnischen Krone waren sogar sehr bescheiden: Er trat für eine begrenzte Autonomie ein, erkannte jedoch grundsätzlich die Oberhoheit des Königs an. Die Privilegien der Kosaken sollten bestätigt und die Register erweitert werden. Auch an die Rechte der orthodoxen Kirche wurde gedacht.

Im Spätsommer 1648 sammelten die polnischen Fürsten Saslawski, Koniecpolski und Ostrorog noch einmal eine Armee von 40000 Polen und ausländischen Söldnern. Zwei Tage lang tobte die Schlacht an der Piljawa. Dann liefen die undisziplinierten Polen davon und ließen unübersehbare Mengen von Kriegsmaterial, Proviant und anderem Beutegut zurück. Allein hundert Kanonen und einige tausend Wagenladungen im Gesamtwert von zehn Millionen Zloty fielen den Kosaken in die Hände.

Chmelnickij mußte sich jetzt entscheiden, ob er sich mit dem Erreichten begnügen oder auf Warschau marschieren wollte. Er wählte einen Mittelweg und zog bis Lemberg, das sich von der Belagerung loskaufte.

Allmählich erlahmte der Angriffsgeist der Bauern und Kosaken. Zu weit waren sie von ihren Höfen und Dörfern entfernt, und da sich weit und breit kein Feind mehr zeigte, begann sich die Armee aufzulösen.

Wie ein Triumphator marschierte Bogdan in Kiew ein, empfangen von jubelnden Menschenmassen und Salutschüssen, begleitet von einer langen Prozession orthodoxer Priester. Der Legende nach saß der siegreiche Hetman auf einem weißen Pferd und war in Goldbrokat gekleidet.

Im Februar 1649 kam es in Perejaslaw zu Friedensverhandlungen mit dem polnischen Unterhändler Kisel, der vom neu gewählten König Jan Kasimir beauftragt war, Kompromisse zu schließen. Er bot die Freiheit des orthodoxen Glaubens und die Erweiterung des Kosakenregisters auf 20000 Mann an.

Inzwischen war Chmelnickij in Kiew mit zahlreichen Vertretern der ukrainischen Intelligenz und mit hohen Würdenträgern der orthodoxen Kirche zusammengetroffen. Vor allem der Patriarch von Jerusalem machte auf den Hetman großen Eindruck und überzeugte ihn wohl auch davon, daß die Probleme der Ukraine nur durch einen selbständigen Kosakenstaat gelöst werden könnten. Chmelnickij reifte vom Kosakenführer zum Staatsmann. Er lehnte das Angebot Kisels ab und präsentierte neue Forderungen. Schließlich wurde nur der Waffenstillstand verlängert.

Die Polen nutzten diese Atempause zu einer neuen Mobilmachung, und auch Chmelnickij rief die Kosaken und Bauern der Ukraine zu den Waffen. Zusammen mit den Krimtataren, Nogaiern und anderen Steppennomaden brachte er es bald wieder auf eine Armee von mehr als 50000 Kämpfern. Er belagerte den polnischen Fürsten Wicznewecki in der Festung Sbarasch und brachte auch ein großes Heer des neuen Königs in Bedrängnis. Nur der Abfall des Krim-Khans während der Schlacht von Sborow zwang den Hetman zum Abschluß eines Friedensvertrages, der insgesamt enttäuschende Ergebnisse brachte:

Chmelnickij durfte eine Armee von 40000 Kosaken registrieren, die in den autonomen Provinzen von Kiew, Braclaw und Tschernigow, also fast in der gesamten Ostukraine, leben sollten. Katholiken, Juden und Polen durften dieses Gebiet nicht betreten. Der Metropolit von Kiew erhielt einen Parlamentssitz in Warschau.

Dem Hetman, der sein Hauptquartier in Tschigirin eingerichtet hatte, wurde bald klar, daß der Vertrag von Sborow nur eine Zwischenlösung darstellen konnte. Schon regte sich in der Ukraine der Widerstand. Vor allem Bauern, die einen großen Teil seiner Streitmacht ausgemacht hatten, waren unzufrieden. Sie mußten wieder auf ihre alten Höfe zurückkehren, die – außer in der Ostukraine – nach wie vor polnischen Magnaten gehörten. Abgesehen von der Religionsfreiheit hatte sich für sie also nichts geändert. Bereits im Winter 1649/50 flammten erneut Bauernunruhen auf, und Chmelnickij war gezwungen, sie mit seinen Registerkosaken niederzuschlagen.

Aber er durfte sich die Bauern nicht endgültig zu Feinden machen, denn die innenpolitischen Schwierigkeiten wuchsen: Die Polen sammelten ein neues Heer. In der Saporoger Sitsch riefen arme Kosaken und geflohene Leibeigene einen Gegen-Hetman aus, gegen den sich Chmelnickij nur mühsam behaupten konnte. Auch das Register reichte nicht aus. Inzwischen erhoben einige hunderttausend Kosaken Anspruch darauf, eingeschrieben zu werden. Der Hetman führte also mehrere Listen, von denen nur eine in Warschau vorgezeigt wurde.

Chmelnickij erkannte die Labilität seiner Lage und nutzte deshalb die kurze Zeit des Friedens mit Polen zum Aufbau eines organisierten Kosakenstaates. Er teilte das autonome Gebiet in 16 Regimenter ein, die jeweils von einem Obersten verwaltet wurden. Jedes Regiment bestand aus Hundertschafts-Bezirken. Der Hetman selbst bildete die Regierung zusammen mit einem Kanzler, dem Feldzeugmeister, dem Generalrichter und zwei Adjutanten. Militärische und zivile Verwaltung lagen somit in einer Hand. Der ganze Staat erhielt den Namen »Saporoger Heer«.

Im Frühjahr 1651 marschierte ein Heer der Polen in die Ukraine ein. Diesmal war es gut vorbereitet, besser bewaffnet und professioneller geführt als die Kosaken. Bei Berestetschko wurde Chmelnickijs Armee vernichtend geschlagen. Tausende von Kosaken fielen, Kiew und Braclaw wurden besetzt, und der Kosakenstaat schrumpfte zusammen. In einem neuen Friedensvertrag wurde das Register wieder auf 20000 Kosaken beschränkt, die nur noch auf einigen königlichen Gütern der Provinz Kiew wohnen durften.

Auch diesen Friedensvertrag hielt niemand ein. Chmelnickij sammelte neue Truppen und suchte Verbündete im Ausland. Da er sich auf den Krim-Khan nicht verlassen konnte, sondierten seine Gesandten beim türkischen Sultan, im Stadtstaat Venedig, in der Moldau, schließlich beim russischen Zaren und bei den Schweden. Durch eine schnelle Folge von Bündnissen, Kriegen und Bauernaufständen versank die Ukraine in Anarchie. Fast die gesamte Landwirtschaft lag brach. Hungersnöte wüteten, Epidemien folgten. Die Krimtataren nahmen ihre Raubzüge wieder auf und verschleppten Zehntausende nach Kaffa. Rebellionen und Feldzüge forderten hohe Blutopfer.

Bald wurde Chmelnickij endgültig klar, daß sich die Ukraine als unabhängige Kraft nicht behaupten konnte. Als natürliche Verbündete erschienen ihm die orthodoxen Russen. Er bot dem Zaren schon 1652 den »Anschluß« der Ukraine an den Moskauer Staat an, allerdings als autonomes Gebiet.

Im Oktober 1653 erkannte die russische Volksversammlung, der »Zemski Sobor«, die Kosaken als »freies Volk« an, und im Januar 1654 kam es zum Treueeid Bogdans in Perejaslaw. Die Freiheiten der Kosaken wurden garantiert. Ein russisches Heer setzte sich in Marsch, um die Polen aus der Ukraine endgültig zu vertreiben. Das Register wurde auf 60000 Kosaken erweitert, die aus ukrainischen Steuermitteln eine regelmäßige Löhnung erhalten sollten. Kosakenoffiziere wurden vom Zaren geadelt und erhielten Erbgüter.

Russen und Kosaken schlugen gemeinsam den polnischen König. Aber der Friedensvertrag von Wilna, 1656 zwischen dem Zaren und dem polnischen König Jan Kasimir abgeschlossen, ignorierte die Kosaken bereits völlig. Chmelnickij hatte durch seine außenpolitischen Intrigen – er verhandelte mit den Schweden über ein Bündnis – den Zaren gründlich verärgert. Außerdem betrachtete Alexei Romanow die ukrainischen Kosaken nicht als Verbündete, sondern als Vasallen. Von Anfang an hatte er langfristig geplant, die Ukraine zu annektieren.

Enttäuscht wandte sich Bogdan Chmelnickij vom russischen Zaren ab, schloß ein Bündnis mit dem schwedischen König Karl Gustav und fiel Anfang des Jahres 1657 trotz des Friedens von Wilna wieder in Polen ein. Er war entschlossen, unter allen Umständen seine Selbständigkeit zu behaupten und möglichst auch die Westukraine in seinen Kosakenstaat einzugliedern.

Aber der Hetman war krank. Ebenso wie persönliche Mißgeschicke am Anfang seiner revolutionären Karriere gestanden hatten, bewirkten private Konflikte auch ihr Ende. Erst wurde Bogdan von seiner Frau Helena betrogen. Er ließ sie zusammen mit ihrem Geliebten entkleiden und über das Stadttor von Tschigirin hängen. Dann starb während eines Feldzuges in die Walachei sein Sohn Timofei.

Tagelang versank Chmelnickij in Melancholie. Trunksucht untergrub seine Gesundheit. Seit 1656 konnte sich der Hetman nur noch mühsam auf seine Staatsgeschäfte konzentrieren. Schließlich starb er am 6. August 1657 an einem Schlaganfall.

Nach dem Tode des großen Hetmans führte sein Nachfolger Wygowski zunächst die Politik Chmelnickijs konsequent weiter. In Korsun schloß er das Bündnis mit den Schweden, das noch von Chmelnickij angebahnt worden war, und verständigte sich auch mit dem Krim-Khan, der die ukrainische Souveränität anerkannte. Der schwedische König unterstützte ebenfalls die »Freiheit des Kosakenstaates«, der im Westen bis an die Weichsel reichen sollte. Polen als kosakischer Erzfeind war zu schwach, um etwas gegen Wygowski zu unternehmen. Alle Voraussetzungen für den Bestand des Kosakenstaates schienen also günstig zu sein.

Aus zwei Gründen scheiterte die Politik Wygowskis schließlich doch:

Schon zu Lebzeiten Chmelnickijs hatten sich die sozialen Gegensätze zwischen der Kosakenoligarchie und dem Kosakenproletariat verschärft. Zwar wagten es die meisten Offiziere und Ältesten (Starschinen) nicht sofort, ihre vom Zaren verliehenen Erbgüter in Besitz zu nehmen, weil sie die Wut ihres »Volkes« fürchteten. Aber langfristig strebten sie innerhalb des Kosakenstaates genau die Stellung an, die früher der polnische Adel eingenommen hatte. Zwangsläufig mußten sie dabei einfache Kosaken und Bauern in die gleiche Abhängigkeit zwingen wie zur Zeit der polnischen Herrschaft.

Ende des 17. Jahrhunderts hatte die Unterdrückung der ukrainischen Bauern erneut derart extreme Formen angenommen, daß blutige Unruhen ausbrachen und die Saporoger Sitsch wieder ihre alte Rolle als Sammelbecken der Unzufriedenen spielte.

Soziale Unruhen und die Bemühungen des neuen Kosakenadels, als Provinzfürsten die Macht des Hetmans zu beschneiden, gefährdeten von Anfang an die innenpolitische Stabilität des Hetmanstaates.

Diese Gegensätze nutzte der Zar. Durch die Förderung der Kosakenoligarchie trieb er einen Keil zwischen Obrigkeit und Mannschaft, die ihre früheren Erfolge nur unerschütterlicher Solidarität verdankten. Mit der Beseitigung der kosakischen Steppendemokratie, dem inneren Verfall der staatstragenden Gesellschaftsschicht, begann automatisch der Verfall des Hetmanates.

Noch einmal gelang es dem Hetman Doroschenko, die gesamte Ukraine rechts und links des Dnjepr zu vereinigen und an die große Tradition Chmelnickijs anzuknüpfen, doch nach seinem Tode ging es mit dem Kosakentum schnell bergab.

Durch den Vertrag von Andrusowo im Jahre 1667 und den »Ewigen Frieden« im Jahre 1686, beide abgeschlossen zwischen Rußland und Polen, zerfiel die Ukraine in drei Teile. Die sogenannte »rechtsufrige« blieb, abgesehen von Kiew, bis zur zweiten Teilung Polens im Jahre 1793 im Besitz des kosakischen Erbfeindes, der durch einen Sejmabeschluß im Jahre 1699 alle kosakischen Freiheiten abschaffte. In diesem Teil der Ukraine sank das Kosakentum auf den

Status von Boten und Hofpolizisten polnischer Magnaten oder von Räuberbanden herab, den berüchtigten Haidamaken, die bis weit ins 18. Jahrhundert hinein das Land unsicher machten. Ohnehin glich die Westukraine, verwüstet von kosakischen, russischen, polnischen, türkischen und tatarischen Heeren, nur noch einem Niemandsland, öde und über weite Strecken unbesiedelt.

Die Saporoger Sitsch, das Asyl der »nackten« Kosaken, wahrte noch fast hundert Jahre lang die kosakischen Lebensformen. Sie beunruhigten immer wieder die russischen und polnischen Grenzgebiete, mußten vor den zaristischen Truppen vorübergehend unter den Schutz des türkischen Sultans flüchten, kehrten aber in den dreißiger Jahren des 18. Jahrhunderts noch einmal an die Dnjepr-Stromschnellen zurück. Erst 1775, nach dem berühmten Pugatschow-Aufstand, ließ Katharina die Große die Sitsch endgültig zerstören.

Nur die »linksufrige« Ukraine behielt, wenn auch als Provinz Rußlands, noch eine gewisse innere Autonomie. Allerdings wuchs der Einfluß der Moskauer, später der Petersburger Regierung in Zusammenarbeit mit dem privilegierten Kosakenadel ständig. Die Reste der kosakischen Ordnung wurden dann – wenige Jahre nach der Zerstörung der Sitsch – ebenfalls von Katharina der Großen liquidiert. Das ehemalige »Wilde Feld« hatte sich in Gouvernements verwandelt, die Freibeuter der Steppe schwangen ihre Säbel nur noch legal für den Zaren.

Epilog

»Die der Grenze eigentümliche Demokratie ist mit den Bedingungen, die sie hervorgebracht hatte, dahingegangen, aber die demokratische Sehnsucht ist geblieben. An sie klammerte man sich mit leidenschaftlicher Entschlossenheit.« Diese Charakterisierung des »Wilden Westens« von Frederik Turner trifft auch auf das »Wilde Feld«, auf das Schicksal des Kosakentums zu.

Nach der Zähmung der freien Kosaken im 17. und 18. Jahrhundert beschränkte sich die demokratische Sehnsucht lange Zeit auf die Folklore. Elegische Lieder auf die Steppe häuften sich. In ihnen rauscht das Steppengras um blutgetränkte Grabhügel, die an den Kriegslärm der vergangenen Zeiten erinnern. Darüber krächzt immer noch der Adler, die Lerche putzt ihr Gefieder, Schneehühner laufen umher – jedoch der Kosak schläft.

In der Meeresbucht verfault ein Piratenboot. Die Saiten der Teoban sind zerrissen. Auf dem Grunde des Dnjepr rosten zerbrochene Lanzen und Säbel. »Der junge Kosak mußte untergehn, wie die Blume der Steppe im Sturm«, heißt es in einem Lied. Die Strophe erinnert an das Schicksal des Kosakentums, an das Ende der Steppenreiter als freie Krieger.

Trotzdem war der Weg bis zum endgültigen Untergang noch weit. Er dauerte bis zur Mitte des 20. Jahrhunderts. Denn mit der Umwandlung der Kosaken in reguläre Krieger, in Samurai des Zaren, begann eine neue Phase ihrer ruhmreichen Geschichte, faszinierend auch sie, voller Kämpfe und Abenteuer.

Die irreguläre Kavallerie des Zaren, seit 1827 vom jeweiligen Thronfolger als oberstem Ataman kommandiert, tauchte auf allen Kriegsschauplätzen Europas und Asiens auf und verbreitete Angst und Schrecken, oft genug aber auch Achtung vor ihrer soldatischen Leistung.

1757 bei Großjägersdorf, als im Siebenjährigen Krieg die erste Schlacht zwischen Preußen und Russen tobte, legte sie den Grundstein für die dauerhafte Legende von der »Gefahr aus dem Osten«. In ganz Westeuropa verbreiteten sich die Greuelmärchen von den bärtigen, asiatischen Horden, die Frauen das Herz herausrissen und den Leib aufschlitzten, die Gefangene grausam folterten und nach Schnapsorgien Lustmorde verübten. Die »Geier der Schlachtfelder«, schlecht besoldet und bedacht auf den Unterhalt ihrer Familien am Don, Terek oder Jaik, benahmen sich, wie sie es von den grausamen Kriegen und Aufständen in ihrer Heimat gewohnt waren.

Bewunderung löste die Schreckensrufe ab, wenn die zähen Reiter mit ihren struppigen Pferden »uneinnehmbare« Stellungen oder Festungen stürmten, wenn sie die Armeen eines Napoleon in den Untergang trieben oder wenn sie in malerischer Aufmachung an Siegesparaden teilnahmen.

Sie marschierten über die Berliner Friedrichstraße ebenso wie über die Pariser Champs-Elysées und durch den Londoner Hydepark.

Ein russisches Pamphlet aus dem Jahre 1902 behauptete, das Wort »Kosak« werde überall in Europa als »das Schrecklichste und Monströseste« gebraucht. Das stimmt! Aber noch erbarmungsloser als im Ausland ließen die »Samurai des Zaren« ihre Nagaikas auf Rußlands innere Feinde niedersausen. Die »schwarzen Hundertschaften« unterdrückten mehrmals Bauernunruhen und Revolten der fremdstämmigen Völker, ritten demonstrierende Studenten und streikende Arbeiter nieder. Sie spielten auch die Hauptrolle bei der Niederschlagung des Revolutionsversuches im Jahre 1905 und retteten dadurch den Zarenthron.

Vor dem Ersten Weltkrieg wuchsen die Spannungen in den Kosakengebieten. Alte Gegensätze zwischen reichen Kulaken und Steppenproletariern verschärften sich. Die revolutionäre Situation innerhalb des industriellen Proletariats in Städten wie Rostow oder Taganrog übertrug sich auf die kosakischen Gemeinschaften.

Trotzdem mobilisierte im Jahre 1914 der Ruf »Zu den Waffen für Zar und Vaterland« noch einmal 360000 Kosaken, die mit ihren alten Steppenliedern einen Hauch von Romantik in das Grau der Schützengräben brachten. Aber im Ersten Weltkrieg war kein Platz mehr für Romantik. Moderne Waffen und Kampfformen ließen die Verluste der Kosaken-Regimenter schnell auf 70 Prozent und mehr ansteigen. Vergeblich rannten die Schwadronen gegen Stacheldrahtverhaue und Maschinengewehr-Nester an. Trotz vieler Heldentaten ließ sich nicht übersehen: Die Zeit der Einzelkämpfer und kühnen Reiterattacken war vorbei!

1917 gerieten viele Kosaken in den Bannkreis der bolschewistischen Propaganda. Die Fronten zwischen »Rot« und »Weiß« verliefen mitten durch die heimatlichen Stanizas, manchmal sogar durch Familien. Lenins Parolen vom Frieden und von einer Bodenreform wirkten. Kosakenregimenter, die in der Nähe von Petrograd lagen, eilten der bürgerlichen »Provisorischen Regierung« unter Kerenski nicht zu Hilfe, als sie im Oktober 1917 gestürzt wurde.

Um die kampfstarken Kosaken zu ködern, sprachen die Bolschewiki ihnen ausdrücklich das Recht »auf ihre eigene Organisation in Übereinstimmung mit den Prinzipien ihrer Lebensweise« zu. Eine besondere »kosakische Abteilung« sandte Agitatoren in die kosakischen Gebiete, und Lenin ermunterte die Kosaken dazu, Gutshöfe unter sich aufzuteilen und örtliche Sowjets zu gründen.

Aber die Kosaken enttäuschten Lenin. Am Don und in anderen Kosakenzentren entstand unter dem Ataman Kaledin ein kosakischer Randstaat, der versuchte, seine Eigenständigkeit durchzusetzen. Menschewiki, Kadetten, Sozialrevolutionäre, kasachische und baschkirische Nationalisten vertrieben die Bolschewiki und riefen die kosakische Republik aus. Der gemäßigte Kaledin wurde bald von »weißen« Extremisten verdrängt, die nach Petrograd marschieren und Lenin stürzen wollten. In Nowotscherkassk bauten alte – zaristische Offiziere eine Freiwilligenarmee auf.

Eine Zeit der Anarchie begann: Vom Norden marschierten rote Truppen heran und vertrieben die weiße Freiwilligenarmee. Arme Bauern besetzten Güter und ermordeten Kulaken. Wie früher die Haidamaken zogen wieder kosakische Räuberbanden durch das Land. Sowohl von weißen als auch von roten Truppen sind barbarische Ausschreitungen überliefert.

Der Terror verwilderter Rotgardisten löste im Jahre 1918 eine Erhebung des Dongebietes unter dem Ataman Krasnow aus. Viele kommunistische Führer wurden aufgehängt, rote Kosaken erschossen. An der Spitze der Bewegung standen Kosaken der älteren Generation, denen an einer Wiederherstellung der zaristischen Ordnung gelegen war. Aber der Krieg wurde immer unpopulärer, besonders als die Kämpfer die Grenzen des heimatlichen Dongebietes überschritten hatten. Sie machten deshalb ihren Frieden mit den Bolschewisten und kehrten in ihre Dörfer zurück. Die Roten strömten nach und entfesselten den Gegenterror. Sie erschossen Bauern und requirierten Getreide. Die Kosaken hungerten.

Noch einmal erhoben sie sich im großen Donaufstand von 1919. Hunderte von Kilometern hinter der Front zwischen Roten und Weißen konstituierte sich eine revolutionäre Demokratie am Don. Die Losung lautete: »Sowjets ohne Kommunisten – gegen Erschießungen und Plünderungen!« Auf der Pelzmütze trugen die Aufständischen eine weiße Litze, die von einer roten durchkreuzt wurde. Die Anrede blieb »Genosse«.

Die Dörfer formierten selbständige Hundertschaften und wählten Kommandeure. Die Kosaken kämpften noch einmal mit der alten Wildheit und Todesverachtung. Aber sie konnten sich nicht lange als selbständige Kraft zwischen den weißen und roten Truppen halten. Als sich die Donkosaken mit den Weißen vereinigen mußten, brachen schnell die alten Gegensätze wieder hervor.

1920 wurden die Truppen Wrangels und Denikins im europäischen Teil Rußlands geschlagen. Vor den Erschießungskommandos der »roten« konnten sich die »weißen«

Kosaken gerade noch auf die letzten Schiffe retten, die von den Schwarzmeerhäfen in die Türkei oder nach Griechenland ausliefen. 50 000 Kosaken gingen ins Exil. Viele landeten in der französischen Fremdenlegion. Einige Tausend wanderten nach Brasilien aus. Kosakische Landadelige fanden einen Job als Portiers in Pariser Hotels und Nachtklubs. Besser hatten es die Mitglieder der weltberühmten Kosakenchöre und Zirkusreitergruppen.

1922 eröffneten die Sowjets in Prag und Sofia Repatriierungsbüros, um den emigrierten Kosaken die Rückkehr zu erleichtern. Einige Zehntausend nutzten diese Gelegenheit und unterwarfen sich der neuen kommunistischen Regierung. Aber die Kosaken galten nicht mehr als eigenständige Bevölkerungsgruppe. Atamane und Kosakenregimenter waren abgeschafft worden. Die Kosaken selbst zerfielen in drei Klassen: arme Landwirte, die von der proletarischen Macht unterstützt wurden; Bauern von mittlerem Wohlstand, die zunächst ungeschoren blieben; und Kulaken, die als Feinde der Revolution verfolgt wurden.

Nach einer kurzen Phase der Erholung während der »Neuen Ökonomischen Politik« Lenins, mit deren Hilfe die russische Regierung die Privatinitiative der Bauern förderte, um die landwirtschaftlichen Erträge zu verbessern, beschloß der 15. Parteikongreß 1929 die Massenkollektivierung der Landwirtschaft. 25 000 Agitatoren aus Fabriken und Parteibüros ergossen sich über das Land. Sie jagten Kulaken und wohlhabende Bauern – oft sogar Bolschewiki, die es durch Fleiß zu etwas gebracht hatten – von ihren Höfen. Wer sich weigerte, in ein Kollektiv einzutreten, wurde in Arbeitslager abgeschoben.

Diese brutale Kollektivierung löste wütende Proteste aus. Zwischen 1931 und 1933 brachen wieder Aufstände am Don, am Terek, in Sibirien und in der Ukraine aus. Sie wurden gnadenlos niedergeschlagen. 15 000 Aufständische ließ die Rote Armee erschießen und Tausende in Straflager verschleppen. Ganze Dörfer verschwanden von der Landkarte, und politisch Zuverlässige wurden in den kosakischen Gebieten angesiedelt. Viele Rebellen flohen in die Berge

Georgiens oder in die Wüsten Zentralasiens. Manche wurden noch 1941 von deutschen Truppen im Kaukasus gefunden.

Der passive Widerstand der Kosaken gegen die Zwangskollektivierung, der sich in einem starken Rückgang der Erträge ausdrückte, mußte durch eine Säuberungsaktion gebrochen werden. Parteibeamte, örtliche Funktionäre und einfache Kolchosbauern fielen ihr zum Opfer. Die Bevölkerung mehrerer Kubandörfer verschwand im arktischen Norden, 15 Stanizas, die auf Stalins schwarzer Liste standen, wurden von der Außenwelt abgeschnitten. Als im gleichen Jahr eine Hungersnot ausbrach, starben allein im Kubangebiet 50000 Menschen an ihren Folgen.

Dann wuchs die Gefahr eines Krieges mit Nazideutschland, und die Kosaken wurden wieder gebraucht. Marschall Woroschilow veranlaßte die Rekrutierung von fünf Kavallerieregimentern, die kosakische Namen erhielten. Auch Kosakenuniformen durften wieder getragen werden. Die Moral der »Steppenreiter« hob sich. Im gleichen Jahr – 1936 – traten Chöre der Don- und Kubankosaken im Bolschoi-Theater auf.

Als wahre Hüter kosakischer Traditionen fühlten sich allerdings die Emigranten. Sie hatten inzwischen Vereine und Zeitschriften gegründet und erörterten immer noch die politische Zukunft eines unabhängigen Kosakenstaates. Ataman Krasnow war Romanschriftsteller geworden *(Vom Zarenadler zur roten Fahne)* und sammelte in Berlin einen Kreis ehemaliger Kosaken um sich. Später wurde er Berater des Großfürsten Nikolaus in Paris, und als sich Hitlers antikommunistischer Kreuzzug abzeichnete, glichen sich seine Theorien immer mehr dem nationalsozialistischen Gedankengut an.

1941 drang die deutsche Armee in Rußland ein. Russische Emigranten in aller Welt hofften auf eine Rückkehr. Die russischen Kosaken aber scharten sich um Stalin und kämpften heldenmütig gegen die Deutschen. Wie 1812, als Napoleon eingefallen war, wurden Kosaken als Nachhut eingesetzt, später als Partisanen hinter den feindlichen Linien.

Noch heute schwärmen die Russen vom Heldentum der Kosakenregimenter unter Lew Dowator, die mit fliegenden Mänteln und blitzenden Säbeln gegen deutsche Panzer galoppierten. Sie hatten entsetzliche Verluste und Dowator fiel bereits 1941. Aber wieder wurden Kosaken zum Symbol des Widerstandes gegen fremde Eindringlinge.

Nur wenige Kosaken und einige kaukasische Bergvölker liefen zu den Deutschen über. Am Don bildete ein Kosak namens Pawlow die russische Polizei der Kollaborateure aus. Der Kosakenmajor Konomow, ein Absolvent der berühmten Militärakademie in Frunse und Veteran des Finnlandkrieges, lief mit einem Scharfschützenregiment über und formierte aus kosakischen Überläufern eine Schwadron, die Kommissare umbrachte und Gefangene verhörte. Sie diente auch als Propaganda-Kompanie.

Der alte Ataman Krasnow bemühte sich in dieser Zeit um die Gründung einer »Kosakischen Nationalpartei« in Prag, deren Mitglieder Hitler als »höchsten Diktator der kosakischen Nation« anerkannten. Er versuchte, die deutschen Rassentheoretiker davon zu überzeugen, daß die Kosaken nach neuesten Forschungen Abkömmlinge der nordischen Rasse seien und als solche starke Blutsbande zu ihrem ursprünglichen germanischen Heimatland bewahrt hätten.

Aber die Pläne für ein »Kosakia«, einen Marionettenstaat, der sich von der mittleren Ukraine bis an den Fluß Samara erstrecken sollte, zündeten zu spät. Schon 1943 mußten sich die Deutschen aus den ehemaligen Kosakengebieten in der Sowjetunion zurückziehen.

Mit den Niederlagen der deutschen Truppen sank die Moral der kosakischen Freiwilligen. Um ihre Verbündeten bei Laune zu halten, versprachen die Deutschen, später am Wiederaufbau kosakischen Lebens in Osteuropa mitzuwirken. Im März 1944 wurde die Bildung eines »Direktoriums der Kosakischen Streitkräfte« unter dem Vorsitz von Krasnow gestattet. Und während noch Kosakendivisionen Rückzugsgefechte in Jugoslawien und Italien führten und sowjetische Kosaken nach Berlin stürmten, sollte das neue »Kosakia« im kleinen italienischen Alpenort Tolmezzo entstehen. Das Dorf verwandelte sich in einen orientalischen Basar. Auf den Feldern weideten Pferde und Kamele. Plündernd zogen Kosaken und Tataren durch die Gassen. Aber dann wurde Tolmezzo von den Engländern bombardiert, und die Kosakenkarawane flüchtete ins österreichische Lienz. Hier erlebten rund 40000 Kosaken das Ende des Krieges.

Es wurde ein Ende mit Schrecken: als die Briten die Stadt besetzten, luden sie die Atamane zu einer Konferenz ein, angeblich, um das Schicksal der Kosaken zu beraten. Das aber war bei der Konferenz in Jalta längst entschieden worden: Stalin hatte verlangt, daß alle Kosaken, die gegen ihn kämpften, auszuliefern seien. So fanden sich nach der »Konferenz« in Spittal 35 Generäle, 2000 Offiziere und einige tausend Kosaken entwaffnet hinter Stacheldraht wieder. Ihr Widerstand wurde blutig gebrochen. Englische Soldaten verluden sie auf Züge und Schiffe und schoben sie nach Rußland ab. Viele Kosaken, darunter Frauen und Kinder, begingen Selbstmord. Sie sprangen aus den fahrenden Zügen oder ertränkten sich im Meer, bevor die Transportschiffe in einem der Schwarzmeerhäfen landeten. Tausende endeten vor kommunistischen Erschießungskommandos. Auch Krasnow wurde 1947 in Moskau hingerichtet. Das Schicksal der »Steppenreiter« hatte sich endgültig erfüllt.

Quellenangaben und Literaturhinweise

Bächtold, Rudolf: Südwestrußland im Spätmittelalter, Basel 1951.

Beauplan, Sieur de: Beschreibung der Ukraine, Breslau 1780.

Berg, Lev Semenovic: Die geographischen Zonen der Sowjetunion, Leipzig 1958.

Berg, L. S.: Geschichte der russischen geographischen Entdeckungen, Leipzig 1954.

Berg, L. S.: Die Entdeckung Kamtschatkas und die Bering-Expedition.

Bezborodov, S.: Die Entdeckung Sibiriens, Moskau–Leningrad 1933.

Bodenstedt, F. M.: Die poetische Ukraine, Stuttgart–Tübingen 1845.

Braun, Maximilian: Der Aufstieg Rußlands vom Wikingerstaat zur europäischen Großmacht, Leipzig 1940.

Brunner, Heinz: Das Geheimnis der russischen Seele, Stuttgart 1965.

Bunin, Andrej V.: Geschichte des russischen Städtebaues bis zum 19. Jahrhundert, Berlin 1961.

Bykadorov, Is. F.: Geschichte des Kosakentums, Prag 1930.

Collins, Samuel: Moskowitische Denkwürdigkeiten, Leipzig 1929.

Donnert, Erich: Der livländische Ordensritterstaat, Berlin 1963.

Donnert, Erich: Rußland an der Schwelle der Neuzeit, Berlin 1972.

Eckhardt, Hans v.: Iwan der Schreckliche, Frankfurt/Main 1947.

Engel, J. Ch. v.: Geschichte der Ukraine und der Cosaken, Halle 1796.

Ernst, Nikolaus v.: Die ersten Einfälle der Krimtataren, Berlin 1913 (in: Zeitschrift für osteuropäische Geschichte).

Firsov, N. N.: Razin i Razinovščsina. Pugačev i Pugačevščina, Kasan 1930.

Fischer, J. E.: Sibirische Geschichte, Leningrad 1768.

Fries, Jacob: Eine Reise durch Sibirien im 18. Jahrhundert, München 1955.

Georgi, J. G.: Beschreibung aller Nationen des Russischen Reiches, ihrer Lebensart, Religionen, Gebräuche und übrigen Merkwürdigkeiten, St. Petersburg 1776–1780.

Gitermann, Valentin: Geschichte Rußlands, Hamburg 1949.

Giuglaris, Marcel: Sibirien ist nicht mehr Sibirien, Hamburg 1963.

Gordeev, Andrej A.: Geschichte der Kosaken, Paris 1968.

Grasshoff, Helmut: Studien zur Geschichte der russischen Literatur des 18. Jahrhunderts, Berlin 1963.

Grasshoff, Helmut: Altrussische Dichtung aus dem 11.–18. Jahrhundert, Leipzig 1971.

Grasshoff (Herausg.): O Bojan, du Nachtigall der alten Zeit, Berlin 1965.

Heller, Otto: Ein anderes Amerika, Berlin 1930.

Hellmann, Manfred: Die Deutschen in Litauen, Kitzingen 1951.

Hellmann, Manfred: Iwan IV., der Schreckliche, Göttingen 1966.

Herbertstein: Moscovia, Basel 1563.

Hermann, Hans-G.: Studien über das Kosakenthema in der polnischen Literatur des 17. Jahrhunderts, Gießen 1969.

Hetmann, Frederik: Rußland–Saga, Freiburg 1967.

Hruševskij, M.: Geschichte des ukrainischen Kosakentums, Moskau–Kiew 1913/14.

Hruševskij, M.: Geschichte der Ukraine-Rus. Lemberg–Kiew 1904.

Jadrincev, N.: Sibirien. Geographische, ethnographische und historische Studien nach dem Russischen bearbeitet und vervollständigt von Dr. E. Petri, Jena 1886.
Johannsen, M. O.: Kriegsbeute. Ruthenische und ukrainische Volkslieder, Leipzig 1918.
Jucker, Ernst: Nomaden, Eigenbrötler und Schamanen, Bern 1955.
Koch, Hermann: Die russische Gesetzgebung über den Islam bis zum Ausbruch des Weltkrieges, Berlin 1918.
Koch, Hans: Die ukrainische Lyrik 1840–1940, Wiesbaden 1955.
Koch, Hans: Die russische Orthodoxie im Petrinischen Zeitalter, Breslau 1929.
Koch, Hans: Kleine Schriften zur Kirchen- und Geistesgeschichte Osteuropas, Wiesbaden 1962.
Kolarz, Walter: Rußland und seine asiatischen Völker, Frankfurt 1956.
Konovodov, Iwan N.: Das Volk der Kosaken, New York 1965.
Korduba, M.: Die Anfänge des ukrainischen Kosakentums, Berlin 1912.
Krupnyckyj, B.: Geschichte der Ukraine, Leipzig 1939.
Kraschennikow: Beschreibung von dem Lande Kamtschatka, 1766.
Lassota, Erich: Tagebuch des Erich Lassota von Steblau, Halle 1866.
Lied, Jonas: Sibirisches Abenteuer, München 1953.
Lituanus: De moribus tartarorum, lituanorum et moscorum, Basel 1615.
Longworth, Philip: Die Kosaken, Wiesbaden 1971.
Lozanova, A. N.: Lieder und Erzählungen über Rasin und Pugacev, Moskau 1935.
Martin, Paul: Waffen und Rüstungen von Karl dem Großen bis zu Ludwig dem XIV., Frankfurt 1967.
Mauritius, A.: Ukrainische Lieder, Berlin 1841.
Meissgeier, Siegfr.: Sibirien ohne Geheimnis, Leipzig 1960.
Messerschmidt, Daniel G.: Forschungsreise durch Sibirien 1720–1727, Berlin 1962.

Meyer, K. H.: Die Ukraine in der polnischen Romantik, Berlin 1932.

Mirskij, Dmitrij: Geschichte der russischen Literatur, München 1964.

Moschinskaja, V. I.: Archäologische Denkmäler in Nordwest-Sibirien, Moskau 1965.

Mühlmann, Wilhelm: Die Entwicklung der Kriegswaffen und ihr Zusammenhang mit der Sozialordnung, Köln 1953.

Müller, Gerhard Fr.: Geschichte Sibiriens, Moskau–Leningrad 1941.

Nerlich, Günter: Goldgräber und Diamantensucher, Leipzig 1965.

Olearius: Vermehrte Moscovitische und Pers. Reisebeschreibung, Schleswig 1656.

Ossendowski, Ferdinand: Tiere, Menschen und Götter, München 1955.

Pallas, P. S.: Reisen durch verschiedene Provinzen des Russischen Reiches, St. Petersburg 1771.

Romano, Ruggiero: Die Grundlegung der modernen Welt, Frankfurt 1967.

Rostankowski, Peter: Siedlungsentwicklung und Siedlungsformen in den Ländern der russischen Kosakenheere, Berlin 1969.

Sabelin, Igor: Der hohe Norden lockte, Moskau 1963.

Schaschkow: Geschichte der Sklaverei in Sibirien, St. Petersburg 1872.

Scholochow, Michael: Der stille Don, München 1960.

Scurla, H.: Jenseits des steinernen Tores, Berlin 1963.

Schumann, H.: Der Hetmanstaat (Jahrbücher für Geschichte Osteuropas, 1936).

Semenov, Jurij: Sibirien, Berlin 1954.

Spuler, Berthold: Die goldene Horde, Wiesbaden 1965.

Stählin, Karl: Peter der Große, Stuttgart 1922.

Stählin, Karl: Persönlichkeiten und Reformbewegungen im Zeitalter der ersten Romanows, Bonn 1919.

Steller, G. W.: Beschreibung aus dem Lande Kamtschatka, Frankfurt und Leipzig 1774.

Stökl, Günter: Russische Geschichte, Stuttgart 1965.
Stökl, Günter: Die Entstehung des Kosakentums, München 1953.
St. George, George: Sibirien: Gigant hinter dem Ural, Bergisch-Gladbach 1972.
Strahlenberg, Ph. J.: Das Nord und Ostliche Teil von Europa und Asia, Stockholm 1730.
Trautmann, Reinhold: Altrussische Helden- und Spielmannslieder, Leipzig 1948.
Turner, Frederick J.: Die Grenze, Bremen 1947.
Winter, E.: Byzanz und Rom im Kampf um die Ukraine, Leipzig 1942.
Zelenin, Dmitri: Russische (ostslavische) Volkskunde, Berlin 1927.
Zenkowskij, Sergej: Altrussisches Lesebuch, München 1972.
Zischka, Anton: Asiens Wilder Westen, Gütersloh 1959.
Zugmayer, Erich: Groß-Sibirien, Braunschweig 1914.
Zeitschrift für osteuropäische Geschichte.

Materialien zur Geschichte der Wechselbeziehungen zwischen Rußland, Polen, der Moldau, der Walachei und der Türkei im 14.–16. Jahrhundert, Moskau 1887.
Vollständige Sammlung der russischen Chroniken, Moskau–Leningrad 1949.

Fotonachweis:

Bildarchiv Preußischer Kulturbesitz Berlin 12; Deutsche Fotothek Dresden 7; Interfoto-Bavaria 1; Ukraina Nr. 28 (756), Nr. 36 (608) u. Nr. 38 (610) isg. 5.
Die Karte Rußlands (S. 44/45), angefertigt zu dem Werk Herbertsteins über Moskau, ist dem Atlas d. russ. Gesch., 3. Ausgabe Petersburg 1887, entnommen.

Register